Gerhard Lenz/Gisela Osterhold/Heiner Ellebracht

Erstarrte Beziehung – heilendes Chaos

Gerhard Lenz/Gisela Osterhold/Heiner Ellebracht

Erstarrte Beziehung – heilendes Chaos

Einführung in die systemische Paartherapie und -beratung

Herder
Freiburg · Basel · Wien

Gedruckt auf umweltfreundlichem,
chlorfrei gebleichtem Papier

Herstellung: Freiburger Graphische Betriebe 1995
Umschlaggestaltung: Joseph Pölzelbauer, Freiburg
Umschlagmotiv: © The Image Bank
ISBN 3-451-23756-3

Inhalt

Vorwort 7

Paare in Therapie und Beratung:
Ein Dreiecksverhältnis 9

Grundbegriffe eines triadischen Verständnissses –
Aus zwei mach drei 11
Tango zu dritt 12
Tango in Therapie und Beratung 17

Konzepte und Strategien 23

Bedingungen unserer Arbeit in der Gemeinschaftspraxis 23
Musterbildung und -erkennung in personalen und
interpersonalen Wirklichkeitskonstruktionen 27
Chaos und Selbstorganisation 29
Kreativität im therapeutischen Prozeß 36
Grundlagen systemischen Denkens und Handelns 42
Therapeutische Beziehungen und therapeutischer Kontext 60

Wie man Paare verstehen kann 69

Die ewigen Krisen zwischen Geburt und Tod –
Lebenszyklus und Entwicklungskrisen 69
Wo kommst du her – wo gehst du hin? –
Die Herkunftsfamilie 74
Jedem das Seine – Grundmuster in der Zweierkonstellation 77
Paare unter dem Einfluß von Gesellschaft und Geschichte 81

Methoden und Techniken 85

Aller Anfang ist leicht – Das Erstgespräch 85
Wo genau liegt das Problem? 86
Fragetechniken – Die Antwort kennt ganz allein der Wind 89

Das Ende der Sitzung – Abschlußkommentar und Abschlußintervention 94
Verhaltensempfehlungen bzw. Hausaufgaben 100
Das Reflecting Team 105
Wie alles zu Ende geht – Abschluß der Therapie und Erfolgskontrolle 107

Wir fassen zusammen – Fünfzehn Regeln für die Psychotherapie 113

Bewährte Methoden aus der Gruppentherapie mit Paaren . 115

Die Auflösung erstarrter Bilder – Die Methode der Familien-Re-Konstruktion 115
Wer war zuerst – wer malt zuletzt? – Arbeit mit der Systemordnung 125

Spezielle Problemkonstellationen in der Paartherapie 129

Am Anfang war der Sex – sexuelle Störungen in der Beratung . . . 129
Wo die Liebe hinfällt – Dreiecksverhältnisse 139
Mit dem dritten im Bunde sind wir eine Runde 142
Der „identifizierte Klient“ in einer Beziehung 145
Wenn Kinder „Das Problem“ sind 146
Wenn's brennt - Krisenintervention in der Paartherapie 153
Wenn alles gesagt ist – Gewalt in der Ehe 156
Marmor, Stein und Eisen bricht ... – Paare im Trennungsprozeß . 162

Spezielle Krankheitsbilder in der Paartherapie 167

Im Rausch der Sehn-Sucht – Paare und Sucht 167
Lebendig gefangen – Paare und Zwangssymptomatik 177
Ganz normal verrückt – Paare und schizophrene Störungen 185
Krankheit als Beziehungskleister – Paare und psychosomatische Störungen 195

Abbrüche sind Aufbrüche – Fehlschläge in der Paartherapie 205

Schlußbemerkungen 211

Literaturverzeichnis 213

Vorwort

Wir haben dieses Buch für Sie geschrieben!

Ihr Aufgabenfeld ist die Beratung, Therapie, Seelsorge, die Pädagogik, Psychologie oder Medizin. Sie interessieren sich für Fragen der Beziehung, Lebensgestaltung in Partnerschaften oder nutzen das Buch zur Lösung eigener Beziehungskonflikte und verspüren den Wunsch nach Ideen und Anregungen für eine erfülltere und glücklichere Beziehung. Sie sind neugierig auf neue Erkenntnisse systemischer Therapie und dem von uns in der Heidelberger Gemeinschaftspraxis entwickelten Konzepten und Vorgehensweisen.

Unser Buch soll Einsichten und Gedankenanstöße vermitteln, bisher für wahr Gehaltenes in Frage stellen, Wahlmöglichkeiten eröffnen und Anleitungen bieten.

Die Texte entstanden aus Seminarpapieren, die von uns für die Weiterbildung in systemischer Paartherapie und Familienberatung entwickelt wurden. Wir haben viele Beispiele aus unserer Praxis angeführt, um die Zusammenhänge plastisch entstehen zu lassen. Aus der praktischen Arbeit entwickelten wir unsere Konzepte und überprüften sie an den vorhandenen Theorien. Die Erkenntnisse und Ergebnisse der Kreativitäts- und Chaosforschung als auch die Selbstorganisationstheorie sind uns neben unserem systemischen Grundverständnis dabei besonders wertvoll gewesen. Mit ihrer Hilfe konnten wir unseren Ansatz entwickeln und entfalten, so daß ein zusammenhängendes Therapiemodell daraus entstanden ist.

Wir danken an dieser Stelle allen AusbildungsteilnehmerInnen für die Ermutigung, dieses Buch zu schreiben und für die fördernden und kritischen Hinweise.

Wir danken unseren vielen KlientInnen, die uns ihre Sorgen anvertrauten und damit dieses Buch erst möglich machten.

Unser Dank gilt auch unseren Freunden und Kollegen innerhalb und außerhalb des Weinheimer Instituts für Familientherapie, die nicht nachließen, uns immer wieder dabei anzustoßen, doch endlich dieses Buch fertigzubringen.

Schließlich danken wir auch Timm Osterhold für sein Engagement und die kreative Unterstützung bei der Erstellung der Abbildungen für dieses Buch.

Heidelberg, im Juni 1995

Gerhard Lenz, Gisela Osterhold,
Heiner Ellebracht
Steinhofweg 33a, 69123 Heidelberg
Tel.: 0 62 21/70 75 55
Fax: 0 62 21/70 07 93

Paare in Therapie und Beratung: Ein Dreiecksverhältnis

Die meisten der bekannten Paartherapiekonzepte beschreiben die Struktur und die Dynamik der Paarbeziehung. Nur wenige untersuchen die Beziehung zwischen der/dem TherapeutIn[1] und dem Paar. Dabei unterscheidet sich das Setting der Paartherapie von der bekannten Situation in der Einzeltherapie schon oberflächlich dadurch, daß eine Person mehr im Beratungsraum anwesend ist. Auch wenn wir die Paartherapie mit der Familientherapie, wo unterschiedlich viele Personen anwesend sein können, vergleichen, stoßen wir auf das Besondere der Paartherapie: die Dreier-Konstellation. Viele von uns haben gute und/oder schlechte Erfahrungen mit solchen Dreier-Konstellationen gemacht: Eltern sprechen davon, daß spielende Kinder oft schlechter miteinander auskommen, wenn sie zu dritt sind. Unter den Erwachsenen ist die „Dreiecksbeziehung" eine oft hergestellte und doch gefürchtete Lebenssituation.

Laotse schreibt im Tao te king (*Laotse* 1978):

> Der SINN erzeugt die EINS.
> Die EINS erzeugt die ZWEI.
> Die ZWEI erzeugt die DREI.
> Die DREI erzeugt alle Dinge.
> Alle Dinge haben im Rücken das Dunkle
> und streben nach dem Licht,
> und die strömende Kraft gibt ihnen Harmonie

[1] Wir verwenden die Begriffe TherapeutInnen und BeraterInnen in diesem Buch synonym und wechseln im Text zwischen beiden hin und her, damit sich beide Personengruppen angesprochen fühlen können.

Endres und Schimmel führen im „Mysterium der Zahl" aus (*Endres und Schimmel* 1985), daß die Zahl Drei in unserem täglichen Leben eine wichtige Rolle spielt: so teilen wir den Tag in morgens, mittags, abends ein, nehmen den Raum dreidimensional mit Höhe, Länge und Breite wahr, klopfen dreimal auf Holz, um Unheil abzuwenden, lassen die Geburtstagskinder dreimal „hochleben" und lassen den Straßenverkehr durch eine dreiphasige Ampel regeln. Wir haben drei Grundfarben, Rot, Blau und Gelb, aus denen wir alle anderen Farben mischen können. In der Musik finden wir die Entsprechung im Dreiklang, der in der Harmonielehre seit 1680 ein zentraler Bestandteil westlicher Musik geworden ist. Im Sport gilt die dreifache Wiederholung eines bestimmten Bewegungsablaufes, wie beim dreifachen Salto oder beim dreifachen Rittberger, als höchste Leistung. Wir finden die Dreiheit in vielen Spruchweisheiten wie im Zitat *Blut, Schweiß und Tränen* ... oder *Wein, Weib und Gesang* ...

Auch im Märchen hat die Drei ihren festen Platz. Häufig haben die Märchenfiguren drei Wünsche offen. Rätsel sind oft dreigliedrig und das bekannteste Rätsel ist wohl das der Sphinx: *Am Anfang geht es auf vier Beinen, dann auf zwei und am Ende auf drei Beinen.* Das führt uns dazu, daß alle existierenden Dinge einen Anfang, eine Mitte und Ende haben. Dementsprechend, je nachdem, wo wir uns in diesem Kontinuum befinden, teilen wir die Zeit in Vergangenheit, Gegenwart und Zukunft ein. Unsere menschliche Existenz wird von der Trias Geburt, Leben und Tod bestimmt.

In der Philosophie haben Hegel und Marx diese Dreiheit in These, Antithese und Synthese ausgedrückt. In der Anthropologie spielt die Dreiheit von Leib, Seele und Geist eine zentrale Rolle und gilt in der Ganzheitsmedizin als das zu verwirklichende Prinzip. In den christlichen Religionen finden wir die Trinität von Vater, Sohn und Heiligem Geist, und Jesus bezeichnet sich als *Der Weg, die Wahrheit und das Leben.* Homer beschreibt die Trias der griechischen Götter: Zeus, Athene und Apollo. Im Buddhismus gibt es die doktrinale Triade der zur Rettung notwendigen Begriffe von Buddha, Dahrma (Lehre) und Samgha (Gemeinde).

Aber zurück zur Paartherapie: Zu Beginn dieses Buches wollen wir die Situation in der Paartherapie und -beratung mit drei Personen analysieren und die therapeutischen Möglichkeiten und Schwierigkeiten dieser Konstellation diskutieren.

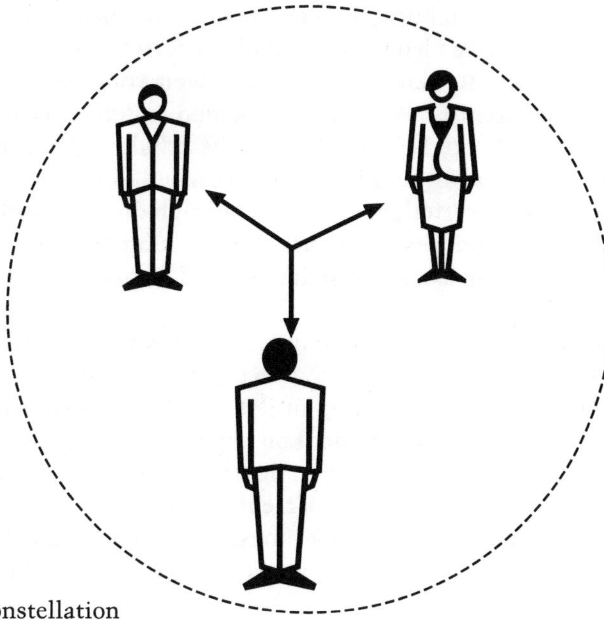

Abb.
Triadenkonstellation

Grundbegriffe eines triadischen Verständnisses – Aus zwei mach drei

In der Paartherapie ist jeder Therapeut Mitglied einer Dreierkonstellation (Triade). In dieser Triade ist er (jedenfalls bei einem heterosexuellen Paar) mit einem Mann und einer Frau konfrontiert (Abbildung „Triadenkonstellation").

Daraus ergeben sich verschiedene Beziehungsaspekte, die als Quelle von Lebendigkeit und Vielfalt, aber auch als Blockade und Einengung erlebt werden können:

Menschen begegnen sich zu zweit, wenn sie Intimität und Nähe suchen. Ganz nahe können sich dabei nur *zwei* Personen sein, weil sie sich körperlich mit ihren Sinneskanälen und Körperöffnungen nur einem Menschen optimal zuwenden können. Es ist schwer oder unmöglich, mehr als einer Person gleichzeitig zuzuhören, mit mehr als einer Person in intensivem Blickkontakt zu stehen, mehr als eine Person gleichrangig zu umarmen oder mit mehr als einer Person gleichzeitig Sex zu haben.

Sind dagegen drei Personen zusammen und wünschen sich eine

gleichwertige Beziehung, so werden sie versuchen, Nähe, Distanz, Blickkontakt auszubalancieren und Unterschiede zu vermeiden. Dies kann dazu führen, daß sie sich so weit voneinander distanzieren, um in ihrem Blickwinkel die beiden anderen Personen zu erfassen. Eine andere Möglichkeit ist, sie erhalten den geringen Abstand, wechseln hin und her und versuchen, die Aufmerksamkeit gleichmäßig zu verteilen. Oder sie sind sich dieser unlösbaren Aufgabe bewußt und vergeben ihre Aufmerksamkeit zeitweilig; das führt dann häufig dazu, daß sich ein Mitglied der Triade tendenziell alleine fühlt.

Andere Lösungen sind, Allianzen[2] oder Koalitionen einzugehen und die Dyade der anderen aufzubrechen. Dies ergibt eine nicht endende dynamische Bewegung in der Triade (vorausgesetzt, es gibt keine Möglichkeit, die Triadenkonstellation zu verlassen). In dieser Beweglichkeit und Lebendigkeit der triadischen Beziehung liegt das bedeutende Potential dieser Beziehungsform: sie schafft mehr als andere neue Ideen und Veränderungsmöglichkeiten und findet Auswege, wo Dyaden oder Vierer-Konstellationen steckenbleiben.

Tango zu dritt

In der Paartherapie versuchen Klient und Klientin mehr oder weniger offen, die Therapeutin in eine Allianz oder Koalition zu ziehen. Paare, die in Therapie kommen, befinden sich in einem Zustand der Auseinandersetzung und der Suche nach möglichen Lösungen. Gemäß ihrem subjektiven Blickwinkel haben sie bereits versucht, den jeweils anderen zu überzeugen und werden dies auch folgerichtig mit der Therapeutin tun. *Sie möge mir recht geben, sie möge meine Ansicht teilen, sie möge für mich den anderen überzeugen.* Die Therapeutin ist diesen Versuchen ausgesetzt. Je nach ihrer Vorerfahrung mit Männern und Frauen, Vater, Mutter und Geschwistern sowie eigenen Paarerfahrungen wird sie mehr oder weniger diesen Einladungen folgen oder widerstehen. TherapeutInnen sind nicht neutral, sie haben vielfältige eigene Triadenerfahrungen; auch

[2] Allianz: Eine Allianz ist die Verbindung von mindestens zwei Menschen aufgrund einer gemeinsamen Interessenlage. Eine Allianz besteht zum Nutzen der beteiligten Personen und richtet sich gegen eine oder mehrere andere Personen wie im Falle einer Koalition.

sie bringen diese Erfahrungen aus dem eigenen Alltagserleben in die Therapie ein und werden sich in heiklen Situationen häufig entsprechend ihren Vorerfahrungen verhalten.

Ehepaar Helmer[3] kommt zur Therapie: Frau Helmer leidet unter Migräne, die von der konsultierten Neurologin als *Beziehungskopfschmerz* etikettiert wurde. Frau Helmer verknüpft ihre Kopfschmerzen mit dem cholerischen Verhalten ihres Mannes. Herr Helmer hat sich dieser Bedeutungsgebung schon viele Jahre unterworfen, meint, in seinem Verhalten bereits viele Veränderungen erreicht zu haben, hat jetzt die Nase voll und ist auf keinen Fall mehr bereit, sich den Wünschen und Forderungen seiner Frau zu unterwerfen.

Beide versuchen im ersten Kontakt, die Therapeuten von ihren individuellen Bedürfnislagen und Sichtweisen zu überzeugen: Während Frau und Herr Helmer dem behandelnden Therapeuten jeweils ihre Version der Beziehungsgeschichte erzählen, schauen sie ihn eindringlich und Bestätigung heischend an. Wenn der jeweils andere Partner mit der Darstellung nicht einverstanden ist, unterbricht er oder sie, um zu korrigieren und die *richtige* Version der Geschichte anzubringen. Für die Therapeuten ist es hier wichtig, in Mimik, Gestik und Worten neutral zu bleiben, um sich nicht bereits in dieser frühen Phase der Therapie auf die eine oder andere Seite ziehen zu lassen und so parteiisch zu werden.

Da beide, Klient und Klientin, entsprechende Vorerfahrungen aus ihren Herkunftsfamilien haben, finden wir in der therapeutschen Konstellation drei Personen, die ihre Muster und Regeln in die Beziehung einbringen und so einen gemeinsam Reigen konstruieren. Daraus ergibt sich ein Zusammenspiel, das *Gottlieb Guntern* einmal den *blinden Tanz zur lautlosen Musik* (*Guntern* 1987) genannt hat.

Wie können wir als BeraterInnen mit dieser triadischen Konstellation umgehen und wie können wir diese im therapeutischen Setting nutzen?

Um hier weiterzukommen, wollen wir uns zunächst allgemein mit der triadischen Beziehung beschäftigen und die Frage beantworten: Wie können die Mitglieder einer Triade (z.B. Mutter, Vater, Kind;

[3] Alle Daten, die zu einer Identifikation der betroffenen Personen führen könnten, wurden geändert.

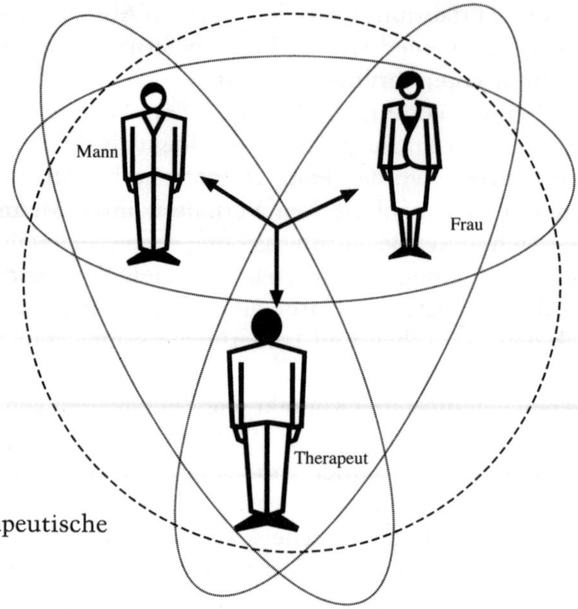

Abb.
Die therapeutische
Triade

drei Geschwister oder drei Freunde) in einer zufriedenstellenden und funktionalen Weise miteinander leben und umgehen?

Machen wir uns bewußt, welche unterschiedlichen Beziehungsmöglichkeiten eine Triade bietet (Außenbeziehungen bleiben unberücksichtigt): Sie besteht aus drei verschiedenen Zweierkonstellationen (Dyaden), drei Monaden oder Individuen sowie der Triade selbst (Abbildung „Die therapeutische Triade"):

Jede dieser sieben Beziehungen oder Subsysteme benötigen Zeit und Raum, um ihre Potentiale zu verwirklichen. Ist nur eine der möglichen sieben Beziehungen nicht akzeptiert, wird die Triade als Ganzes Probleme entwickeln. Es ist dabei von besonderer Wichtigkeit, welche Bedeutungen den unterschiedlichen Beziehungskonstellationen gegeben wird.

Eine Lebenssituation, in der es häufig zu großen und teilweise weitreichenden Schwierigkeiten im Umgang mit der Triadenkonstellation kommt, ist die Geburt des ersten Kindes. Das Paar, bisher zu zweit, wird meist ohne Wissen über diese Zusammenhänge in die Dreier-Konstellation geworfen. Die Mutter, durch die Schwangerschaft in einem engeren Kontakt zum Kind als der Mann, rückt mit dem Kind eng zusammen. Der Vater geht weiter seiner Arbeit nach (sofern er nicht arbeitslos oder gänzlich abwesend ist) und pflegt häu-

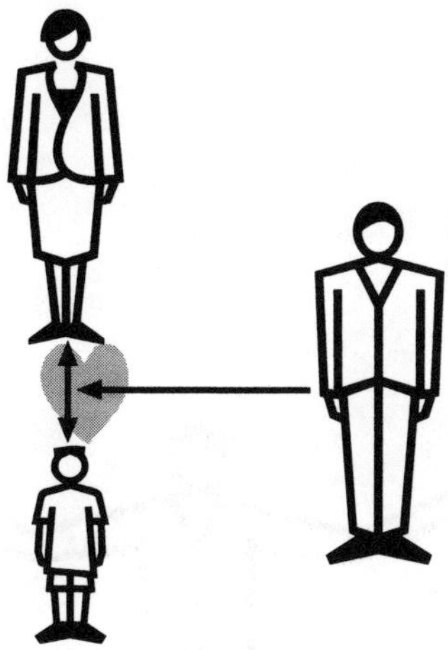

Abb.
Familiengründung

figere Außenkontakten als seine Partnerin, die häufig in dieser Situation ihre berufliche Tätigkeit aufgibt oder pausiert. Oft entwickelt der Mann Eifersuchtsgefühle gegenüber dem Kind, indem er sich von seiner Frau vernachlässigt fühlt, weil die sich ganz aufs Kind bezieht. Die Frau ihrerseits wünscht eine enge Unterstützung durch den Mann und ist empört, wenn dieser ihr Vorhaltungen macht oder sich zurückzieht, was sie ihrerseits mit Rückzug und Vorhaltungen beantwortet. Hieraus ergibt sich folgendes Beziehungsbild (Abbildung „Familiengründung"):

Wird diese Konstellation nicht durch Einsicht, Liebe zueinander, Beratung oder wohlmeinende freundschaftliche Ratschläge wieder in eine Balance gebracht, hat die Ehe- und Partnerbeziehung einen Riß, der oft noch nach Jahren zur Trennung führen kann oder manchmal erst dann wieder aufgelöst wird, wenn die Kinder das Haus verlassen.

Wenn allerdings folgende recht einfache Regeln beherzigt werden, führt die Triade zu einem lebendigen Austausch und Wachstum der beteiligten Personen:

1. Der Vater sucht die Nähe zu seinem Kind, läßt sich ev. von seiner Partnerin in Pflege etc. anleiten, sorgt aber dann dafür, daß er genug Zeit zu zweit (Dyade!) mit seinem Kind verbringen kann und schickt seine Partnerin aus dem Zimmer (auch schon in den ersten Lebenstagen und -wochen).

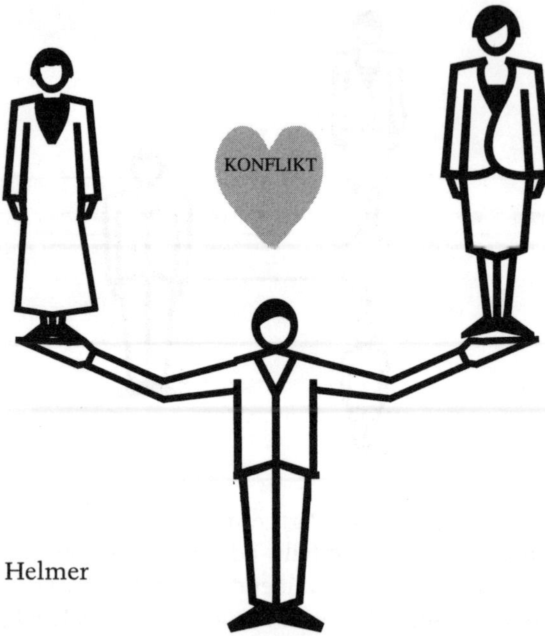

Abb.
Familie Helmer

2. Die Mutter ihrerseits mischt sich nicht in die Beziehung zwischen Vater und Kind ein; sie läßt die beiden miteinander machen, auch wenn es am Anfang Schwierigkeiten gibt und das Kind beim Vater mehr schreit als bei ihr.
3. Von Anfang an bemühen sich die Partner darum, auch ihre Zweierbeziehung (Dyade!) zu schützen und zu pflegen; sie sorgen dafür, daß sie jede Woche/Monat etc. eine gewisse Zeit zu zweit ohne Kind sind, sich aufeinander einlassen, reden, schmusen, sich lieben können etc. Wenn dies nicht geschieht, droht der Abstand zwischen den Partnern so groß zu werden, daß er bei einer Belastung leicht reißen kann.

Auch bei Ehepaar Helmer spielt die Beziehungsbalance in der Triade Mann-Frau-Mutter des Mannes eine wichtige Rolle: das Paar lebt mit seinen zwei Söhnen im Hause der Mutter des Mannes. Dabei zeigt sich zwischen dem Ehepaar und der Mutter bzw. Schwiegermutter eine besondere Dynamik: Herr Helmer versucht seit Jahren, zwischen seiner Mutter und seiner Frau gleichwertig auszubalancieren. Beide Frauen fühlen sich dabei zu kurz gekommen und geben dem Zweierkontakt des Mannes mit der jeweils anderen Frau eine höhere Wertigkeit. *Du nimmst Deine Frau/Mutter wichtiger als mich* (Abbildung „Familie Helmer"):

Herr Helmer versucht diesen Konflikt zu lösen, indem er beide Frauen zu befrieden sucht. Diese Strategie könnte nur dann erfolgreich sein, wenn auch die Beziehung Frau-Schwiegermutter eine ähnliche Nähe und Intensität hätte. Da dies nicht der Fall ist, wächst die Unzufriedenheit bei allen Beteiligten.

Es wird also auch in diesem Fall darum gehen, daß jede Beziehung in ihrer besonderen Qualität ihre Berechtigung haben kann, Unterschiede in den Beziehungen gemacht werden dürfen und jede Beziehungskonstellation von den anderen Personen respektiert und gewürdigt wird.

Tango in Therapie und Beratung

Auch TherapeutInnen folgen den oben genannten Regeln wie oben dargelegt. Der Therapeut verbindet sich mit jedem der beiden Partner in einer intensiven Allianz, indem er zu einem möglichst tiefen Verständnis der Person, ihrer Geschichte, ihrer Gefühle und ihrer Gedanken kommt.

Er wird nicht umhin können, dies in unterschiedlicher Weise zu tun. Der Versuch, in Sprache, Haltung und Gestik neutral zu bleiben, wird als Konsequenz eine distanzierte Haltung mit sich bringen. Wir fordern dagegen geradezu auf, Unterschiede zu machen, jedem einzelnen in Zeit und Raum gerecht zu werden. Da es sich hier um eine Transaktion handelt (der Dritte ist jeweils Beobachter des Zweierkontaktes und gleichzeitig Teilhaber an der gesamten Triade), sind Interesse, Neugier, Respekt und Würde wichtige Variablen der therapeutischen Haltung. Hilfreich sind dabei weiterhin die sog. „zirkulären" Fragen (s.u.), die Schaffung von neuen Beobachtungsstandpunkten, wie man die Probleme noch sehen und begreifen könnte. Dies kann durch Skulpturarbeit und andere Techniken erfahrbar gemacht werden.

Diese therapeutische Haltung kann schon zu einem sehr frühen Stadium der Therapie Modellcharakter haben, weil am Ende einer Sitzung jedes Mitglied der therapeutischen Triade ein Gefühl dafür entwickelt haben wird, ob es in seiner individuellen Sichtweise und Bedeutung anerkannt worden ist.

In der Therapie mit Ehepaar Helmer haben beide Partner breiten Raum erhalten, ihre individuellen Sichtweisen vorzustellen: Frau Helmer beklagt sich, daß ihr Mann nicht genügend mit ihr redet und Probleme nicht ausdiskutiert, bevor er Zärtlichkeit und Sexualität mit ihr sucht. Dagegen versucht Herr Helmer über Zärtlichkeit und Sexualität eine Brücke zu seiner Frau zu schlagen, um Probleme nachher leichter lösen zu können. In der Abschlußintervention werden diese unterschiedlichen und scheinbar unverträglichen Standpunkte von den Therapeuten noch einmal zusammengefaßt, als solche nebeneinander stehengelassen und mit einer dritten und möglichst anderen Sichtweise ergänzt:

Wir haben diskutiert und wollen überlegen, was wir bis jetzt verstanden haben: Sie haben uns sehr viel erzählt.

Wir haben gefunden, daß Ihre Beziehung schon sehr lange geht, 24 Jahre. Die Dauer der Krise erleben Sie unterschiedlich lang, aber doch mindestens 9 Jahre.

Wir denken, daß Sie auf einer tiefen Ebene sehr stark verbunden sein müssen, wenn Sie alles solange gemeinsam getragen haben. Und wir denken nicht, daß es so ist, wie es in manchen anderen Familien geschieht, daß Sie nur wegen der Kinder zusammen ausgeharrt und sich immer weiter bemüht haben. Wir gehen davon aus, daß es eine tiefe Verbindung zwischen Ihnen beiden gibt. Wie genau die aussieht, wissen wir jetzt noch nicht.

Auch jetzt, wo das Eheschiff in Flammen steht, daß Sie es nicht einfach versinken lassen oder versenken, sondern daß Sie gesagt haben „wir suchen uns Hilfe“. In dem einen Punkt, wo es um Sexualität oder Zärtlichkeit geht, ist es uns besonders deutlich geworden. Es scheint ja relativ einfach, eigentlich. Sie, Frau Helmer wünschen sich, daß Ihr Mann sich Ihnen zuwendet im Gespräch, und daß Sie danach offen sind für Zärtlichkeit und Sexualität, und Sie, Herr Helmer, wünschen, daß Ihre Frau mit Ihnen zärtlich ist und Sexualität hat und daß Sie dann offen werden für ein Gespräch miteinander. Das bedeutet, Ihre Zugangsebenen sind unterschiedlich, und die Frage ist: warum treffen sich die beiden Ebenen eigentlich nicht, wo es doch so einfach scheint? Man könnte sagen, mein Gott, warum geht die Frau nicht einfach auf ihren Mann ein, insofern sie weiß, was die Wünsche ihres Mannes sind, und sie könnte doch davon ausgehen, daß ihr Mann dann zufrieden ist und daß er dann auch gerne erfüllt, was sie sich wünscht – ja – oder man könnte sagen, mein Gott, Herr Helmer kennt die Wünsche seiner Frau, nach 24 Jahren, warum ist es nicht möglich, daß er einfach das macht, was die Frau sich wünscht... in der Phantasie oder vielleicht in der Gewißheit, daß hinterher auch die Frau für ihn offen sein wird, für seine Wünsche.

An dieser Stelle wurden wir uns bewußt, daß es nur scheinbar so einfach ist.

Wir fühlen uns auch unvollkommen in unserer Einschätzung, hatten aber eine Idee, die wir Ihnen mitteilen wollen: Sie, Frau Helmer, sind in das Elternhaus Ihres Mannes eingezogen, das seiner Mutter gehört.

Das ist häufig eine schwierige Konstellation, wie wir aus der Arbeit mit Familien wissen. Wir sind uns da aber nicht ganz einig. Es könnte sein, daß Sie, Herr Helmer, noch sehr stark Aufgaben Ihrer Mutter gegenüber haben, die Sie innerlich noch gefangen halten, so daß die Beziehung zur Mutter in gewisser Weise in Konkurrenz zur Beziehung zu Ihrer Frau steht. Es ist so, als ob es nicht ginge, mit beiden Frauen gleichzeitig intensiv zu sein. Dann könnte es entscheidend sein, mit welcher der beiden Frauen Sie zusammensein möchten.

Auch Ihre Beziehung zu Ihrer Mutter, Frau Helmer, ist sehr eng, wie sie uns berichtet haben. Ihre Mutter ist ärgerlich, wenn Sie anfangen, Ihren Vater zu suchen (die Eltern trennten sich, als Frau Helmer ein kleines Mädchen war), so daß auch Sie in Loyalität zur Mutter Aufgaben ihr gegenüber haben. Beide von Ihnen hängen in großer Kindesliebe an den Müttern, sind stark davon beansprucht.

Obwohl Sie 24 Jahre zusammen sind, erleben Sie, daß Sie noch gar nicht richtig frei sind, so als ob unser Herz nicht mehrere Menschen gleichzeitig an erster Stelle verkraften könnte. Aber wie gesagt, das ist nur eine Erwägung, die wir in unserer Diskussion hatten.

Analyse:

Wie verändert sich die Paarbeziehung, wenn die TherapeutInnen diesem Schema folgen und sich auf den Prozeß und die Beziehung konzentrieren?

Die meisten Paare, die in Therapie kommen, sind in eine „symmetrische Auseinandersetzung" (siehe Kapitel „Jedem das Seine – Grundmuster in der Zweierkonstellation") verwickelt. Häufig dauerte diese Auseinandersetzung bereits viele Jahre, und die Struktur, die Regeln und die inneren Bilder sind fest und starr geworden. Es geht darum, diese betonharten Weltbilder aufzuweichen, mit anderen Beschreibungen zu ergänzen und ihnen somit den Blick für andere Erklärungsmodelle und Verhaltensweisen zu öffnen.

In unserem Beispiel mit Ehepaar Helmer werden die verhärteten Streitpositionen durch eine *tiefe, innere Bindung* ergänzt, und somit wird eine neue sinnschaffende Verknüpfung erzielt, die das Ehepaar zu einem Überdenken der bisherigen Positionen bringen kann. Auch im Hinblick auf die spezielle Situation mit den Müttern wird eine andere, nicht problemorientierte Sichtweise angeboten, indem gesagt wird, daß beide Eheleute ihren Müttern gegenüber noch wichtige Aufgaben zu erfüllen haben. Im traditionellen psychotherapeutischen Sprachjargon wird hier häufig von *mangelhafter oder nicht vollzogener Ablösung* gesprochen, was den Klienten als defizitär und einer normalen Entwicklung hinterherhinkend definiert. Nachdem die Frage der Beziehung zur Mutter zumindest beim Mann schon häufig Thema im ehelichen Schlagabtausch gewesen ist, wird hier beiden eine andere Sichtweise angeboten.

Bei diesem Vorgehen im Rahmen einer therapeutsichen Triade sollten noch zwei weitere Phänomene beachtet werden:

1. Wie ein gestauter Fluß wieder zu fließen beginnt

Wenn die Therapeutin mit einem der beiden Partner in intensivem dyadischem Kontakt steht, beobachtet die dritte Person die Art der Begegnung, er oder sie wird das Geschehen interpretieren, in einer bestimmten Weise Sinn daraus machen und innere Bilder konstruieren. Wie oben schon bemerkt wurde, wird diese beobachtende Person das Geschehen bewerten und auch prüfen, inwieweit es sich gegen sie richten könnte. Auf der anderen Seite kann der Beobachter sich auch wünschen, daß die Therapeutin auch mit ihm so umgehen möge.

Weiterhin wird der Beobachter auf jede Frage eigene Antworten finden, und so werden sich Übereinstimmungen und Unterschiede herausfiltern, die z.B. neuen Gesprächsstoff, Konfliktstoff und Überprüfung der eigenen Positionen ermöglichen.

Schon jetzt weisen wir darauf hin, daß bei dieser Arbeitsweise die BeraterInnen weder den Prozeß noch das Ergebnis vorherbestimmen können und somit die Idee von Kontrolle aufgeben müssen. Stattdessen begreifen wir unsere Arbeitsweise so, *daß wir Strukturen schaffen, die den Kontext für Veränderungen ermöglichen, aber die Art der Veränderungen nicht vorgeben.*

2. Das Phänomen der vermeintlichen Unvollständigkeit

Es scheint, als ob sich Partner niemals „vollständig" erleben. Die Verbindung zweier Menschen ist mehr als die Summe der beiden Einzelpersonen, d.h., ein Paar kreiert etwas Neues. Dieses Neue wird oft auch als dingliche und äußere Manifestation geschaffen, wie z.B. ein Kind, ein Haus oder ein gemeinsames Projekt.

Häufig lernen sich Paare unter diesem Motto bereits kennen und lieben. Paare, die dieses verbindende und gemeinsame dritte Element vermissen, erleben und beschreiben die Beziehung oft als sinnlos oder sinnentleert. Hier wird die Therapeutin häufig in die Dyade aufgenommen und erweitert damit die Dyade zu ihrer triadischen Ganzheit (Therapie als sinnstiftende Mittlerin).

In diesem Zusammenhang erscheint es uns interessant, was die pythagoräische Zahlensymbolik zur Zahl „Drei" zu sagen hat. Hier finden wir unsere Erfahrungen, daß Paare sich oft erst vollständig erleben, wenn sie sich in einem dritten Element (einem Kind, einem Projekt wie Haus, Firma oder einer sonstigen gemeinsamen Aufgabe) vergegenständigt erleben. Wir zitieren hier aus dem *Lexikon der Symbole* :

> *Die Einheit, die Eins oder auch Monas genannt, war ihnen das Symbol für einen hermaphroditischen Gott und die Form aller Dinge. Die Zwei, Dyas, stand bei ihnen für die Materie, das Erzeugende, Weibliche, die ägyptische Göttin Isis. Die Triasis ist die Vereinigung von Monas und Dyas, von Form und Materie, von einem unendlichen Gott und der endlichen Materie. Das Körperliche habe außer der Drei keine Größe mehr, berichtet Aristoteles später über die Pythagoreische Lehre. Das All sei durch die Zahl Drei vollendet bestimmt, der Raum hat drei Dimensionen, die Zeit wird in Vergangenheit, Gegenwart und Zukunft begriffen und alles, was Realität hat, ist der Trinität von Anfang, Mitte und Ende unterworfen. Der Anfang ist das Einfache, Einheitliche, die Eins, die Mitte ist sein Anderswerden, die Dyas, und das Ende, die Trias, die neue Einheit von Eins und Zwei.*

Wieder auf die Paartherapie und -beratung übertragen, ergibt sich daraus die Gefahr, daß die TherapeutInnen das bedeutungsvolle dritte Element werden, und daß das Paar nicht mehr ohne sie leben will. Es werden häufige Termine ausgemacht, die TherapeutInnen werden zwischen den Terminen angerufen, das Paar berichtet, bestimmte Themen bis zur nächsten Sitzung aufgeschoben zu haben, und die Therapie als Gesamtes scheint kein Ende zu finden.

Es kann auch sein, daß BeraterInnen in diese Rolle hineingezogen werden, wenn die Kinder des Paares gerade das Elternhaus verlassen haben oder wenn ein Paar ohne Kinder oder ohne gemeinsame und verbindende Projekte in der Therapie seine Sinnerfüllung sucht.

Sobald die TherapeutInnen das Gefühl haben, eine solche Rolle einzunehmen, erscheint es uns wichtig, das therapeutische Setting selbst zu hinterfragen: *Wie lange denken Sie, daß Sie uns noch brauchen werden? Was denken Sie, wer von Ihnen beiden mehr an einer möglichst langen Fortführung der Therapie interessiert ist? Angenommen, die Therapie würde aus welchen Gründen auch immer plötzlich beendet werden, wie würde es dann mit Ihnen weitergehen?*

Ein anderes Ehepaar aus unserer Praxis, Ehepaar Kreisler[4], war unzufrieden mit der für sie zu geringen Häufigkeit der Therapietermine. Es zeigte sich, daß Frau Kreisler alle heiklen Themen ihrer Selbstemanzipation und Selbstverwirklichung am liebsten in Gegenwart der Therapeutin ansprach. Sie hatte nämlich die Erfahrung gemacht, daß ihr Mann alle kämpferischen Elemente der Beziehungsveränderung besser von „Frau Osterhold" annahm als von ihr selbst. Insofern war die Therapeutin in die Beziehung miteingebaut worden und nahm die Rolle einer Vermittlerin oder Übersetzerin wahr.

[4] Alle Daten, die zu einer Identifikation der betroffenen Personen führen könnten, wurden geändert.

Konzepte und Strategien[5]

Bedingungen unserer Arbeit in der Gemeinschaftspraxis

Nachdem wir die Besonderheiten des therapeutischen Settings in der Paartherapie, bedingt durch die triadische Konstellation, dargestellt haben, werden in diesem Kapitel die grundlegenden therapeutischen Konzepte der Heidelberger Gemeinschaftspraxis dargelegt und erläutert. Zum besseren Verständnis wird kurz die Entwicklung der Gemeinschaftspraxis und das therapeutische Setting (unter welchen konkreten und praktischen Bedingungen gearbeitet wird) skizziert und die Theorie an zwei Fallbeispielen verdeutlicht. Das erste Beispiel betrifft die Therapie mit dem Ihnen jetzt schon bekannten Ehepaar Helmer, und das zweite gibt einen Überblick über einen Therapieverlauf mit fünf Sitzungen.

Außerdem werden über die neuesten Konzepte der Gemeinschaftspraxis hinaus auch die wichtigsten allgemeinen Grundlagen systemischen Denkens und Handelns dargestellt. So können sich besonders diejenigen unter den LeserInnen, für die dieser Denk- und Handlungsansatz neu ist, eine Orientierung über die Prämissen verschaffen, bevor es an die methodischen Schritte im konkreten Beratungs- und Therapiealltag geht. – Wir wollen dieses Kapitel aber auch all denen ans Herz legen, die schon Erfahrung mit systemischem Gedankengut haben, da die Aufbereitung anders erfolgt als in den uns bekannten Schriften.

Außerdem werden die theoretischen Grundlagen bereits im Hinblick auf die spezielle Dynamik einer Zweierbeziehung dargestellt, so daß der Lehr- und Erfahrungsteil gleich integriert ist.

[5] S. auch Ellebracht, Lenz, Osterhold 1993.

Geschichtliche Entwicklung der Gemeinschaftspraxis

Im Jahre 1989 trafen wir (Gisela Osterhold, Gerhard Lenz und Heiner Ellebracht) uns in unterschiedlichen Zusammenhängen. Häufig sprachen wir darüber, wie unzufrieden wir mit den Umständen und den unterschiedlichen Settings unserer systemtherapeutischen Arbeit waren. Die damaligen institutionellen und privaten Möglichkeiten (psychiatrische Klinik, Erziehungsberatungsstelle, Privatpraxis), neue Konzepte zu entwickeln und umzusetzen, empfanden wir als eher bescheiden. Da wir alle bereits mehr oder weniger intensiv in der Ausbildung von FamilienberaterInnen tätig waren, erschien uns die Diskrepanz zwischen gängigen Lehrmeinungen und praktischer Arbeit unbefriedigend. Spontan begannen wir an einer Erziehungsberatungsstelle gemeinsam Familien kennenzulernen und zu beraten. Daraus ergaben sich sehr schnell neue Impulse.

Einige Monate später richteten wir unsere Gemeinschaftspraxis in Heidelberg ein. Als das wichtigste Möbelstück erwies sich sehr rasch „das rote Sofa", das im Beobachtungsraum direkt vor der Einwegscheibe seinen Platz fand. Nach wie vor ist dies der Ort, an dem viele Ideen zu den vorgetragenen Problemen von Familien und Paaren entstehen und leidenschaftliche Diskussionen geführt werden. So nahm unser Praxismodell Schritt für Schritt deutlichere Konturen an.

Unser Therapiemodell entwickelte sich unter den theoretischen und praktischen Einflüssen der humanistischen Psychologie sowie den unterschiedlichen Ansätzen der Familien- und Systemtherapie. Bedeutsam waren auch Ergebnisse intuitiver Erfahrung und praktischer Anwendungen und die natürliche Entwicklung eines Prozesses von „what works, works". Nach vielen Therapien, Nachdenken, Abstrahieren und Experimentieren konnten wir das, was wir taten, mit der Selbstorganisations- und Chaostheorie zum ersten Mal angemessen beschreiben.

Organisatorischer Ablauf und räumliche Bedingungen der Therapien

Beim ersten, meist telefonischen Kontakt teilen wir den KlientInnen mit, daß wir eine systemtherapeutische Gemeinschaftspraxis sind. Wir heben hervor, daß wir mit Paaren bzw. mit Familien arbeiten. Wird von seiten der KlientInnen ein einzeltherapeutisches

Setting gewünscht, laden wir sie dazu ein, den/die Partner/in, Eltern, Geschwister, einen/e Freund/in oder eine andere nahestehende Person mit in die erste Sitzung zu bringen. Wichtig erscheint uns der Hinweis an die KlientInnen, daß diese Person auch an einer Lösung des Problems interessiert sein soll. Auch weisen wir zu diesem Zeitpunkt bereits darauf hin, daß wir zu dritt mit ihnen arbeiten würden und daß möglicherweise FamilientherapeutInnen in Ausbildung hinter der Einwegscheibe sitzen. Erstaunlicherweise zeigt sich eine hohe Bereitschaft, sich auf ein solches Setting einzulassen. Rückmeldung mehrerer Klienten/innen: *Sechs Augen sehen mehr als zwei.*

Zu Beginn der ersten Sitzung überreichen wir dem Paar eine schriftliche Beschreibung (s.u.) unserer Arbeitsweise. Wir weisen auf die Videoaufzeichnung hin und auf die Tatsache, daß sie uns drei im Verlauf des Gesprächs kennenlernen werden. Eine/r von uns beginnt das Interview, während die beiden anderen das Gespräch hinter der Einwegscheibe verfolgen und erste Hypothesen und Ideen entwickeln. Im weiteren Verlauf wechselt der/die BeraterIn einige Male während der Sitzung. Jede/r von uns vertritt seine Hypothesen und Ideen direkt vor dem Paar. Grundsatz ist, daß keine Mehrheitsentscheidungen getroffen werden, sondern daß *querdenken* gefördert wird. Einzelmeinungen der Kollegen/innen werden in allen Kommentaren und Interventionen berücksichtigt.

Die Dauer einer Sitzung beträgt incl. Beratung hinter der Scheibe ca. zwei Stunden. Gleich in der ersten Sitzung wird den KlientInnen auch mitgeteilt, daß die Abstände zwischen den Sitzungen bei vier bis acht Wochen liegen und daß wir von einer Gesamtanzahl von fünf bis zehn Sitzungen ausgehen.

Das zunächst eher unruhig erscheinende Setting paßt sich unserer Meinung nach stark den unterschiedlichen Ideen und Mustern des Paares an. Außerdem kommt es der Kreativität und Spontaneität entgegen, die wir für Veränderungsprozesse für außerordentlich wichtig halten. Die Initiierung solcher Prozesse ist unser vorrangiges Ziel. Wir sehen die Förderung von Bewegung, Schwingungen (Fluktuationen) vor und hinter der Scheibe als wichtiges Kriterium für einen Therapieerfolg. Dies wollen wir im folgenden näher erläutern.

Schriftliche Information an unsere KlientInnen:

Sehr geehrte Frau,
Sehr geehrter Herr,

herzlich willkommen in unserer Gemeinschaftspraxis.
Wir arbeiten nach einem neuen von uns entwickelten Verfahren, zu dem wir Ihnen einige Informationen geben wollen.

1. *Wir arbeiten zu dritt. Auf diese Weise sind drei ExpertenInnen schneller und besser in der Lage, Sie zu verstehen und Vorschläge zum weiteren Vorgehen zu erstellen.*
2. *Wir zeichnen alle Gespräche mit Video auf, um nach der Sitzung oder in Vorbereitung des nächsten Gespräches nochmals Ausschnitte anschauen zu können. Die Videobänder stehen also im Interesse einer besseren und effektiveren Beratung. Die Bänder behandeln wir mit größter Sorgfalt, ihr Inhalt ist nur uns TherapeutenInnen zugänglich und wird nach Abschluß der Behandlung gelöscht.*
3. *Unsere Praxis dient nicht nur der Therapie, sondern auch der Weiterbildung anderer TherapeutenInnen, die von uns lernen wollen. Es können daher auch KollegenInnen, die sich bei uns in Weiterbildung befinden, anwesend sein. Sie unterstehen in jedem Fall auch der therapeutischen Schweigepflicht und haben einen entsprechenden Vertrag mit uns geschlossen.*
4. *Wir arbeiten alle auch außerhalb unserer Praxis als AusbilderInnen für andere TherapeutenInnen. Es kann daher sein, daß wir unsere Arbeit dort zum Zwecke der Lehre mit Hilfe von Ausschnitten aus den Videobändern demonstrieren möchten. Wir werden Sie in diesem Fall ausdrücklich darüber informieren und Sie um eine Unterschrift zur Videofreigabe bitten.*

Sollten Sie noch Fragen hinsichtlich unserer Arbeitsweise haben, sprechen Sie uns bitte an.

Wir hoffen, daß Sie sich in unserer Praxis wohlfühlen und daß Ihnen die Arbeit mit uns hilfreich ist.

Ihr Praxisteam:
Gerhard Lenz   Gisela Osterhold   Heiner Ellebracht

Musterbildung und -erkennung in personalen und interpersonalen Wirklichkeitskonstruktionen

Früher war man der Meinung, daß sich bei der Wahrnehmung der Welt in unserem Gehirn das Bild der Welt abbildet. Heute weiß man, daß die Sinneseindrücke für unser Gehirn lediglich Reize darstellen, die dann die gehirneigene Aktivität modifizieren. Nach unseren Erkenntnissen gestaltet sich der Wahrnehmungs- und Erkennungsprozeß besonders als Mustererkennungs- und Musterbildungsprozeß.

Die Abbildungen „Mann oder Mädchen" und „Hase oder Ente" zeigen zwei der bekannten Kippbilder, die wir leicht als „Mann oder Mädchen mit Spiegel" oder „Hase oder Ente" erkennen können. Die Wahrscheinlichkeit beträgt bei beiden Bildern 50 % daß wir die eine oder andere Struktur sinngebend als z.B. Hase oder Ente erkennen können.

Die Wahrscheinlichkeit wird durch Abbildung „Die Wahrscheinlichkeit der Wahrnehmung" als Vektordarstellung verdeutlicht. Die mittlere, gestrichelte Kurve entspricht dem ersten „Draufblicken" ohne spezielle Mustererkennung (geht sehr schnell und wird meistens nicht registriert). Die beiden symmetrischen Kurven mit den schwarzen Punkten am tiefsten Punkt repräsentieren das

Abb.
Mann vs. Mädchen
(nach Fisher)

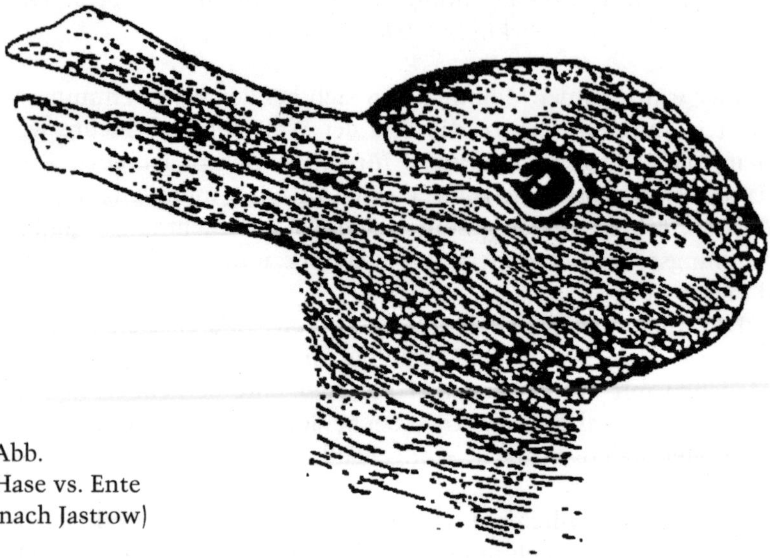

Abb.
Hase vs. Ente
(nach Jastrow)

„Einpendeln" unserer Wahrnehmung auf die beiden Strukturen, die wir als Hase und Ente bezeichnen. Würde man von uns verlangen, „irgend etwas anderes" darin zu erkennen, würde uns dies schwerfallen. Unser Gehirn hat verschiedene Strukturen und Muster gewissermaßen abgespeichert und greift auf die mit dem höchsten Wiedererkennungswert zurück. Der Begriff „Wahrnehmung" ist hier in Anführungsstriche gesetzt, da der sogenannte Wahrnehmungsprozeß in Wirklichkeit ein Mustererkennungs- und Musterkonstruktionsprozeß ist.

Das gleiche ergibt sich, wenn wir einen Menschen auf der Straße treffen: Wir kombinieren sogleich verschiedene hervorstechende Merkmale und verbinden diese zu einem Gesamteindruck. So kann man Menschen nur einen Ausschnitt aus einem Gesicht zeigen, und das Gehirn ergänzt die fehlenden Anteile. Wird dann dieses Bild noch mit erinnerten Bildern von ähnlichen Personen verknüpft, kommt es zugleich auch zu Bewertungen wie z.B. „Freund/Feind" oder „gut/böse", obwohl theoretisch auch jede andere Verknüpfung möglich wäre. Diese Wahrnehmung läuft auf den Schienen vorgebahnter Mustererkennung und Sinnbildung, und es ist sehr schwer, etwas anderes zu erkennen, als das, was wir gewohnt sind zu erkennen.

So werden komplexe Ereignisse und Transaktionen auf einfache

Abb. Die Wahrscheinlichkeit der Wahrnehmung

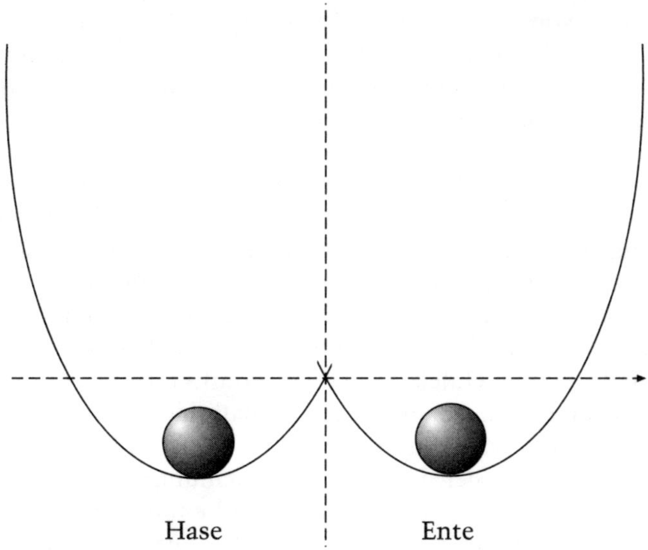

und leicht erkennbare Regelhaftigkeiten reduziert und dadurch die Umgebung und ihre Menschen vorhersagbar gemacht. Daraus erklärt sich, warum Transaktionen häufig in immer demselben Fahrwasser ablaufen und wir letztendlich immer das bekommen, was wir als die eingefahrenen Muster unseres Alltags- und Beziehungslebens kennen. Wir erleben im zwischenmenschlichen Bereich eine Redundanz in der Strukturbildung und -erkennung, die Grundlage für sowohl die Vertrautheit und Vorhersagbarkeit als auch für die Festigkeit der Verhaltensmuster ist, und die dadurch auch nur schwer Veränderungen ermöglicht (*Kruse, P.* 1992).

Chaos und Selbstorganisation

> Das Chaos unseres
> instinktiven Lebens ist
> der Brennstoff, der unseren
> Motor in Gang bringt
>
> *Arthur Miller in „Zeitkurven"*

Geht man von den dargestellten konzeptuellen Grundlagen der Wirklichkeitskonstruktion aus, so wird es schwer sein, Menschen zu Wandlung und Veränderung einzuladen: Allzu leicht fallen sie wieder in die alten Trampelpfade zurück, die ja nicht nur starre Wiederholung von Bekanntem bedeuten, sondern auch Sicherheit, Vorhersagbarkeit und Strukturiertheit in einer ansonsten chaotischen Welt. Diese kognitiv-emotionalen und transaktionalen Vorbahnungen sind, aus Sicht eines Unbeteiligten, an sich neutral; sie sind weder schlecht noch gut, sie sind ethisch-moralisch wertfrei. Erst die Bedeutungen, die ihnen durch Beziehungen und Kommunikation gegeben werden, entscheiden über ihre Auswirkungen, und können dann Leid, Glück, Krankheit, Konflikt, Harmonie oder Gewalt bedeuten. Wir verstehen sie deshalb als Organisationsmöglichkeiten, mit denen die Menschen ihre Welt ordnen und die im Ergebnis die eine oder die andere Erscheinungsform zeigen. Hilft man als TherapeutIn, FreundIn oder Familienmitglied einem anderen Menschen zu einer anderen Musterbildung, so verändern sich auch die Erscheinungsformen, d.h. Symptome können sich wandeln oder verschwinden, eine veränderte Weltsicht tritt anstelle der alten, ein neues und verändertes „Selbst-Bewußt-Sein" entsteht.

Um Veränderungsprozesse begreifen und beschreiben zu können, benötigen wir eine Theorie, die sowohl systemisch als auch prozeßhaft ist, eine Theorie, die Veränderungsprozesse in Systemen und Organisationen untersucht, und die sowohl diese Verläufe beschreiben kann, als auch eine Regelhaftigkeit dafür aufstellen kann. Darüberhinaus sollte diese Theorie im Hinblick auf die therapeutische Praxis auch Hinweise darauf enthalten, wie Veränderungsprozesse angestoßen und eingeleitet werden können.

All diese Ansprüche erfüllt die Selbstorganisationstheorie. Es handelt sich hier um eine wissenschaftlich fundierte Systemtheorie, die zunächst in der Physik mathematisch begründet wurde und die als Teil der Synergetik, als allgemeine Systemtheorie und interdisziplinäres Forschungsprogramm verstanden werden kann. Sie untersucht besonders die Übergänge (Phasenübergänge s.u.) zwischen verschiedenen Ordnungszuständen und zwischen Ordnungs- und Chaoszuständen. Dabei durchlaufen viele untersuchte Systeme (naturwissenschaftliche und soziale Systeme) beim Phasenübergang ein Stadium von Chaos. Für die metaphorische Anwendung er-

Abb. Modelle der Veränderung

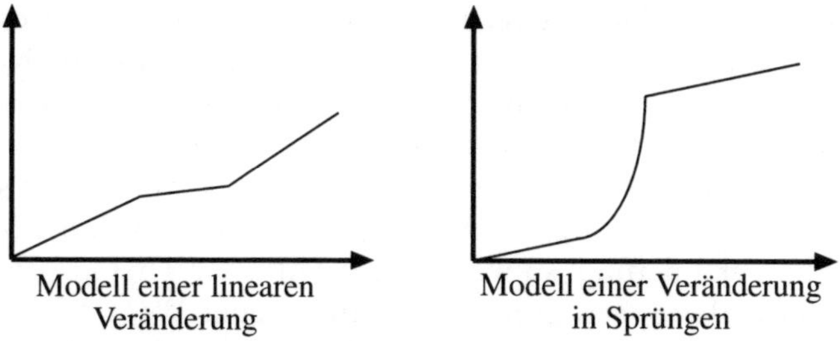

scheint uns hier die Selbstorganisationstheorie als besonders geeignet, da wir es ja im therapeutischen Prozeß auch mit Übergängen und Veränderungsprozessen zu tun haben.

Voraussetzung für die Anwendung der Selbstorganisationstheorie

Voraussetzung für die Anwendung der Selbstorganisationstheorie ist dabei, daß es sich um offene Systeme handelt, deren Grenzen den Austausch von Materie/Energie und/oder Information erlauben. Dadurch kann das System angeregt werden, seinen Gleichgewichtszustand zu verlassen. Das Verlassen des Gleichgewichtszustandes erlaubt dem System dann, neue Attraktoren zu suchen. Attraktoren sind nach *Kriz stabile, periodische Dynamiken, auf die ein System hinsteuert* (*Kriz, J,* 1992). Kann das System angeregt werden, seinen bisherigen Attraktor aufzugeben, durchläuft es vorübergehend eine Phase der Instabilität, es erlebt einen Phasenübergang. Dieser Phasenübergang ist durch Kreativität und Chaos gekennzeichnet, was dem System erlaubt, einen neuen Attraktor auszubilden und in einen neuen Ordnungszustand einzutreten. Der neue Ordnungszustand unterscheidet sich vom alten durch deutlich veränderte, beobachtbare Transaktionsmuster, die damit Hinweis auf die durchgemachte Veränderung geben. Die Neuorganisation braucht als Voraussetzung die Phase der Instabilität, in der kurzfristig Chaos herrscht. Ohne eine Phase von Verunsicherung würden sich in Systemen keine neuen Muster entwickeln. Besonderes Kennzeichen der so verlaufenden Veränderungsprozesse ist, daß die Veränderung in Sprüngen mit vorher nicht bekannten und oft nicht vorwegzunehmenden Ergebnissen verläuft (Abbildung „Modelle der Veränderung").

Die Abbildung „Veränderungsprozesse" veranschaulicht das hier entwickelte Veränderungskonzept:

Um einen Veränderungsweg beschreiten zu können, müssen die KlientInnen als mindeste, aber nicht einfach zu erfüllende Bedingung zu einer Veränderung motiviert sein. In jedem Veränderungsprozeß ist es normal, daß sowohl Anteile von Begeisterung und Aufregung als auch von Zweifeln und Einwänden vorhanden sind. Überwiegen Begeisterung und Aufregung zusammen mit der Motivation zur Veränderung, so werden mit Hilfe der TherapeutInnen praktische Anleitungen zum Beschreiten neuer Wege bzw. zum Unterbrechen alter Wege erarbeitet. Werden die alten Veraltensweisen dann konsequent unterlassen (s. u. zum Thema „Die Unterlassensintervention"), kommt es bei den betroffenen Personen und ihrem Umfeld in der Regel zu einer vorübergehenden (meist kurzen) Phase von Turbulenzen und Irritationen. Wir sprechen hier entsprechend der Chaos- und Selbstorganisationstheorie vom deterministischen Chaos. Deterministisch will hier sagen, daß sich bereits im Chaos die Strukturen neuen Verhaltens und neuer Sichtweisen andeuten.

Diese turbulente Irritationsphase gehört unabdingbar zum Veränderungsprozeß; leider schrecken häufig selbst BeraterInnen davor zurück, weil sie „Unkontrollierbares" befürchten. Mit konzeptueller Klarheit wird diese Phase jedoch bewußt angesteuert, die KlientInnen können darüber informiert werden, daß sich wahrscheinlich Unsicherheiten und Verwirrungen ergeben werden und daß diese zum Veränderungsprozeß dazugehören. Die BeraterInnen können dann entsprechend den weiter unten dargelegten Prinzipien ihre KlientInnen im Durchgang durch diese Phase unterstützen.

Werden die sich dann herausbildenden Veränderungen als positiv erlebt, so ergibt sich eine positive Rückkopplung mit entsprechender Verstärkung und Neuorganisation.

Beispiel einer Abschlußintervention aus der Therapie mit Ehepaar Helmer

In der Therapie mit Ehepaar Helmer versuchten die TherapeutInnen am Ende der zweiten Sitzung mit folgender Abschlußintervention „Empfehlung einer Unterlassung im Sinne einer Verhaltensunterbrechung" einen solchen Phasenübergang von einem Status quo zum nächsten zu induzieren:

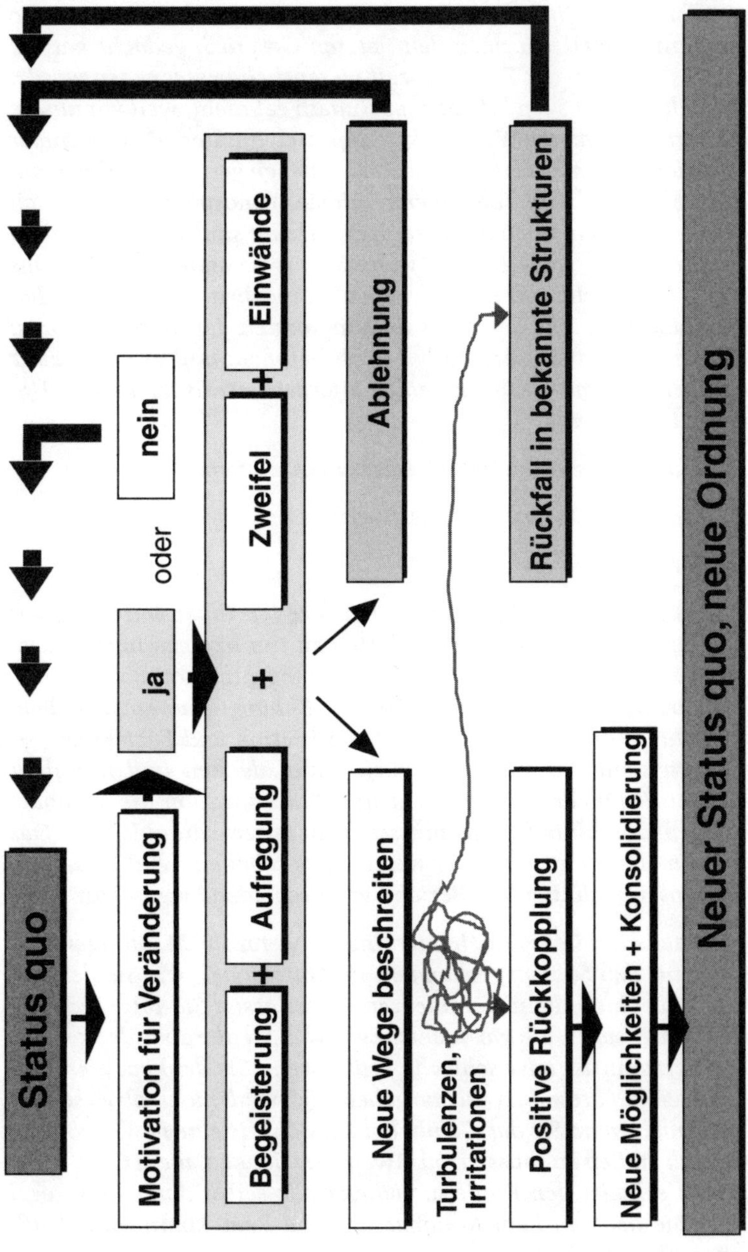

Abb. Veränderungsprozesse

Therapeut: Wir waren heute einigermaßen erschrocken, wie Sie herkamen, weil wir nach dem letzten Gespräch gedacht hatten, daß es Ihnen in der Zwischenzeit wesentlich besser gehen würde. Und das hat uns ein bißchen ins Rudern gebracht, weil wir unsere Erwartungen an die Wirklichkeit anpassen mußten. Das ist immer schwierig. Man macht sich ein Bild – als ich gestern bei Ihnen anrief, erlebte ich am Telefon eine schöne Atmosphäre, von der ich meiner Kollegin auch berichtet habe. Heute sind wir nun an dem Punkt, daß es schwierig ist, wenn Sie etwas ändern wollen. Das kann man nicht mal eben so nebenbei machen. Deshalb: wir haben eine Idee, wie Sie etwas ändern können. Ich werde es Ihnen gleich sagen, will aber vorher noch betonen, daß es einen ganz starken Willen von Ihnen beiden erfordert, etwas zu ändern. Haben Sie den beide?

Frau: Ja. Deswegen bin ich hierher gekommen.

Therapeut: Das heißt, die Antwort ist Ja.

Mann: Ja.

Therapeut: Auch Ja. – Gut. Dann sage ich Ihnen jetzt, was wir Sie bis zum nächsten Termin bitten zu tun bzw. zu unterlassen. Und zwar müssen Sie bei der Umsetzung ganz konsequent sein, da muß ich sie wirklich darum bitten. Es hängt ganz entscheidend von ihrem Einsatz ab, ob sich Ihre Situation und Beziehung verändern wird. Sie müssen täglich daran denken und mit ihrer ganzen Kraft, Entschlossenheit und Konzentration die Veränderungen durchführen. Sie müssen ganz eisern dranbleiben. Das wird nicht leicht sein, aber wenn Sie es schaffen, wird diese Verhaltensempfehlung Ihre Beziehung entscheidend verändern.

Erstens für Sie, Frau Helmer: immer wenn Ihr Mann irgend etwas mit den Söhnen verhandelt, im Guten oder, wie Sie denken, im Schlechten, kein Kommentar! Unterlassen Sie bitte jede Bemerkung, sagen Sie gar nichts. Egal was Sie darüber denken, ob das jetzt gut ist oder schlecht, selbst wenn Sie denken, hier muß doch eine Mutter dazwischen gehen – ich weiß nicht, ob es so ist – also auch wenn Sie das Gefühl haben, sich wie eine Löwin vor Ihre Jungen stellen zu müssen, oder wenn Sie denken, mein Gott, mein Mann schadet den Kindern, vielleicht, ja selbst dann sogar, egal was Sie denken, kein Kommentar. Und kein Kommentar heißt sprachlich, und soweit man das kontrollieren kann, auch mimisch und gestisch. Das ist eine einschneidende Veränderung, wenn Sie

Musterunterbrechung durch Unterlassung

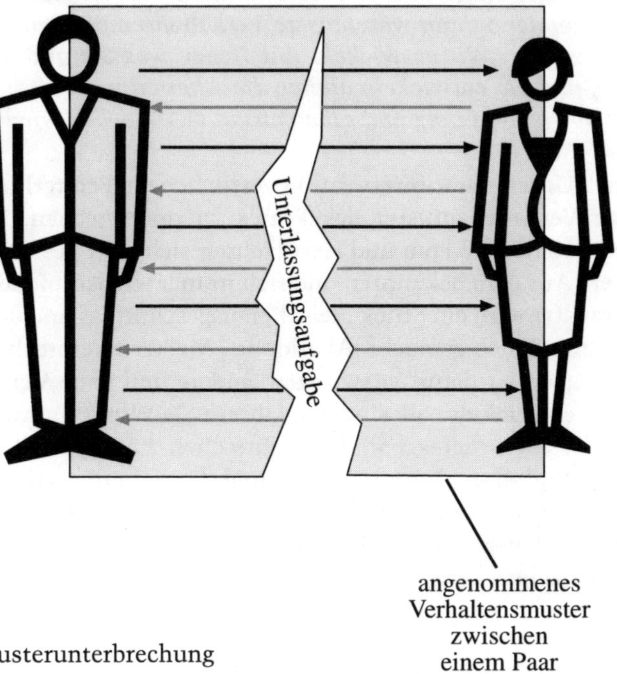

Abb. Musterunterbrechung

das machen. Aber ich sehe keinen anderen Weg, als Ihnen das aufzutragen. Wollen Sie es machen?

Frau: Ja.

Therapeut zum Mann: Sie erwarten sicher schon, was Ihre Aufgabe ist. Egal, wie die Situation ist, kein lautes Wort zu Ihrer Frau. Egal wie verrückt sie sich anstellt, in Ihren Augen, oder wie unmöglich, ... egal wie innerlich die Rage hochsteigt, ja, oder Sie vielleicht denken, das muß raus, sonst krieg' ich ein Magengeschwür oder ich platze, machen Sie irgendwas, um diese Wut loszuwerden. Gehen Sie in den Wald und hauen Bäume, oder was weiß ich was, Sie sind ja ein kreativer Mann (Mann lacht), es fällt Ihnen schon etwas ein ... Kein lautes Wort. Egal, wie die Situation ist. Das ist auch eine einschneidende Maßnahme, fordert sicher auch viel, viel Beherrschung, aber auch viel Kreativität, ich denke von Ihnen beiden. Ja. Ihre Aufgabe ist, etwas zu lassen, und wie man das lassen kann, ist eine Frage der Kreativität. Nicht nur der Kontrolle, sondern auch die Frage, was mache ich statt dessen? Wir sagen Ihnen aber mit Absicht nicht, was Sie statt dessen tun sollen, denn dann wäre unsere Verhaltensempfehlung weniger wirksam... Wir entwickeln mit Ihnen, was Sie unterlassen sollten, und Sie entwickeln alleine die Alternativen. – Wir wünschen Ihnen viel Erfolg und sehen uns in vier Wochen wieder.

Mit dieser Unterlassensintervention versuchen die BeraterInnen, das bisherige Verhaltensmuster des Paares zu unterbrechen. Es wird nicht mitgeteilt, wie Frau und Herr Helmer sich statt dessen verhalten sollen. Aus dem bekannten und sich immer wiederholenden Verhaltensmuster wird ein Stück quasi herausgeschnitten und durch die Aufgabe unmöglich gemacht (Abbildung „Musterunterbrechung")

Das Ehepaar ist damit gezwungen, andere und neue Verhaltensweisen zu entwickeln. Sie sind nach ihrem „Ja-Wort" für kurze Zeit füreinander unvorhersagbar. Hier entstehen häufig die für diese Aufgaben typischen Verwirrungen und Unsicherheiten (Phasenübergang), wir haben eine Situation von deterministischem Chaos, in dem sich bei genauem Hinschauen schon der Kern des neuen Verhaltens zeigt.

Kreativität im therapeutischen Prozeß

> Wo Chaos und Ordnung miteinander tanzen,
> entzündet sich der Funke der Kreativität

Definition von Kreativität

- Kreativität ist die Fähigkeit, ein Produkt hervorzubringen, das originell, funktional adäquat, formal befriedigend und wertvoll ist. (*G. Guntern* 1994)
- Kreativität ist die Kombination von scheinbar zusammenhanglosen Einzelteilen zu einem funktionierenden und nützlichen Ganzen. (*J. Adams* 1984)
- Beim kreativen Problemlösen wird durch eine neuartige Reaktion ein Problem gelöst. (*R.W. Weinberg* 1989)
- Kreativität ist geschicktes Stehlen und Neuzusammenstellen der Ideen anderer. (*M. Schönfelder* 1995)

Vier Stadien des kreativen Prozesses

G. Wallas hat hat die Berichte und Tagebücher von Forschern und Wissenschaftlern gesichtet, denen wichtige Entdeckungen und Erfindungen gelangen (*Wallas, G.* 1926). Daraus hat er vier Stadien des kreativen Prozesses extrahiert, die uns für viele solche Prozesse zutreffend erscheinen:

1. *Vorbereitung:* Langes, intensives und bewußtes Bemühen. In dieser Phase beschäftigt man sich intensiv mit der anstehenden Fragestellung, denkt darüber nach, sucht und ringt nach Lösungen, ohne sie greifen und finden zu können.
2. Inkubation: Inkubation kommt vom Lateinischen *in-cubare* und bedeutet soviel wie *daraufliegen.* In dieser Phase delegiert man das Thema ans Unbewußte, läßt ganz bewußt los und beschäftigt sich mit anderen Dingen. Man vertraut darauf, daß die Kräfte des Un- oder Halbbewußten an der Fragestellung weiterschaffen und eine Lösung finden werden. Wenn dies tatsächlich erfolgt, führt dies zur dritten Phase[6]:
3. *Erleuchtung*: Plötzliche Erkenntnis. Hier wird man vom sogenannten Geistesblitz erfaßt, die Lösung ist plötzlich da, man weiß mit absoluter Klarheit, wie es weiterzugehen hat.
4. *Verifikation:* Überprüfen und Ausarbeiten. Hier wird die neue Idee im Hinblick auf die Brauchbarkeit für die Lösung der Fragestellung überprüft, vertieft und differenziert. Dabei werden oft noch Veränderungen vorgenommen, die den „Geistesblitz" in seinem Charakter aber nicht mehr abwandeln.

Anregung zum kreativen Denken und Handeln

Wenn man die Literatur zum Thema Kreativität durchforstet, so fallen immer wiederkehrende „Handlungsanleitungen" für den kreativen Prozeß ins Auge, die wir im folgenden in der Zusammenfassung wiedergeben:

---

[6] So wird z.B. von A. Kekulé, dem Entdecker der Ringformel des Benzols (1865), berichtet, daß er nach langen Versuchen, das Benzol-Molekül in Kettenform zu erfassen, nachts einen Traum hatte, in dem eine Schlange sich in den Schwanz biß. Dies gab ihm die Erkenntnis zur Ringformel (Weisberg, R.W.).

- Den Fluß der Gedanken u. des Diskussionsprozesses nicht stoppen, nicht filtern, auch absurde Ideen können weiterhelfen
- Versuchen, die Problemsituation völlig neu zu analysieren
- Unterschiedliche und auch scheinbar unpassende Elemente miteinander verknüpfen
- Neuen Standpunkt einnehmen, neue Sicht des Problems finden
- Bemühen um Flexibilität und Multistabilität im Denken
- Kreativität erfordert die Veränderung und Neuordnung von Erfahrung
- Im Denkprozeß häufig die Kategorien wechseln
- Vor der Beschäftigung mit der Aufgabe festlegen, welchen Gütekriterien die Lösungen entsprechen sollen
- Wechsel zwischen Phasen des Allein-Arbeitens und Gruppenarbeit, damit die individuellen Ideen reifen können

Als wegweisende Aussage erscheint uns hier ein Zitat von *Eleanor Taylor* (Taylor 1993):

> Ersteige jeden Berg,
> durchwate jeden Fluß,
> folge jedem Regenbogen,
> bis du deinen Traum findest.

Verhinderung von kreativem Denken und Handeln

Durch Struktur und Musterbildung ergeben sich viele Möglichkeiten, natürliche Neugier, Forschergeist und kreative Lösungen im Keim zu ersticken. Neue Ideen werden von vornherein durch Sanktionen zerstört. Auch kann die Problemstellung so angelegt sein, daß nur eine Lösung vom System vorgesehen ist.

Kontraproduktiv sind ebenfalls der Aufbau polarer Strukturen wie „richtig-falsch", „gut-böse", „gesund-krank" oder „aktiv-passiv" sowie zuviel Erfahrung, Routine und Wissen über die Sache, die häufig ein und dasselbe Ergebnis produziert: „Das geht nicht."

J. Adams hat verschiedene Haupttypen der Kreativitätsblockaden herausgearbeitet (*Adams, J.* 1984):

- Blockaden der Wahrnehmung: Probleme werden zu eng oder unter immer demselben Blickwinkel betrachtet, so daß man über den gestecken Rahmen nicht hinausschauen und keine neuen Ideen entwickeln kann.
- Gefühlsmäßige Blockaden: Aus Angst vor den Reaktionen der KollegInnen filtert man seine Aussagen; man hat Angst, verlacht oder abgewertet zu werden. Wir alle sind auch schon so in Richtung eines normierten Denkens trainiert, daß wir selbst schon unsere Gedanken filtern und uns selbst der möglichen Ideen nicht bewußt werden. Das führt dazu, daß wir uns selbst und andere beurteilen statt Ideen zu produzieren.
- Kulturell bedingte Blockaden: Mit erfahrenen Regeln wie *Das macht man nicht...* oder *Nur hartes Arbeiten bedeutet ernsthaft zu arbeiten,* begrenzen wir unseren Spiel- und Handlungsraum entscheidend, so daß viele Möglichkeiten außerhalb unseres Zugriffs liegen.
- Umweltbedingte Blockaden: Damit sind Blockaden durch die konkreten physikalischen Bedingungen in unserer Umgebung wie ein zu enger Raum, zu wenig Sauerstoff, trüber oder verstellter Ausblick etc. aber auch soziale Faktoren wie kritische und abwertende MitarbeiterInnen und ChefInnen gemeint. Auch körperliche Faktoren wie zu wenig Bewegung und ein zu vollgestopfter Magen fallen darunter.

Was fördert Kreativität?

Therapie kann verstanden werden als die Möglichkeit, etwas Neues zu erfahren, Neues auszuprobieren. Es müssen auch Experimente möglich sein, die Versuch und Irrtum erlauben. Die oben genannten polaren Strukturen sollten durch Transaktionsmuster ersetzt werden, die durch Flexibilität gekennzeichnet sind, damit andere Wege und Verhaltensweisen gefunden werden. Diesen Prozeß sehen wir als unsere vornehmste Aufgabe. Kreativität ist unbequem und nicht berechenbar, sie lebt von Assoziationen, Analogien und Einfällen.

Kreativität ist gewissermaßen unvermeidlich. Man könnte annehmen, daß überall dort, wo routinemäßiges Alltagsdenken und banale Aneinanderreihung von vertrauten Vorgängen ausreicht, Kreativität nicht gefragt ist. Aber *niemand steigt zweimal in denselben Fluß.*

Es ist somit sogar unmöglich, völlig identische Erfahrungen zu machen. So gesehen stellt Kreativität den „Normfall" dar und bei der Klage, daß sich nichts verändere oder daß kein Ausweg gefunden werde, müßte danach gefragt werden, wie die Betreffenden es schaffen, die (scheinbare) Nichtveränderung zu organisieren. Die Wahrnehmungen zu schärfen, Blicke auf Ungewöhnliches zu richten und Abweichungen vom Erwarteten herauszufinden, sind die wichtigsten Voraussetzungen, um Kreativität zu fördern, d.h., daß jede, wenn auch nur teilweise Übereinstimmung eines alten Musters mit einer neuen Situation, grundsätzlich eine Modifikation erforderlich macht.

Damit ist jeder Mensch in der Lage, immer wieder Neues hervorzubringen, wenn es gelingt, neue Strukturbildungen vorzunehmen, alte Trampelpfade zu unterlassen und Unerwartetes zu akzeptieren.

Schritte im Eröffnen eines kreativen Feldes im Veränderungsprozeß

Übertragen wir die Gedanken und Prinzipien zur Entwicklung von Kreativität auf die Bemühungen der TherapeutInnen, ihren KlientInnen zu veränderten Sichtweisen und Verhaltensmöglichkeiten zu verhelfen, so gibt uns die Abbildung „Kreative Felder im Veränderungsprozeß" einen Überblick über diesen Prozeß:

Im ersten Schritt beschreiben die BeraterInnen das Transaktionsfeld: welche Personen sind bedeutsam für das Verhalten des Paares; welche weiteren Personen spielen gewissermaßen mit auf dem Fußballplatz des Lebens, auf dem sich das Paar bewegt? Das sind natürlich häufig die Kinder des Paares, frühere Partner, die Eltern oder Teile der Eltern, vielleicht Freunde oder Freundinnen, ev. AußenpartnerInnen. Dann wird das bevorzugte Transaktionsmuster beschrieben bzw. im Gespräch mit den KlientInnen herausgearbeitet. Bei Ehepaar Helmer war es so, daß die Frau ihren Mann fast regelmäßig unterbrach, wenn er mit den Söhnen schimpfte. Darauf ließ der Mann von den Söhnen ab, und das Ehepaar verstrickte sich in einen Streit, in dessen Verlauf der Mann immer lauter wurde. Man kann das Muster jedoch auch andersherum beschreiben: wenn die Frau fand, daß der Mann den Söhnen gegenüber zu laut wurde, griff sie ein, und ...

Abb. Kreative Felder im Veränderungsprozeß

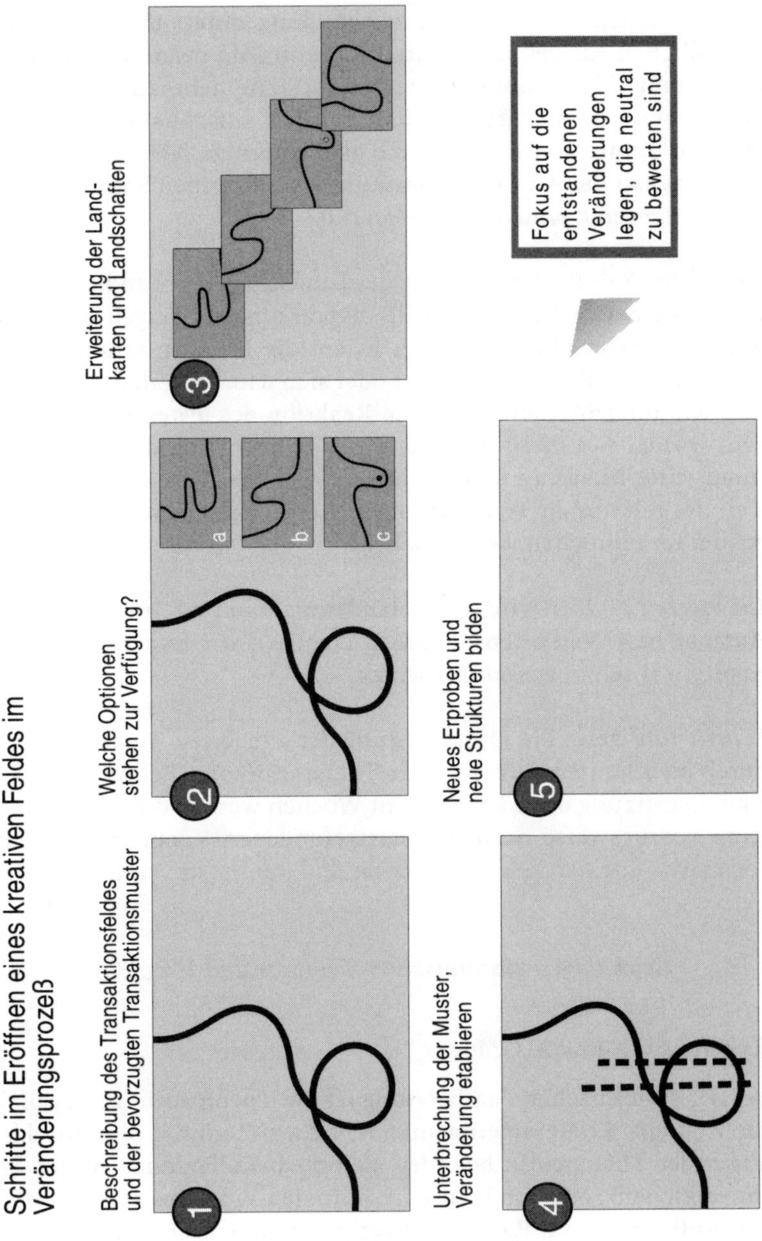

Im zweiten Schritt überlegen die BeraterInnen in einem kreativen Teamprozeß, welche anderen Verhaltensmöglichkeiten zur Verfügung stehen würden (in der Abbildung durch die drei unterschiedlichen Kurven am rechten Rand in Bild zwei symbolisiert). Z.B. könnte Herr Helmer seine Frau beiseite nehmen und mit ihr besprechen bzw. sie bitten, sich in Zukunft rauszuhalten, oder Frau Helmer könnte von selbst auf die Idee kommen, oder Herr Helmer würde genau die Art der Kommuniktion mit seinen Söhnen unterlassen, die seine Frau auf den Plan ruft.

Im dritten Schritt (Erweiterung der Landschaft und Landkarten) erfragen die BeraterInnen mit Hilfe hypothetischer Fragen (siehe das Kapitel „Fragetechnik"), ob der Klient/die Klientin schon einmal selbst in diese Richtung gedacht oder sich danach verhalten hätten, und wie ihrer Meinung nach die Reaktion des jeweiligen Partners sein würde. Auf diese Art und Weise können sich die TherapeutInnen eine Meinung darüber bilden, welches Verhalten (welcher Teil des relevanten Transaktionsmuster) wohl sinnvollerweise am besten unterbrochen werden sollte.

Im vierten Schritt wird die Veränderung dann z.B. in Form einer Aufgabe bzw. Verhaltenserklärung etabliert, wie in den bisherigen Kapiteln ja schon ausgeführt wurde.

Schritt fünf zeigt die Durchführung der avisierten Veränderungen durch die Klienten außerhalb der Therapiesitzung. Bei der nächsten Therapiesitzung nach vier bis acht Wochen werden die KlientInnen dann vorzugsweise nach den stattgefundenen Veränderungen befragt (*Was hat sich seit dem letzten Mal bei Ihnen verändert?*).

Grundlagen systemischen Denkens und Handelns

Kybernetik 1. und 2. Ordnung

Bei der systemischen Paarberatung ist die TherapeutIn im Idealfall nicht allein. Er/sie arbeitet mit dem Zwei-Kammer-System, d.h., außer der TherapeutIn befinden sich noch KollegInnen hinter der Einwegscheibe oder am Fernsehmonitor bei Videoübertragung (oder mit KollegInnen im Raum) und verfolgen das Geschehen mit. Dies

Abb.
Kybernetik
1. Ordnung

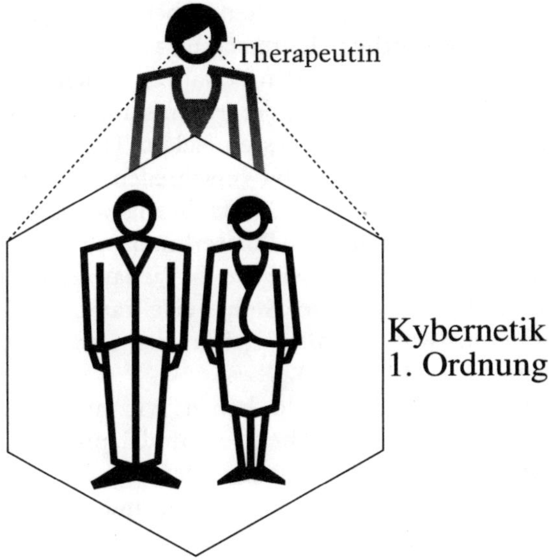

ist deshalb von großer Bedeutung, da wir in der systemischen Therapie davon ausgehen, daß der oder die TherapeutInnen nicht nur das Paar beobachten und befragen, sondern durch ihre Art des Umgangs das Paar auch modifizieren und in einer bestimmten Weise gestalten helfen. Stellen wir uns vor, daß in erster Linie problemorientierte Fragen gestellt werden, dann besteht eine hohe Wahrscheinlichkeit, daß sich das Paar als sehr problembeladen ‚darstellen' wird. Fragen die TherapeutInnen aber z.B. danach, was denn gutgeht in der Beziehung (Ressourcenorientierung) und führen immer wieder den Blickwinkel ein, was denn z.B. auch liebenswert am anderen sei, dann wird sich das Paar mit hoher Wahrscheinlichkeit ziemlich anders ‚darstellen', so daß man ev. meinen könnte, ein anderes Paar zu sehen. Diesen Sachverhalt, daß die TherapeutIn das Paar mitkreiert, bezeichnet man als Kybernetik zweiter Ordnung. Es besagt nichts anderes, als daß Paar und BeraterIn miteinander ein System bilden, das vom außenstehenden Beobachter in der gegenseitigen Einflußnahme und Bedingheit betrachtet wird. Die Betrachtungsweise, daß man das Paar als vom Therapeuten unabhängig beobachtet, so als sei es ein Objekt, das sich unabhängig vom Therapeuten und auch vom Beobachter darstellt, bezeichnet man dagegen als Kybernetik 1. Ordnung (*von Foerster, H.* 1981) (Abbildung „Kybernetik 1. Ordnung").

Der Unterschied zwischen Kybernetik 1. und 2. Ordnung scheint uns der wesentliche Unterschied zwischen der systemischen Paartherapie und allen anderen Verfahren zu sein, d.h. wir behaupten nie, das Paar sei so oder so, der Mann sei depressiv und die Frau narzistisch gestört. In der systemischen Therapie ersetzt die Beschreibung des Verhaltens und verschiedene, unterschiedliche Beobachtungsstandpunkte und Betrachtungsweisen die Diagnose. Dazu fragen sich systemische BeraterInnen, durch welche Brille sie selbst das Paar sehen und wie sie sie genau befragt haben, daß sie als BeraterInnen zu dieser Sichtweise kamen: *Wie haben wir unsere Erkenntnis mitgestaltet, mitkreiert, konstruiert?* (Abbildung „Kybernetik 2. Ordnung")

Im obigen Schaubild haben wir nun zwei BeraterInnen genommen, einmal als Therapeut und dann als Beobachter. Dies kann natürlich auch eine einzige Person sein, die z. B. eine Unterbrechung der Therapie vornimmt und sich selbst fragt, wie sie/er am gerade erlebten „Ergebnis" mitgewirkt hat. Um dieses selbst durchzuführen, ist der Vergleich mit einem Camera-Zoom hilfreich: bei der Betrachtung 1. Ordnung stehen wir nahe vor dem Objekt und haben den Zoom auf Nah- und Großaufnahme gestellt, bei der Betrachtung 2. Ordnung haben wir den Zoom auf weit gestellt und den Aufnahmewinkel vergrößert.

Die Klassiker aus Mailand

In ihrem berühmt geworden Artikel „Hypothetisieren, Zirkularität, Neutralität" (Selvini Palazzoli 1981) hat die Mailänder Gruppe um *M. Selvini Palazzoli* mit *L. Boscolo, G. Cecchin* und *J. Prata* einige Grundaxiome systemischer Therapie formuliert, die hier in verkürzter Form und nach dem Verständnis der Autoren wiedergegeben werden.

Die Neutralität

Die TherapeutInnen bemühen sich um eine neutrale Haltung dem Paar gegenüber. D.h., sie bemühen sich, jeden zu verstehen, jedem nahe zu sein und bei all dem keine eigene Stellung zu beziehen. Ein oft synonym gebrauchter Begriff ist die Allparteilichkeit. Im konkreten heißt das, daß wir keine Stellungnahme abgeben, die der einen oder anderen Person in ihrer Weltsicht und Interpretation zustimmt.

Abb.
Kybernetik
2. Ordnung

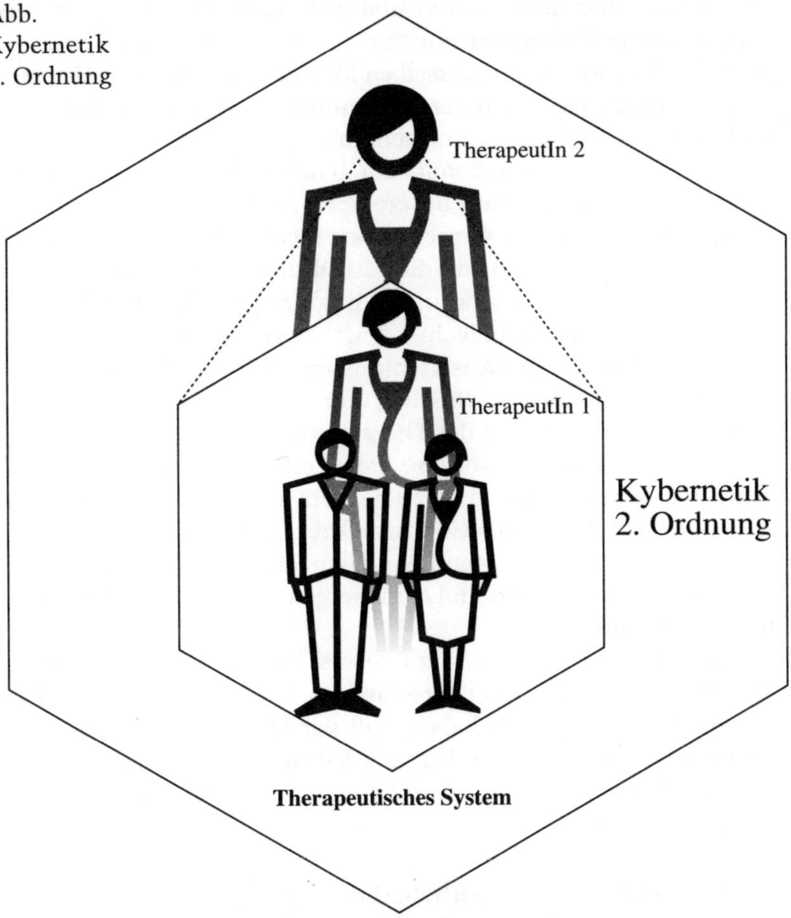

Die TherapeutInnen zeigen eine Haltung von Interesse beiden KlientInnen gegenüber und bleiben zum vorgebrachten Inhalt in einem gewissen Abstand, der ihnen erlaubt, beide Personen und deren vorgebrachte Ansichten zu verstehen und wechselseitig zu teilen. Dies ist bei vielen Themen schwer zu erfüllen, da wir oft quasi automatisch anspringen und den einen mehr verstehen als die andere. Besonders bei emotional hochgeladenen Themen wie Außenbeziehungen, Gewalt, Kindererziehung usw. erfordert diese Haltung eine gewisse Übung und Lebenserfahrung. Ein solches Verhalten kann auch nicht als Technik erlernt werden, es hat ein systemisches Denken zur Voraussetzung, mit dem wir erfassen, wie die verschiedenen

Phänomene zusammenhängen und sich gegenseitig bedingen (das Gute ist nur in Verbindung mit dem Bösen denk- und definierbar, sie sind zwei Töchter/Söhne derselben Mutter oder desselben Vaters).

Nun wird dieser Begriff der Neutralität mit Recht diskutiert und auch wir möchten ihn hier einschränken, da es eine absolute Neutralität sicher nicht gibt. Bereits durch unser Geschlecht, unsere individuelle Geschichte und unsere Persönlichkeitsstruktur wirken wir in ganz bestimmter Weise, die wir nicht ändern können und sicher auch nicht wollen, da dies Ausdruck unserer Eigenart und Identität ist. Eine Frau wirkt in der Sitzung anders als ein Mann und auch innerhalb der Geschlechter zeigt ein großer, breiter Mann mit Bart sicher eine andere Ausstrahlung und Wirkung als ein kleiner, dünner und zusätzlich noch scheu auftretender Mann.

Des weiteren gibt es in der Therapie sicher auch Situationen, wo wir Postition beziehen sollten: wenn ein Klient in der Therapie seine Frau schlägt, ist es notwendig, dem Einhalt zu gebieten, statt sich auf eine neutrale Position zurückzuziehen. Das gleiche gilt für Mißbrauch an Kindern: wenn wir davon erfahren, müssen wir jede Neutralität fahrenlassen und dafür sorgen, daß dies Geschehen unterbunden wird.

Neutralität ist also nur so zu verstehen, daß wir über einen gewissen Zeitraum und über verschiedene Themen hinweg dem Paar den Eindruck vermittelt haben, daß wir für keine Seite dauerhaft oder überwiegend Position bezogen haben, und insofern ist sicherlich der Terminus der Allparteilichkeit für die beschriebene Haltung hilfreicher.

Wie erreiche ich eine neutrale Haltung?

- Keine einseitig wertenden Deutungen und Interpretationen (außer im therapeutischen Abschlußkommentar)
- Fragen statt interpretieren! Dadurch kann man jede Idee, jede Vermutung, jeden Inhalt transportieren, ohne den KlientInnen mit Deutungen, die oft als kränkend erlebt werden, zu nahe zu kommen
- Im Team arbeiten erlaubt es, in Teamdiskussion unterschiedliche Beobachtungsstandpunkte einzunehmen und bei wechselnden TherapeutInnen auch verschiedene Haltungen und Beziehungen zu dem Klientenpaar zu entwickeln
- Möglichkeiten des *Zirkulierens* und *Hypothetisierens* nutzen

Zirkularität

Ins Deutsche übersetzt bedeutet zirkulieren *kreisen* bzw *kreiseln.* Für unsere Arbeit ist das Prinzip des Zirkulierens in zweifacher Weise interessant:

1. Als zirkuläre Frage, die oft synonym zu verstehen ist mit der *triadischen* Frage. Beispielsweise: *Was denken Sie, welche Reaktion Ihr Mann von seiner Mutter erwarten würde, wenn er ihr eröffnete, daß er sonntags nicht mehr zum Mittagessen zu ihr kommen wird?*

2. Als Interview- und Denkprinzip, das auch der zirkulären oder triadischen Frage zugrunde liegt. Mit dem Zirkulieren versuchen wir die meistens lineare Weltsicht und Zusammenhangsbeschreibung des Paares in eine systemische zu überführen. Fragend verknüpfen wir Ereignisse und Phänomene miteinander, die bisher von dem Paar nicht miteinander in Verbindung gebracht worden waren. *Angenommen es gäbe einen Zusammenhang zwischen dem auffälligen Verhalten Ihres Sohnes und den Auseinandersetzungen zwischen Ihnen und Ihrer Schwiegermutter, wie könnte ich diesen Zusammenhang verstehen?* Und: *Angenommen, Sie würden Ihrem Mann keine Vorwürfe mehr wegen seines Alkoholkonsumes machen, würde das eine Änderung seines Verhalten gegenüber Ihrer Mutter zur Folge haben können und wenn ja, könnte dies auch auf Ihren Sohn zurückwirken, so daß er sein auffälliges Verhalten ändern könnte?*. Diese Beispiele sollen zeigen, wie alle möglichen Personen, Verhaltensweisen und sonstige familiären und auch außerfamiliären Phänomene miteinander verknüpft werden, so daß die alten linear-kausalen Zuschreibungen und Zusammenhangsdeutungen der Menschen nicht mehr aufrechterhalten werden können. Der Blickwinkel wird erweitert und die alte Zusammenhangsdeutungen infrage gestellt, so daß das Paar in die Lage versetzt wird, neue Bezüge herzustellen und sich neu zu organisieren.

Die Prinzipen des Hypothetisierens

Hypothesen sind Vorannahmen, Vermutungen und Erwägungen darüber, wie die Problematik des Paares mit den individuellen Lebensgeschichten, der Paarorganisation, dem Lebenszyklus und den Herkunftsfamilien zusammenhängen. Außerdem lassen sich über Hypothesen der Behandlungskontext, vorhergehende Behandlungen, gesellschaftliche Einflüsse und Rollenerwartungen mit den Wünschen, Träumen und Erwartungen des Paares verknüpfen. Dabei gibt es keine richtigen oder falschen Hypothesen, und ob sie für das Paar einen Sinn ergeben, stellt sich im Laufe des Therapiegespräches heraus. Hypothesen sind die Grundlage für unsere Fragen. Formalisiert kann der Prozeß so aussehen:

1. Die ersten Informationen (z.B. über die Anmeldung, Telefon)
2. Erste Hypothesenbildung (Stand des Paares im Lebenszyklus, Alter der Kinder, sonstige Themen)
3. Gespräch und erste Bestandsaufnahme (Fragen)
4. Verifizierung oder Falsifizierung der ersten Hypothesen und gleichzeitiges Sammeln neuer Informationen
5. Weitere Hypothesenbildung und weiter im selben Schema bis zur eventuellen Abschlußintervention

Bei der Hypothesenbildung und Fragestellung geschieht es manchmal, daß wir selbst durch die Fülle der Fragen und der möglichen weiteren Stränge und Ebenen verwirrt werden. Hier hat es sich bewährt, grobe **Hypothesenbereiche** herauszuarbeiten:

Herkunftsfamilie des Paares – Vernetzung der Ereignisse aus Vergangenheit und Gegenwart – Kennenlernen des Paares – Situation mit den Kindern – aktueller Einfluß der Elterngeneration – Behandlungskontext – Zukunftsperspektiven – die Beteiligung von ev. Dritten wie TherapeutInnen, Eltern, außereheliche Beziehung usw.

Innerhalb dieser großen Bereiche kann man weiterverästeln. Hierbei sollten sich die TherapeutInnen immer darüber im klaren sein, in welchem Bereich sie sich gerade befinden und welche noch ausstehen.

In der Diskussion und Erwägung von Hypothesen erscheint es wenig sinnvoll, diese gegeneinander zu stellen. Es hat sich bewährt, bei verschiedenen Hypothesensträngen entweder einen nach dem anderen zu verfolgen oder auf einer höheren Ebene eine verbindende Hypothese zu kreieren und diese weiter auszubauen.

Bei der Hypothesenbildung ist es hilfreich, wenn möglichst mehr als eine Person und idealerweise mehr als zwei beteiligt sein können. Rufen wir uns in Erinnerung, daß ein wichtiges Ziel die Erweiterung des Blickwinkels ist, so wird deutlich, daß mehre Personen mehr Ideen und unterschiedliche Sichtweisen einbringen können.

Therapeutisches Interesse und Wißbegierde

G. Cecchin, ein Mitglied der ursprünglichen Mailänder Gruppe, hat die Grundprinzipien von „Hypothetisieren, Zirkularität, Neutralität" um ein wichtiges Axiom erweitert. In seinem Artikel „Einladung zur Neugier" (*Cecchin* 1988) fordert er eine Haltung von **Neugierde** und **Wißbegierde** den KlientInnen gegenüber. Dies deckt sich mit den Erfahrungen unserer Gruppe.

Bei der Begegnung mit den KlientInnen treffen wir auf eine teilweise jahrzehntelange Geschichte mit entsprechenden Erfahrungen, Organisationsformen und Mustern. Hier ist es sicher vermessen, bereits nach der ersten Sitzung oder noch schneller zu denken, wir würden das Paar in seiner Thematik und Problematik verstehen und kennen. In der Regel brauchen wir lange zu diesem Prozeß. Hier hat sich die Neugierde und Wißbegierde als Haltung bewährt, die in vielen Fragen und Ideen zum Ausdruck kommt. Und:

> Nur wenn wir an unseren KlientInnen interessiert sind oder wenn diese es schaffen, unsere Wißbegierde und unser Interesse zu wecken, haben wir die optimale Voraussetzung, um das Paar verstehen zu können!

TherapeutInnen, die kein echtes Interesse an den KlientInnen haben, werden schnell eine Schablone über diese stülpen und eine echte Begegnung kann nicht stattfinden.

Transaktionsmuster

An mehreren Stellen im Text ist schon von Transaktionen und Transaktionsmustern die Rede gewesen:

Transaktionsmuster spielen bei unseren Therapien eine wichtige Rolle.

Beispiel für eine einzelne Transaktion: Beim Mittagstisch sitzen Vater, Mutter und Sohn Peter. Peter (fünf Jahre) läßt sein Essen stehen und spielt mit der Katze. Mutter zu Peter: *Wenn du nicht sofort weiterißt, darf später dein Freund nicht kommen.* Mutter hat zwar nur zu Peter gesprochen, so daß wir auch von Inter-Aktion [Inter (lateinisch) = zwischen, also Aktion zwischen zwei Personen] sprechen könnten. Da aber auch der Vater anwesend ist, findet die einzelne Aussage in einem sogenannten Transaktionsfeld statt, denn die Art, wie die Mutter es sagt, und eventuell auch, was sie sagt, ist nicht unabhängig davon, ob noch weitere Personen und auch welche Personen anwesend sind.

Gehen wir weiter im Beispiel am Mittagstisch: Der Vater, der das hört und beobachtet, ist anderer Meinung als die Mutter und sagt zu ihr: *Ach, laß ihn doch, das Fleisch ist heute sowieso zäh, und wenn er lieber mit der Katze spielt, sollte man ihn doch lassen.* Und jetzt geraten sich Mutter und Vater kräftig in die Haare, Peter verschwindet dabei mit der Katze in seinem Zimmer und füttert sie mit dem angeblich zähen Fleisch.

Wenn die Szenen in dieser Art häufiger in der Familie ablaufen, sprechen wir von einem *Transaktionsmuster.* Man könnte dann formulieren: *immer, wenn Mutter beim Essenstisch ihren Sohn tadelt oder ermahnt, geht Vater dazwischen, Mutter und Vater geraten in Streit, und Peter kann sich ungeschoren rausziehen.* Es liegt nahe, daß es immer schwerer werden wird, Peter zu „erziehen", und daß bei einem solchen Grundmuster auch die Ehebeziehung problembeladen sein wird.

Aufgabe für die LeserInnen: Angenommen in einer Paartherapie wird dieses Muster als typisch für die Beziehung erkannt, welche Musterunterbrechung könnte z.B. von den BeraterInnen empfohlen werden?

In der Abbildung „Transaktionsmuster" (nach *Guntern* 1987) sind verschiedene Bereiche menschlichen Zusammenlebens aufgeführt, die alle untereinander in Zusammenhang stehen. Wir können z.B. untersuchen, welche Strategien in der Auseinandersetzung ein Paar bevorzugt. Wer spricht wen und wie an? Wird das Gespräch sachlich und zielorientiert geführt, emotional, oder erst emotional und dann sachlich? Verhält sich der Mann eher emotional und die Frau sachlich und geraten sie dann nach einer Weile in einen Streit über das richtige Vorgehen? Das sind alles verschiedene Möglichkeiten aus einer Auswahl von vielen anderen. Wir können dann die Art

Abb. Transaktionsmuster (nach G. Guntern: Öko-Anthropologie und Systemtherapie)

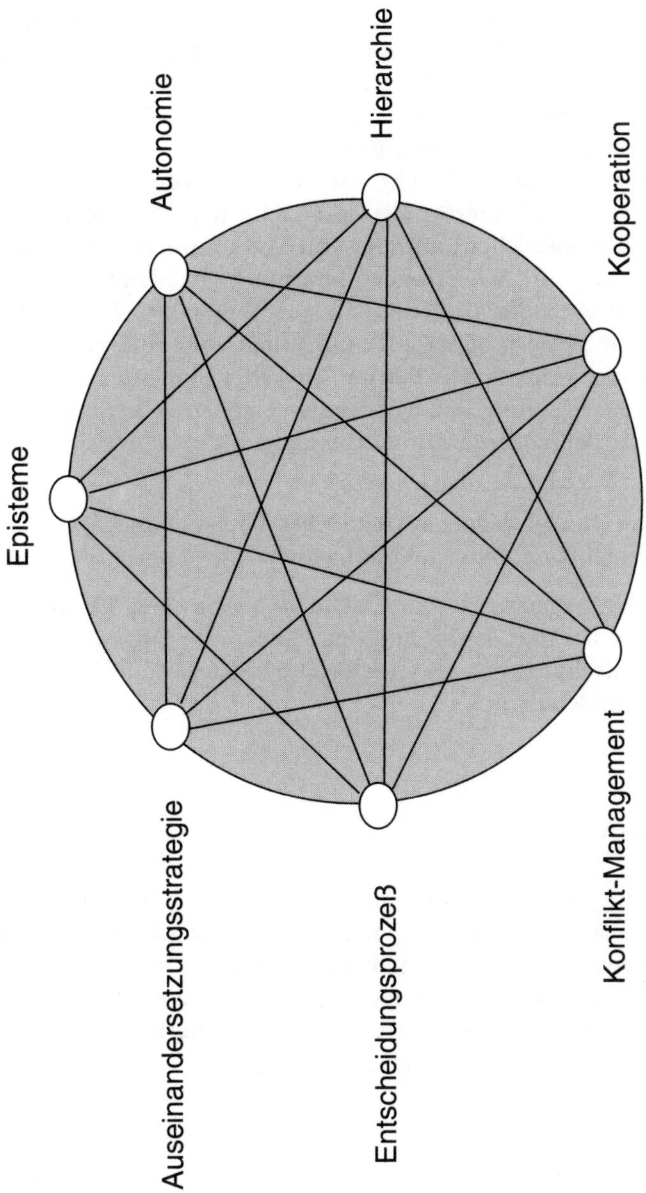

und Weise der Auseinandersetzung als Muster beschreiben, wie wir es oben bei dem Beispiel vom Mittagstisch mit Sohn Peter getan haben.

Das gleiche gilt für alle anderen Bereiche, so daß wir mit diesem Schema eine gute Anleitung haben, welche Transaktionsmuster in relevanten Lebensbereichen des Paares vorherrschen. Wir empfehlen den LeserInnen, sich bei einer Paarberatung die Zeit zu nehmen und alle sieben Punkte zu überprüfen.

Episteme bedeutet Weltsicht, die Art und Weise, die Welt zu interpretieren. Auch hierfür gilt dasgleiche wie oben: Wie ist die Weltsicht der Frau: eher hoffnungsvoll und optimistisch, während der Mann eher ein „Katastrophen-Spürhund" ist? Und wie ist der Umgang miteinander im Hinblick auf Weltsicht? Wie werden Unterschiede geregelt? Eher als konflikthaft oder eher kooperativ? Oder versuchen die beiden Partner hier eher eine auf Autonomie ausgerichtete Regelung, daß jeder seinen eigenen Lebensbereich gestaltet, ohne den anderen damit zu tangieren?

Die sieben Grundelemente systemischer Therapie und Beratung nach Lenz, Osterhold, Ellebracht

Im Laufe der vergangenen Jahre haben sich in unserer Tätigkeit als TherapeutInnen und AusbildungsleiterInnen die folgenden Prinzipien systemischer Arbeit als grundlegend herausgestellt (Abbildung „Sieben Grundelemente")[7].

Kontextanalyse

Der Therapieprozeß findet in einem Umfeld – geprägt durch Menschen und Bedeutungszusammenhänge mit vielen Faktoren – statt, die untereinander rückbezüglich vernetzt sind. Jedes Geschehen hat Auswirkungen auf alle Beteiligten und Faktoren. Will man erfolgreich therapieren, dann ist es notwendig, die folgenden Variablen mit in die Betrachtung einzubeziehen:

---

[7] Diese Grundelemente wurden von uns bereits mehrfach veröffentlicht, siehe dazu auch *Ellebracht* 1993, *Osterhold* 1994 und *Lenz* 1993.

Grundelemente systemischer Beratung

1. Überweisungskontext
   Wer hat zur Therapie überwiesen, geraten oder empfohlen? Was sind die Vorstellungen des Überweisers, wie ist die Beziehung zwischen Überweiser, Klient und Therapeut? Welche Konsequenzen könnte die Überweisung und Therapie im Beziehungsnetz zur Folge haben?

2. Therapeutischer Kontext
   Gehören Therapeut und Klient derselben Organisation oder Institution an, sind sie eventuell hierarchisch miteinander verbunden, sind sie über dritte Personen bekannt, ist der Therapieprozeß freiwillig oder angeordnet und welche Erwartungen haben Klient und Therapeut aneinander? Welche Konsequenzen könnte die Therapie im Beziehungsnetz nach sich ziehen?

3. Regeln, Mythen und Weltanschauungen
   Welche Vorstellungen herrschen über die Art der Therapie, über Erfolg und Mißerfolg, über Zeitdauer und Intensität, über Kooperation und Konkurrenz? Welche vermuteten Regeln und Aufträge sind aus den Familien, Arbeitsstellen, Herkunftsfamilien und dem gesellschaftliches Umfeld wirksam?

4. Erweiterter Kontext
   Wie reagieren Chef, Mitarbeiter, Eltern oder Kinder auf die Therapie und eventuelle Veränderungen? Welche Konsequenzen haben Einwände aus diesen Systemen?

5. Gewählte und ausgehandelte Organisationsform und -Setting
   Wie sind Dauer und Abstand der Sitzungen, Kosten und der Treffpunkt geregelt?

Bei unserer Arbeitsweise nehmen wir die KlientInnen nicht an die Hand und begleiten sie durch alle Entwicklungsstadien. Wir haben ausreichend Erfahrungen damit, daß die Veränderungen, die das ganze System betreffen, zu einer Eigendynamik führen, die sich im weiteren Verlauf immer mehr der Steuerung durch die TherapeutInnen entzieht. Hier wirken die BeraterInnen nur noch störend, denn das durch die systemischen Veränderungsimpulse veränderte Gefüge braucht Zeit, um wieder seinen neuen Schwerpunkt zu finden, sich neu einzupendeln. Deshalb konnten wir die Erfahrung machen, daß Paare und Familien zu engmaschige Termine ablehnen bzw. absagen oder aber, daß in der zu früh anberaumten Sitzung nichts Relevantes geschieht.

Die Sitzungsfrequenz ist also geringer (in der eigenen Praxis bei Paartherapien im Durchschnitt zwischen fünf und acht Sitzungen, selten mehr als zehn Sitzungen) und auch der Abstand zwischen den Sitzungen ist kleiner (in unserer Praxis meistens vier Wochen). Der Effekt der einzelnen Sitzung kann so verstanden werden, daß durch die befragenden Interventionen die Paarstruktur, die Paardynamik und die Beziehungen zu den anderen relevanten Subsystemen wie Eltern, Geschwister und Kinder *durcheinander* geraten. Hierbei wird keine bestimmte Richtung angesteuert, der Berater hat kein Modell, wohin sich das Paar entwickeln soll, hat keine Lösungen zur Hand. In der Zeit zwischen den Beratungstreffen vertrauen die BeraterInnen auf die Selbstorganisationskräfte und -potentiale des Paares. Sie vertrauen darauf, daß sich das Paar in irgendeiner Weise neu organisieren wird, wie und in welcher Weise kann die BeraterIn nicht wissen. Somit ist jede weitere Sitzung ein neues Erstinterview, jedesmal muß der Status quo neu aufgenommen werden und dient dann als Grundraster für ein weiteres Vorgehen.

Anerkennung bereits gefundener Problemlösungen

Statt nur die Problemseite der vorgestellten Thematik zu betrachten, werden Lösungen der Vergangenheit, die das Paar selbst gefunden und praktiziert hatte, respektiert und als zu diesem Zeitpunkt nützliche und mögliche Strategien anerkannt. Die AutorInnen bewerten es als wenig hilfreich, Entscheidungen von gestern aus der Sicht von heute zu kritisieren und als falsch zu bezeichnen. Es führt zu Demotivation, sich anzuhören, was man gestern hätte alles besser machen können.

Dagegen leitet es zur Entwicklung kreativer Lösungen, wenn alte Strategien auf ihre damalige Nützlichkeit überprüft und im Hinblick auf ihre Wirkung für heute und morgen verbessert werden. Damit erfahren auch in der Vergangenheit beteiligte und handelnde Personen eine Wertschätzung ihrer Leistung, statt überheblich demontiert zu werden. Dies hat auch positive Folgen für die Entscheidungsfreudigkeit der beteiligten Personen.

Auch in der Gegenwart ist es hilfreich und nützlich, das Problem nicht nur als „Problem", sondern als Lösung zu betrachten. Inwiefern ist die gegenwärtige Organisation des Paares hilfreich? Es gibt nichts, was nicht auch sinnvolle Aspekte hätte; es gilt sie nur zu verstehen, in dem man sich neben die betreffenden Personen stellt. Jede Münze hat mindestens zwei Seiten.

Abb.
Selbstreferenz

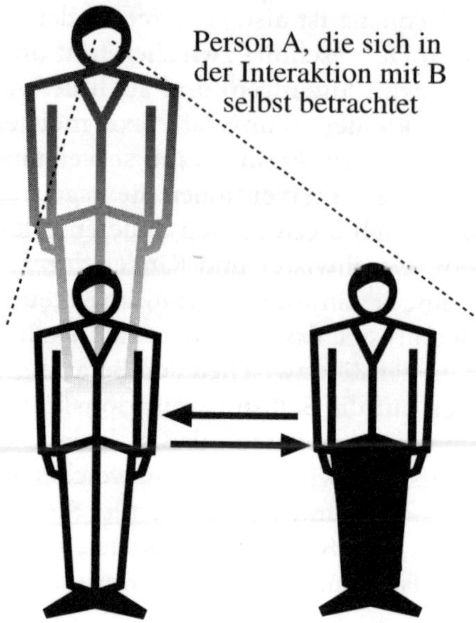

Therapieprozeß als Dialog

Therapeut und Klient sind gemeinsam Suchende und geben beide ihr Bestes. Während Fragen und Antworten sich gegenseitig befruchtende Elemente sind, wirken Interpretationen und Behauptungen hier weniger hilfreich. Das Tun des Einen stimuliert das Tun des Anderen, beide schaffen sich einen Kontext und gelangen so in eine Haltung, in der Kreativität und Flexibilität stattfinden können.

Blockierungen werden als Teil des Prozesses verstanden und als Information genutzt, statt als Schuld, Widerstand und Versagen kritisiert. Ergebnis und Wirkung sind vom Prozeß nicht zu trennen, die Urheberschaft gebührt beiden und ist mehr als „die Summe ihrer Teile".

Selbstreferenz

Statt der Omnipotenz der TherapeutInnen als MacherInnen zu huldigen, ist es erfolgreicher und vielversprechender, die Rückbezüglichkeit von Transaktionsprozessen einzubeziehen. Das bedeutet, daß jeder Beobachter sieht, was er selbst in der Beobachtung sucht, und daß es keine Beobachtung ohne Beobachter gibt. Gern werden

Eigenschaften und Etiketten Personen und Organsationen zugeschrieben, ohne zu analysieren, inwieweit es in dem Beobachter begründet ist, daß er ein Phänomen in dieser oder jener Weise sieht und in bestimmter Art wertet. Da Klient und Therapeut im selben Boot sitzen, dient es dem Therapieprozeß wesentlich mehr, die Rückbezücklichkeit aller dort ablaufenden Transaktionen einzubeziehen (*Willke, H.* 1994) (siehe hierzu die Abbildung „Selbstreferenz").

Z.B. kommt Person A zu der Ansicht, daß sich B ihm gegenüber gemein und kränkend verhalten hat. Unter Einbeziehung der Selbstreferenz aller Handlungen, Wahrnehmung und Deutungen würde A erkennen können, daß er sich selbst B gegenüber kränkend und verständnislos verhalten hat (Ebene der Handlung) oder aber an diesem Tag möglicherweise selbst sehr labil und leicht kränkbar ist und so einen „offenen Kanal" für entsprechende Wahrnehmungen und Deutungen hat.

Selbstwert und Kongruenz

Dies bedeutet, daß eine anerkennende und wertschätzende Haltung sich selbst und dem anderen gegenüber eingenommen wird. Immer noch wird in unserem Kulturkreis das Ansprechen von Problemen und Defiziten als Tugend betrachtet und Selbstwertschätzung mit Arroganz und Überhöhung gleichgesetzt. Statt Fähigkeiten und Kenntnisse positiv herauszustellen, werden Fehler und Versäumnisse addiert und bewertet.

Dies führt zwangsläufig zu vermindertem Selbstwertgefühl und hat wiederum eine verminderte Handlungskompetenz, eingeschränkte Flexibilität und Kreativität zur Folge. Umgekehrt stärkt ein positives Selbstwertgefühl die Handlungs- und Begegnungsbereitschaft und den Mut zum Risiko. Es stachelt zum Gehen neuer Wege an und führt zu einer erhöhten Problemlösungskompetenz (*Satir, V.* 1990).

Deshalb ist es im Prozeß zwischen Therapeut und Klient unverzichtbar, herauszustellen, was gut gelaufen ist und zum Gelingen beigetragen hat. Welche positiven Aspekte können auch einem Problem abgerungen werden? Wie können Leistungen, Bemühungen und Motivationen honoriert werden? Das Motto muß sein: Was war gut, und wie können wir es noch besser machen? Dies führt zu einer menschlichen Grundhaltung, die weit über die Therapiesituation hinaus wirksam ist.

Wandlung und Entwicklung

Der Therapeut fühlt sich Wandlung und Entwicklung zugehörig und verpflichtet. Dies gilt für die weitere Entwicklung des Klienten sowie für seine eigene und ihre gemeinsamen Arbeitsbeziehung. Schwierigkeiten im Therapieprozeß sind so normale Verlaufsformen und werden nicht einseitig zugeschrieben, sondern als Ansporn zu alternativen Sichtweisen, Ideen und Lösungen betrachtet. Genauso werden Entwicklungen und Veränderungen im Transaktionsfeld in die Betrachtung einbezogen.

Es ist viel zu eng gegriffen, Veränderung nur in der Interaktion zwischen Therapeut und Klient beschreiben zu wollen. Unerwartete und nicht zu berechnende Ereignisse wie zum Beispiel der kleine Autounfall auf dem Weg zur Arbeit, das Gespräch beim Friseur, der Film am Vorabend, drohende Arbeitslosigkeit oder Supergau, das Lächeln einer attraktiven Person in der Kantine können manchmal größere Wirkungen als der Therapiesprozeß erzielen.

Zur Selbstorganisation

(siehe oben im Kapitel „Chaos und Selbstorganisation")

Teamkooperation

Aus dem bisher Gesagten wird schon deutlich, daß ein therapeutisches Team von mehr als einer Person den theoretischen Prämissen einer systemischen Beratung besser Rechnung trägt. Zumindest sollten BeraterInnen und AusbildungskandidatInnen mindestens einmal im Monat einen gemeinsamen Arbeitstag oder -nachmittag einrichten, um sich im systemischen Denken zu üben und um die entsprechende Flexibilität im Denken und Handeln zu erlernen. Sonst ist die Wahrscheinlichkeit sehr groß, daß man wieder in alte, lineare und reduktionistische Sichtweisen verfällt.

Wie schon dargestellt, gilt in der systemischen Paartherapie nicht eine feste Sichtweise. Unsere menschliche Kapazität in der Annahme verschiedener Sichtweisen ist aber beschränkt, da wir nicht beliebig unseren Erfahrungs- und Bewertungshorizont verändern können. Deshalb brauchen wir andere Menschen, damit sie neue Akzente beisteuern können. Diskussionen und kontroverse Standpunkte (Sichtweisen) sind erwünscht und werden als hilfreich erachtet. Kontroverse Hypothesen werden dabei nicht kontrovers diskutiert (im Sinne des richtig oder falsch), sondern wir versuchen, sie auf einer höheren Ebene zu integrieren. So stellen wir zwei verschiedene Meinungen im Team als eine ambivalente Reaktion des Teams dar (und meistens entspricht dies auch einer Ambivalenz im Paar). Oder wir geben unsere Unsicherheit zu (s. bei Abschlußinterventionen), suchen nach Verknüpfungen, die beide Positionen vereinigen und gleichzeitig etwas Drittes anbieten. Im folgenden fassen wir die Erfahrungen aus unserem Praxisteam in einigen einfachen Regeln zusammen, die in den letzten Jahren in unterschiedlichsten Teams vielfach erprobt und bestätigt wurden.

Regeln für Teamwork

- Alles zählt, keine Abwertung, keine Ausgrenzung.
- Kein Elfer-Raus[8] spielen. Verantwortung für den Teamprozeß, gegenseitige Ideenentzündung.
- Unterschiedliche Ideen durchaus ausformulieren, aber nicht gegeneinander stellen. Unterlassung von Polarisierung.
- Umgang mit Unterschieden: Entweder nebeneinander stehenlassen in der Intervention/*Reflecting Team* oder in ein Nacheinander umwandeln. Unterlassung von richtig-falsch oder richtiger/besser Diskussionen.
- Jeder bringt seine Sache durch. Es ist kein gemeinsamer roter Faden nötig. Jeder versucht, seine Idee umzusetzen.
- Derjenige, der gearbeitet hat, bekommt zuerst Raum, sich zu entlasten und wird von den anderen fragend unterstützt. Die KollegInnen überrollen ihn/sie nicht sofort mit eigenen Ideen.

Im weithin bekannten Modell des *Brainstorming* kommt *Osborn* (*A. Osborn* 1953) zu ähnlichen Ergebnissen:

---

[8] Beim Elfer-Raus-Spiel müssen die Spieler ihre Karten der Zahlenfolge entsprechend ablegen. Wer dann z.B. ein rote „12" auf der Hand hält und diese nicht ablegt, kann seine Mitspieler damit daran hindern, die weiteren Zahlen auf den Tisch zu legen. Wenn selbiger Spieler aber z.B. die rote „19" selbst hält, so blockiert er sich damit selbst letzten Endes auch.

- Kritik ist regelwidrig. Keine Idee wird beurteilt, bevor nicht alle Ideen produziert sind.
- Wilde Phantasien sind willkommen; je kühner die Idee, desto besser.
- Je mehr Ideen desto größer die Wahrscheinlichkeit von erfolgreichen Ideen.
- Kombination mit und Verbesserungen von anderen Ideen sind erstrebenswert.

Kreativität und Sicherheit im Teamprozeß

Nicht zu unterschätzen ist der Zusammenhang zwischen Kreativität und Sicherheit: Wer sich in seinem Team nicht sicher fühlt, muß achtsam und vorsichtig sein und kann seine kreative Kompetenz nicht entfalten. In der Abbildung „Kreativität und Sicherheit" haben wir die Bedingungen und Regeln zusammengestellt, die für ein kreatives Klima hilfreich sind:

Therapeutische Beziehungen und therapeutischer Kontext

In der systemischen Therapie wird so stark wie in sonst keinem Denk- und Handlungsansatz auch die Beziehung zwischen TherapeutInnen und KlientInnen in die Betrachtung mit einbezogen. In diesem Kapitel wollen wir nun differenzierter auf die Beziehung im therapeutischen System, die gegenseitigen Rollenerwartungen und ihre Auswirkungen auf die Therapie eingehen.

Typische Muster und Regeln in der therapeutischen Beziehung

Gewöhnlich konstruieren wir Sinngebungen in unsere Lebensgeschichte, indem wir lineare Zusammenhänge zwischen früheren Ereignissen (z.B. Kindheitserlebnissen) und aktuellen Befindlichkeiten herstellen und für Zukunftsbeschreibungen nutzen. *Weil mein Vater mir nicht genügend männliches Vorbild war, deshalb neige ich dazu, mich Frauen gegenüber unsicher zu fühlen und versuche, sie zu manipulieren. / Weil meine Mutter mich nicht genügend liebte, kann auch ich mich und andere nicht lieben.*

Auf diese Weise kommen die KlientInnen in der Regel mit festen Bildern in die Therapie und erwarten eine Behandlung, die dem

Kreativität und Sicherheit

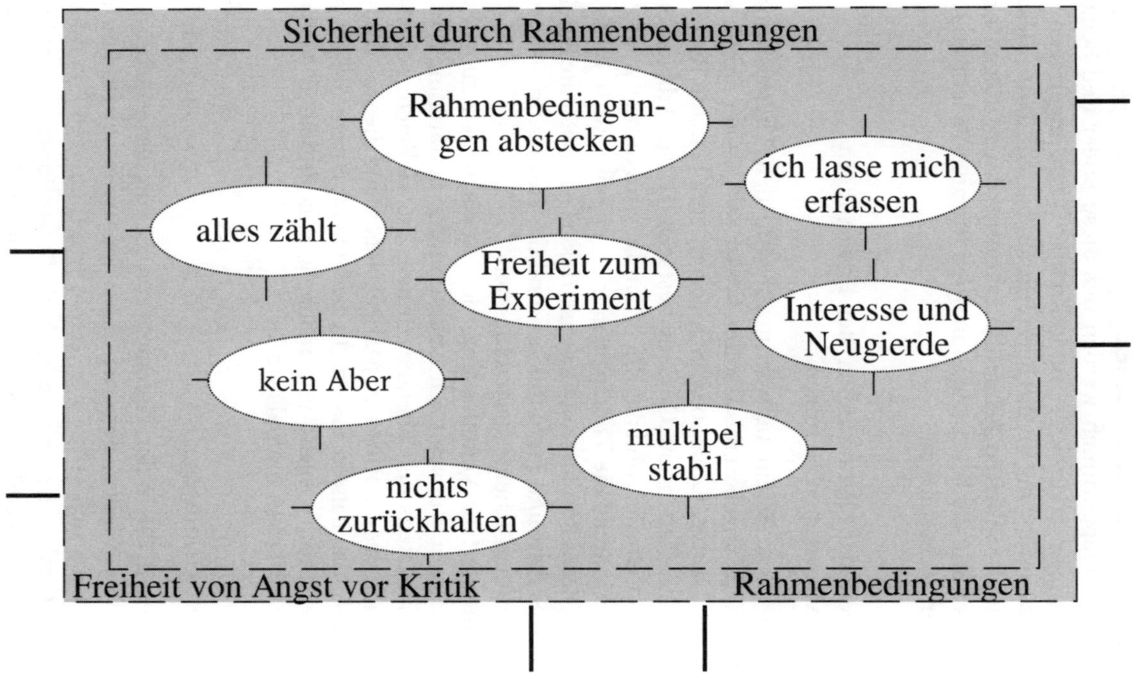

Defizit, das sie bei sich zu kennen glauben, entspricht. Aus diesem Defizit-Bild leiten sie dann auch das Therapieziel ab, das sie in der Therapie zu erreichen suchen.

Als TherapeutInnen werden uns diese Bilder und Behandlungserwartungen in direkter und indirekter Weise angetragen.

Eine Verführung für die BeraterInnen besteht darin, diesen impliziten und expliziten Behandlungskontrakten zu folgen und damit das Weltbild der KlientInnen in ihren linearen Bedeutungszuschreibungen zu bestätigen.

Was veranlaßt BeraterInnen, den Erwartungen ihrer KlientInnen zu folgen?

Durch diese Klientenerwartungen wird den TherapeutInnen eine feste Rolle angeboten: sie sollen besser sein als der eigene Vater, die eigene Mutter, Bruder oder Schwester; eine beliebte Rolle, die TherapeutInnen in ihrem ‚Gutsein' bestätigt. Dieser Arbeitskontrakt ist defizit-orientiert, und die Klientenrolle wird immer wieder neu aufgelegt, während die Therapeutin in ihrer ‚wissenden' Rolle bestätigt wird. Dieses Bündnis auf Gegenseitigkeit bestätigt alle Beteiligten in ihren Selbst- und Fremdbildern und die Gewinnung von neuen Informationen scheint ausgeschlossen.

Eine weitere Veranlassung, den Erwartungen zu entsprechen, liegt in dem Wunsch nach Anerkennung, Bestätigung und Geliebtwerden seitens der TherapeutInnen, die vielleicht selbst in einer Situation des emotionalen Mangels leben und die sich dann von den KlientInnen nähren lassen. In der Therapeutenrolle ist man/frau immer stark, wissend und mächtig, was dieselben Menschen im normalen Leben niemals sind.

Die Auswirkungen:

Menschen, die in der Therapeutenrolle von der Anerkennung ihrer KlientInnen leben, beziehen ihren Selbstwert nicht oder nicht genügend aus sich selbst oder ihrem Familien- und Freundeskreis. In ihrem Denken hängen sie auch als BeraterInnen einem Defizitmodell an und wenden dies meistens auch auf sich selbst an. Daher „müssen" sie selbst in Therapie und Supervision, sind niemals gut genug und „müssen" weitere Aus- und Weiterbildungen besuchen. Deshalb verwenden TherapeutInnen einen Teil ihrer Honorare, um selbst wieder zu BeraterInnen zu gehen, die sie ihrerseits bestätigen, ein nie endender Kreislauf. Dies ergibt eine Pyramide, die nach dem Muster und Grundsatz funktioniert, daß Menschen sich selbst nicht gut genug sind und daß sie andere dazu benutzen, die mit dem Beruf verbundenen Selbstdefinitionen zu erhalten. In dieser Darstellung wenden wir uns dabei nicht gegen die im Rahmen der Weiterbildung und Berufsausübung sinnvoll und notwendigen Supervisionen oder Eigentherapien, sondern gegen die Fixierungen der Rollendefinitionen.

Auf diese Weise können sich lang dauernde Beziehungen zwischen KlientInnen und TherapeutInnen ergeben, die eine gegenseitige Abhängigkeit konstituieren.

Während der therapeutischen Gespräche wird eine Infragestellung der Beziehungs-und der Problemdefinitionen meistens dadurch umgangen, daß man gemeinsam nach dem „Problemurknall" sucht, durch dessen Auffinden sich alles ändern soll, der aber – sollte er wirklich gefunden werden – die KlientInnen in ihrer Problemdefinition bestärkt. An eine Änderung der Grundannahmen (der Geschichte über die Geschichte) und der Problemdefinition wird oft nicht herangegangen.

Die schlichte Frage, welche Auswirkungen eine andere Grundannahme über die Vergangenheit und die Problemdefinition jetzt hätte, zeigt häufig, weshalb gerade an diesem „geliebten" Bild festgehalten werden soll (*Angenommen, Sie hätten keinen Grund mehr, ihren Eltern innerlich und äußerlich etwas nachzutragen, wie würde das ihre Beziehung zu den Eltern und ihr Selbstbild ändern und welche Auswirkung hätte dies heute im Verhältnis zu ihrer Frau und welches andere Auftreten wäre am Arbeitsplatz möglich?*). Eine Änderung dieser Grundannahmen hätte sofort praktische Konsequenzen und bekannterweise ist uns ja das bekannte Elend meistens lieber als das unbekannte und vor allem ungewohnte Glück.

In der Therapie mit Ehepaar Helmer berichtete das Paar in der vierten Sitzung von einem ungelösten Konflik aus den Anfängen ihrer Beziehung, der ihre Beziehung immer noch belaste: Während der Verlobungszeit war Herr Helmer für einige Monate ins Ausland gegangen. Dort hatte er sich in eine andere Frau verliebt und ging eine kurzfristige Beziehung mit ihr ein. Als seine Frau und damalige Verlobte schließlich davon erfuhr, war sie in den Grundfesten erschüttert. Sie brach die Beziehung sofort ab und war felsenfest davon überzeugt, daß ihr Partner sie nicht lieben würde. Dieser Gedanke, man kann sich auf ihn nicht verlassen, hatte sich in ihr festgesetzt und beeinflußte bis dato ihre Gedanken und Gefühle ihm gegenüber und war mitverantwortlich für den kritischen Zustand ihrer Ehe. Unsere Frage, welche Auswirkung eine andere Grundannahme über die Vergangenheit und auf die Gegenwart und ihre Beziehungsgestaltung denn haben würde, wurde von ihr spontan beantwortet: Dann würde ich mich ganz anders auf ihn einlassen. Jetzt stehe ich doch dauernd unter Strom und erwarte, daß wieder irgend etwas schiefgeht. Während sie dies äußerte, erschrak sie selbst über die Konsequenz und Tragweite ihrer Gedanken.

Des weiteren war sie der festen Überzeugung, daß ihrem Mann die Trennung damals nicht viel ausgemacht habe. Als wir den Mann danach befragten, schilderte dieser seine damalige Verzweiflung und gab auf hartnäckiges Fragen auch zu, daß er viel Alkohol getrunken und einige Male kurz vor dem Selbstmord gestanden hätte. Seine Frau überhörte dies zweimal, da es nicht in ihr Bild über den Mann als selbstsüchtigem Wesen paßte. Als sie es dann schließlich mit Hilfe der BeraterInnen aufnehmen konnte, war sie erschüttert, als sie erkannte, wie verschoben und einseitig ihr Bild von ihrem Mann war. Man muß dazu allerdings noch sagen, daß auch Herr Helmer von dieser Seite seiner Person bisher nichts mitgeteilt hatte, da es nicht in sein Selbstbildnis paßte.

Durch die Veränderung der aufgeführten Grundannahmen wurde eine neue „Geschichtsschreibung" erstellt, die eine andere Bewertung der Gegenwart und damit ein verändertes Handeln und Erleben ermöglichte.

Woran läßt sich Therapie-Erfolg messen?

Sollte es den TherapeutInnen gelingen, in der oben beschriebenen Art und Weise zu arbeiten, so werden sie mit den nächsten „Verführungsangeboten" konfrontiert: häufig gehen nämlich KlientInnen und BeraterInnen mit der Haltung an die Arbeit, daß die Therapie selbst Lösungscharakter habe oder aber, daß die Auswirkung auf das Leben und Erleben der KlientInnen eine möglichst „positive" sein soll. Was dabei „positiv" bzw. „negativ" ist, bestimmt sich nach der Weltsicht der KlientInnen und TherapeutInnen. Als „positiv" werden häufig Glücksgefühle oder andere starke emotionale und kathartische Bewegungen betrachtet. Entwicklungen von mehr Sinnenfreude werden oft mit mehr Chancen für Ehe oder Partnerschaft angesehen. Besonders im letzteren sind die TherapeutInnen besonders anfällig, da auch sie sich für ihr Leben sinnesfreudige und harmonische Beziehungsausblicke erwünschen und in entsprechender Richtung gerne mit den KlientInnen arbeiten.

Als „negativ" dagegen wird oft gesehen, wenn sich Probleme nicht in Harmonie und Zufriedenheit auflösen, die Paar-Beziehungen der KlientInnen in Frage gestellt werden, sich am Ende der Therapie kein Glücksgefühl einstellt.

Auch wir haben uns in der Therapie mit Ehepaar Helmer dazu verführen lassen, nach der ersten Sitzung eine schnelle Wendung zum „Besseren" zu erwarten. Gehen wir deshalb in die 2. Sitzung, als das Ehepaar Helmer nach vier Wochen wiederkam:

„Therapeutin: *Vielleicht erzählen Sie mir, wie es Ihnen in der Zwischenzeit ergangen ist?*

Frau: *Schlecht.*

Therapeutin: *Schlecht, sagen Sie und lachen ein bißchen.*

Frau: *Ja, weil sich einfach nichts tut.*

Therapeutin: *Wie tut sich nichts?*

Frau: *Ja, ich habe das Gefühl, daß wir beide versuchen sollten, Gespräche miteinander zu führen.*

Therapeutin: *Ja.*

Frau: *Und mein Mann, so habe ich das Gefühl, der wartet hier auf diesen Zeitpunkt.*

Therapeutin: *Also Sie meinen, er spricht erst hier mit Ihnen.?*

Frau: *Ja, und das finde ich etwas zu wenig.*

Therapeutin: *Alle vier Wochen miteinander zu kommunizieren?*

Frau: *Mmh.*

Therapeutin: *Es gibt so viel, was Sie besprechen wollten? Stimmen Sie Ihrer Frau zu* (zum Mann), *daß nichts passiert ist?*

Mann: *Daß nichts passiert ist, ist richtig. Aber, daß ich nicht mit ihr gesprochen hätte, das stimmt nicht. Wir haben mindestens zweimal, jedenfalls ausführlicher gesprochen und dabei ist es immer gelaufen wie sonst und ... daher hat sich nichts getan, das ist meine Meinung.*

Therapeutin: *Sie meinen das gemeinsame Gespräch ist wie immer gelaufen?*

Mann: *Ja. Es ist wie immer gelaufen... Streit... und... und... das, was ich sagen wollte, kam nicht rüber und meine Verhaltensweisen werden nicht registriert.*

Therapeutin: *Also Sie meinen, in Ihrem Verhalten hätte sich etwas getan, was Ihre Frau hätte sehen können?*

Mann: *Nein. In den letzten vier Wochen nicht, aber davor ...*

Therapeutin: *Vorher ... Wie haben Sie denn die letzten vier Wochen verbracht, wie kann ich mir das denn vorstellen?*

Therapeutin: *Nutzen Sie die Gelegenheit darüber zu sprechen ... ja ... Ich finde es interessant, weil es die einzige Möglichkeit ist, in Erfahrung zu bringen, woran es eigentlich scheitert, was Sie für eine Organisation haben, daß Sie b e i d e sagen: ich fühl' mich nicht verstanden* (geht raus zur Besprechung hinter die Einwegscheibe, und das Ehepaar Helmer setzt das Gespräch fort).

Mann: *Das ist doch überhaupt nicht wahr, daß das mit dem zu tun hat, was ich dir gesagt habe, sondern du hast von vornherein deine Vorstellungen, und dann blockst du ab und bist nicht flexibel und reagierst nicht darauf, auf das, was ich sage.*

Frau: *Das hat mit dem jetzt gar nichts zu tun.*

Mann: *Das hat mit dem immer was zu tun. Genauso geht es nämlich jedes Mal.*

Frau: *Ich habe dir gesagt, daß ich mich eingeengt fühle, da bei deinen Freunden zu übernachten.*

Mann: *Jetzt wiederholst du schon wieder das nächste. Ich habe dir gesagt, das kommt nicht vor. Wir sind bei ganz anderen Leuten. Aber du hackst immer auf dem herum, was dir gerade paßt. Du gehst doch gar nicht auf das ein, was ich sage. Du bleibst bei deinen Behauptungen und Feststellungen und wiederholst die, und zwar zwanzigmal. Obwohl ich dir schon klipp und klar gesagt habe, daß es darum schon längst nicht mehr geht. (Schweigen). Du fühlst dich nämlich gar nicht durch meine Art eingeengt, sondern dadurch, daß ich etwas will. Daß ich mal einen Wunsch äußere.*

Frau: *Nein. Nein, das stimmt nicht. Das ist deine Art.*

Mann: *Ja. Das ist meine Art. Meine Art ist dadurch entstanden, daß ich dauernd eingeengt werde, daß ich nichts mehr machen kann, ohne dich gefragt zu haben und ... und ... im Grunde genommen eigentlich alles abgelehnt bekommen habe. Es wär' gar nicht das Schlimme, daß du sagst „Nein", aber du sagst immer „Nein", zu allem, was ich sage und mache. Zu allem, was ich will, sagst du „Nein".*

Frau: *Zu was denn?*

(Gespräch läuft mittlerweile, besonders vom Mann, in lautem Tonfall.)

Mann: *Zu allem. Ich brauche nichts aufzuzählen. Zu allem.*

Frau: *Das stimmt doch nicht.*

Mann: *Natürlich stimmt das.*

Frau: *Das weißt du doch selber.*

Von dieser harten Auseinandersetzung waren wir als TherapeutInnen zunächst überrascht. Trotzdem zeigte uns das Paar auch, daß sie ihren Streit auf die Therapiesitzung verlegen wollten. Vielleicht als erneute Einladung, Recht zu sprechen, vielleicht aber auch als verstärkter Hilfeschrei. Hier bestand die Gefahr für uns, das Paar eventuell als „im Widerstand" zu definieren und die gesamte Entwicklung und die therapeutische Einflußnahme negativ zu bewerten.

Statt dessen nutzten wir unsere „Überraschung", um uns in den Prozeß mit einzubeziehen und mit dem Paar in einen Dialog auch über unsere Wünsche und Hoffnungen einzutreten. Dabei beachten wir, daß wir dem Paar keine Schuld und Uneinsichtigkeit zuschreiben.

Therapeut (kommt dazu): *Also wir waren heute einigermaßen erschrocken, wie Sie herkamen, weil wir hatten nach dem letzten Gespräch gedacht, daß es Ihnen in der Zwischenzeit wesentlich besser gehen würde. Und das hat uns ein bißchen ins Rudern gebracht, wie wir unsere Erwartungen an die Wirklichkeit anpassen mußten. Das ist immer schwierig.*

Wie sich immer wieder zeigt, läßt sich aus der momentanen Sicht nicht entscheiden, welche Konsequenzen die Therapie für das Leben der KlientInnen und ihr Ökosystem (Partnerschaft, Arbeitsplatz, Beziehung zur Herkunftsfamilie) haben wird. Ist eine Trennung negativ oder positiv zu bewerten? Oder ist vermehrter

Krach und Kampf in der Ehe positiv oder negativ zu bewerten. Was sind also begehrte und nicht erwünschte Konsequenzen dieser Arbeit?

Wir vertreten die Ansicht:

Konsequenzen aller Art sind erwünscht: im Beziehungsfeld der KlientInnen sollen sich Veränderungen (im Denken, Fühlen, Erleben und Verhalten) ergeben. Die Frage, ob „positiv" oder „negativ", „hilfreich" oder „nicht hilfreich" können die Betroffenen erst im Laufe der Zeit und eventuell im Rückblick entscheiden. Hier stellt sich auch die Frage, gibt es überhaupt positive und negative Auswirkungen, da jede Betrachtung eine Rückseite hat und die Bedeutung vom Standpunkt des Betrachters abhängt.

Therapeutische Haltung gegenüber den KlientInnen

Wenn die KlientInnen in die Therapie kommen, haben sie bereits einige Jahrzehnte Lebenserfahrung hinter sich. Sie zeigen sich mit ihren Stärken und Schwächen, die sie in ihrer Auseinandersetzung mit dem Leben gewonnen haben. Auch wenn sie uns in erster Linie die von ihnen als Schwächen und Schwierigkeiten definierten Seiten entgegenhalten, so empfinden wir doch Anerkennung und Respekt für die „ganze Gestalt" und die Tatsache, daß diese Menschen ihr Leben mehr oder weniger erfolgreich, mehr oder weniger glücklich gelebt und bewältigt haben. Wir bilden uns dabei nicht ein, mit der Kenntnis von einigen wenigen Persönlichkeitssegmenten die gesamte Person im Kontext ihrer Geschichte erfassen zu können.

Wie man Paare verstehen kann ...

In diesem Kapitel werden wir uns mit einigen uns allen bekannten Fragen und Gegebenheiten wie Lebenszyklus, Entwicklungskrisen, Bedeutung der Herkunftsfamilien und die sozialen, kulturellen, historischen und ökonomischen Einflüsse auf die Paarentwicklung beschäftigen. Wir tun dies jedoch aus systemischer Sichtweise, so wie wir es in unseren Ausbildungsseminaren lehren und in unseren Therapien berücksichtigen.

Die ewigen Krisen zwischen Geburt und Tod – Lebenszyklus und Entwicklungskrisen

Von der Geburt bis zum Tod entwickeln wir uns kontinuierlich, das Leben bringt uns permanent neue Lernerfahrungen, mit deren Hilfe wir uns dann an die nächsten Aufgaben heranmachen. Wir könnten als BeraterInnen fragen, wie es gelingen kann, daß Menschen sich nicht weiterentwickeln, welche Anstrengungen notwendig sind, Entwicklungen abzubremsen oder gar zu verhindern.

Wir gehen davon aus, daß es eine Nicht-Entwicklung nicht gibt.

In der Geschichte der Psychologie und Psychotherapie hat die Humanistische Psychologie diese Ansichten besonders betont. In der Familientherapie war es v.a. Virginia Satir, die den sogenannten „Entwicklungs-orientierten Ansatz" (*V. Satir* 1973 und 1990; *Baldwin, M.* und *Satir, V.* 1987; *Bandler, R., Grinder, J.* 1978; *Moskau, G., Müller, G.* 1992) begründet hat. Sie entwickelte auch die *Familien-Re-Konstruktion*, eine Technik, bei der mit Hilfe von Rollenspielen und psychodramatischen Elementen die Lebensgeschichte einer Person nach- bzw. neugespielt wird. Dies ist eine äußerst effektive Methode, um die „Geschichtsschreibung" einer Person auf der Erfahrungsebene im „Hier-und-Jetzt" zu verändern. (Siehe dazu das Kapitel „Die Auflösung erstarrter Bilder – Die Familien-Re-Konstruktion" sowie *Nerin, W.* 1988 und *Kaufmann, R.* 1990.)

Wenn man sich Kinder in ihrem Entwicklungsprozeß anschaut, bestätigt sich dies: sie sind die ewig Lernenden. Sie wollen im doppelten Sinne alles begreifen, sie sind darin unermüdlich. In den ersten Monaten und Jahren sehen wir ihre neuen Schritte und Lernerfahrungen fast stündlich und täglich. Wenn Kinder dann älter werden, wird ihr Lernen als mehr und mehr selbstverständlich angesehen. Neugelerntes wird dann weder bestaunt noch bejubelt, so daß es alltäglich wird und wir ihre Entwicklungsschritte schließlich nicht mehr in unsere Beobachtung aufnehmen. Trotzdem finden sie ununterbrochen statt und dies gilt für jedes Alter, nur das Tempo verändert sich.

Es gibt kein Scheitern, sagte er leise, es gibt nur ein Fortschreiten. Nicht einmal der Tod wird uns darin aufhalten. Wir sind immer auf dem Weg, hinter die Dinge zu kommen

Botho Strauß: „Der junge Mann"

Wie erkenne ich denn nun als BeraterIn, an welcher Stelle die Probleme liegen, an welcher Stelle „es klemmt"? Hier ist die Betrachtung des sog. Lebenszyklus ein hilfreiches Instrumentarium.

Im Lebenszyklus beschreiben wir die wichtigsten Entwicklungsstationen eines Menschen von seiner Zeugung und Geburt bis zu seinem Tode. Auch dies ist nur eine willkürliche und allein aufs Individuum bezogene Interpunktion; als FamilientherapeutInnen wissen wir, daß Ereignisse und Verhaltensmuster aus den vorangegangenen Generationen häufig großen Einfluß haben und entsprechende Wirkung zeigen, sodaß selbst Zeugung- und Geburtszeitpunkt oft nicht zufällig erscheinen und in den familiären Gegebenheiten Sinn machen (siehe Abbildung „Lebenszyklus").

Im Lebenslauf eines Menschen gibt es Phasen, bei denen wir von normativen oder natürlichen Krisen sprechen. Natürlich, weil alle Menschen durch diese „Krisennadelöhre" müssen und weil die Begegnung mit diesen Phasen abzusehen ist. Das sind all die Phasen, in denen wichtige Veränderungen eintreten wie z.B. Ablösung eines Kindes, Paarbildung, Krankheit und Tod eines Angehörigen. In all diesen Phasen müssen sich die Familiensysteme neu einrichten, ihre Regeln verändern, weil die alten nicht mehr passen. Dies macht uns oft Schwierigkeiten und in diesen Phasen kommt es dann oft zu Auseinandersetzungen oder sogar

Abb.
Lebenszyklus

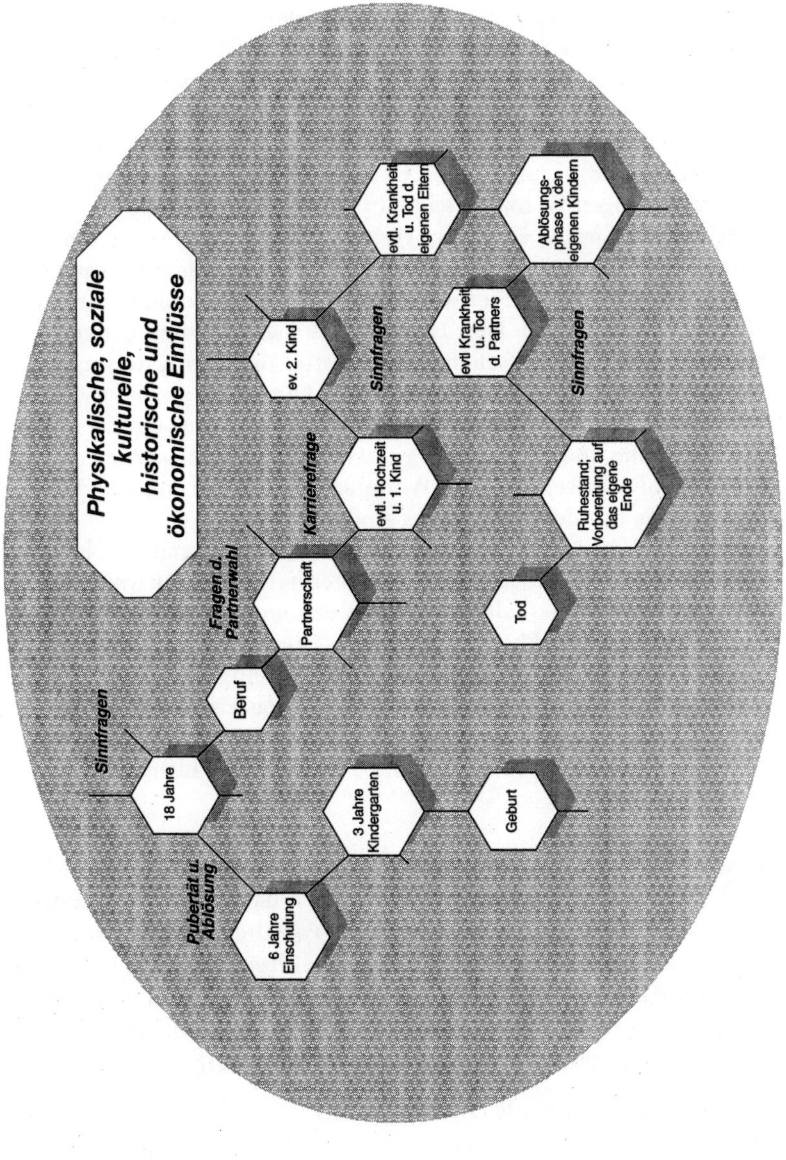

Symptombildungen, die aus unserer Sicht sogar als normal angesehen werden können.

Auch Ehepaar Helmer steckte in einer solchen Entwicklung. Besonders deutlich konnte man die Familienentwicklung und notwendige Neuorganisation an der Aufteilung des Wohnraumes erkennen: Ehepaar Helmer wohnt mit zwei jugendlichen Söhnen im Erdgeschoß in einer relativ engen Wohnung, während die Mutter von Herrn Helmer, zugleich die Hausbesitzerin, im ersten Stock in einer geräumigen Wohnung lebte. In dieser Wohnung hatte bereits die Herkunftsfamilie von Herrn Helmer gewohnt. Im Dachgeschoß hatte Herr Helmer und sein ältester Sohn noch jeweils ein Zimmer. Besonders für Frau Helmer war diese Wohnungsaufteilung immer ein Stachel im Fleisch. Herr Helmer fühlte sich hin und her gerissen zwischen den Wünschen seiner Mutter und den Bedürfnissen seiner Familie. Noch beim Einzug von Ehepaar Helmer in diese Wohnung hatte der Wohnraum genügt, erst mit dem Größerwerden der Söhne und der damit beginnenden Individualisierung aller Familienmitglieder wurde der Wohnraum enger und enger und die Spannungen mit der Oma immer größer.

Mit zunehmender Heftigkeit drängte das bestehende Problem nach einer anderen Lösung. Herr Helmer hatte sich zeitweilig ein Arbeitszimmer außerhalb des Hauses genommen, was ihm neue Probleme mit seiner Ehefrau einbrachte. Dies konnte also nicht die allseitig akzeptierte Lösung für das Problem sein.

Die sich zuspitzenden Konflikte brachten das Ehepaar, die Familie und die ganze Hausgemeinschaft in eine Krise, die letztlich zur Therapieanmeldung führte und die Trennung des Ehepaares verhindern sollte.

Hier verdeutlicht die Metapher eines gestauten Flusses das Geschehen: der „Familienfluß“ ist gestaut, jedoch das Wasser des Lebens drückt und schiebt, und je mehr sich die Familie dem Eintritt in die neue Lebensphase widersetzt und die gewählten Lösungen nicht die gewünschte Änderungen bringen, desto größer wird der Druck. Hier dienen die TherapeutInnen mehr als Katalysatoren und können wie im folgenden dargestellt mit den Krisensituationen umgehen:

1. *„Natürliche Krise“ als Umbenennung*
   Obwohl die Umbenennung eines Problemengpasses in eine natürliche Krise recht einleuchtend ist, weil sie Hoffnung und Selbstverständlichkeit induziert, ist diese einfache Sichtweise

auch für viele Fachleute nicht immer naheliegend. Denn auch sie lassen sich oft von der Problemdefinition der KlientInnen anstecken und bleiben im selben Bild.

2. *Verstehen und Transformieren*
   Wenn wir solche Krisen in einen normalen Lebensverlauf einbetten, bekommen die Probleme und Weltsichten einen anderen Anstrich und anderen Sinn.

Beispiel: Die Pubertätsauseinandersetzungen von Eltern und ihren heranwachsenden Jugendlichen bekommen schnell eine andere Bedeutung, wenn man als Therapeutin z.B. fragt, wie denn die Beziehung und Auseinandersetzungsform sich wohl weiterentwickeln und wie sie in fünf oder auch zehn Jahren aussehen werde. Alle Beteiligten werden in der Regel erkennen, daß sich dann die Problemlage und die Einstellung zueinander verändert haben werden.

3. *Das Einbetten von Krisen in die Lebensgeschichte und Kontext der Mehrgenerationenfamilie*
   Häufig wiederholen sich Muster und Verhaltensweisen in verschiedenen Generationen. Wenn man als Therapeut den Scheinwerfer darauf richtet, erscheinen Ereignisse der Gegenwart oft im anderen Licht.

Beispiel: Die Eltern beklagen sich über den vierzehnjährigen Christoph, der in der Schule *faul und unaufmerksam* sei und auch sonst *nur dummes Zeug im Kopf* habe. Die TherapeutInnen befragen den Vater, wie er sich denn in der Pubertät (Phase einer natürlichen Krise) verhalten hätte. Es zeigt sich, daß der Vater in dem entsprechenden Alter ein ganz ähnliches Verhalten an den Tag legte.

In der Anwendung des Konzeptes vom Lebenszyklus können die TherapeutInnen leicht Ideen dazu entwickeln, in welcher Phase sich die Familie bzw. das Paar befinden und welche Veränderungsschritte anstehen könnten. Meist sind es Schritte zu mehr Autonomie und zur Beendigung von Verstrickungen: z.B. steht es für die Eltern in der Phase der Ablösung der Kinder an, sich auf das eigene Leben und die Paarbeziehung neu zu besinnen. Die Paarbeziehung kann und sollte in dieser Phase nochmal eine ganz neue Qualität bekommen (zweite Paarbildung). Dies heißt oft auch, die Gefühle von Einsamkeit, Schmerz und Verlust auszuhalten und sich der existentiellen Erkenntnis zu stellen, daß man letzten Endes in seinem Erleben alleine ist, und die Partner und Familienangehörigen nur eine streckenweise

Begleitung bieten können. Dies führt zu neuen Entwicklungsschritten und gibt gleichzeitig neue Verhaltensmöglichkeiten an die Hand.

Dieses Konzept ist damit nicht nur ein Diagnostikum, sondern eine Lebensphilosophie, die Sinn schafft; Probleme, die sich aufgebaut haben und sich erhalten, können sich ebenso auch wieder auflösen.

Jenseits der „Normal"-Biographie

Die Betonung des Lebenszyklus hat auch eine Rückseite, denn sie legt die Ansicht nahe, es gebe ein „richtig" zu führendes Leben; alle Ausnahmen, Besonderheiten, unerwartete Entwicklungen können leicht als unnormal definiert und damit ausgegrenzt werden, wie z.B. Menschen ohne Kinder, Singles, Homosexuelle, Behinderte, Menschen aus einem anderen Kulturkreis und ev. sogar auch Alleinerziehende oder Mehrfachgeschiedene.

Die Vielfalt von Lebensformen in unserer Gesellschaft, die vom Modell des Lebenszyklus nicht voll erfaßt wird, muß in der Therapie berücksichtigt werden. Dies erfordert eine Modifizierung des Modells, die sich an der Biographie der KlientInnen orientiert. Besonders Menschen, die einer Minderheit angehören und dadurch vielleicht stigmatisiert sind, müssen bei der Suche nach „ihrem Lebenszyklus" unterstützt werden.

Das Konzept des Lebenszyklus dient als Mittel, die KlientInnen in ihrem aktuellen Lebenszusammenhang besser zu verstehen, und ist lediglich als Anregung gedacht, sich in die betroffenen Menschen hinein zu versetzen, sich zu überlegen, welche Fragen, Themen und Bedürfnisse in dieser Situation und in diesem bestimmten Kontext wohl anstehen könnten, um nach dieser phantasievollen und hypothetischen Durchdringung entsprechende Fragen stellen zu können. Statt von Normalzyklen auszugehen, ziehen wir es vor, die Situation eines Menschen in einem bestimmten Kontext zu betrachten und sinnschaffend zu verstehen.

Wo kommst du her – wo gehst du hin? – Die Herkunftsfamilie

Unsere Herkunftsfamilien sind die Orte, an denen der stärkste Sozialisationseinfluß ausgeübt worden ist. Dort sind unsere tiefen Bilder und Metaphern über uns selbst, über unsere Beziehungen zu anderen Familienmitgliedern und über unseren Standort innerhalb

Abb. Auswirkungen der Vergangenheit

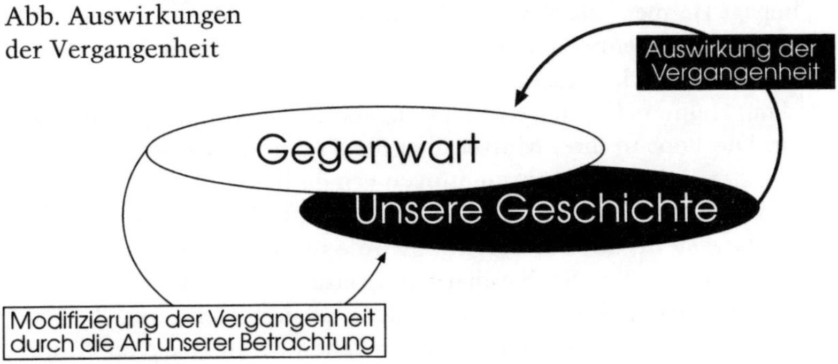

dieser Familie geprägt worden. Dort haben wir auch Beispiele für Beziehungen, Auseinandersetzungen, für Liebe, Haß und Streit, Werte und Ideologien erhalten. Später sind diese Bilder durch andere Begegnungen modifiziert worden, dennoch spielen sie oft weiterhin eine prägende Rolle.

Wir wollen allerdings nicht durch die Hintertür das Ursache-Wirkungs-Prinzip wieder einführen, bei dem wir in die Vergangenheit gehen, um dort nach der „Ursache" einer Störung zu suchen, die dann in das therapeutische Konzept mündet, daß diese Zeit erneut durchgearbeitet und bewußt gemacht werden muß. Vielmehr nutzen wir die Fragen über die Herkunftsfamilien, um Informationen über die KlientInnen zu erhalten, um die dort kennengelernten und übernommenen Muster zu erfahren. Statt die Gegenwart aus der Vergangenheit zu erklären, interessiert uns, wie das alte, erlernte Muster in der Gegenwart aufrechterhalten wird, welchen Sinn es heute noch macht, und wie sich die Menschen mit diesem Muster organisiert haben (Abbildung „Auswirkungen der Vergangenheit").

Unter diesem Betrachtungswinkel können folgende Fragen hilfreiche Anregungen bieten:

> Wie organisieren wir unsere Gegenwart auf dem Hintergrund unserer Vergangenheit?
> Wie nutzen wir die alten Muster auch heute, oder wie modifizieren wir sie?
> Inwieweit dient uns die Vergangenheit als Rechtfertigung und Entschuldigung für unsere Gegenwart?

Ehepaar Helmer haben wir auch gefragt, welche Muster bezüglich Paarbildung/Trennung und zufriedenem/krisenhaftem Miteinander aus den Herkunftsfamilien bekannt waren:

Frau Helmers Eltern trennten sich, als die Klientin neun Jahre alt war. Die Version ihrer Mutter über die Trennung war immer, daß der Vater andere Frauenbeziehungen gehabt hatte und daß deshalb die Trennung nötig war. Der Vater wurde als der alleinige Schuldige dargestellt, und Frau Helmer wurde in die Loyalität mit ihrer Mutter genommen. Sie hat den Vater seitdem nicht mehr gesehen und auch keinen Kontakt mehr gehabt. Als sie aber als erwachsene Frau den Vater in Bayern ausfindig machen wollte, habe die Mutter einen Aufstand gemacht.

Frau Helmer hat insofern das Muster nicht wiederholt, als sie einen Mann gewählt hat, der ihr – nach einem „Fremdgehen" während der Verlobung – die Treue hält. Eine Musteraufrechterhaltung könnte sich – hypothetisch – aber da zeigen, daß sie jahrzehntelang auf der Schuld des Mannes wegen seines „Seitensprunges" am Anfang der Beziehung beharrt und so das Thema nicht zur Ruhe kommen läßt.

Um der obigen Argumentationskette noch einmal zu folgen, könnte man nun also sagen, weil Frau Helmer solche Erfahrungen mit dem Streitverhalten ihrer Eltern gemacht hat, verhält sie sich heute ähnlich in Auseinandersetzungen mit ihrem Mann. Dies wäre ein Beispiel dafür, wie man/frau die Gegenwart linear aus der Vergangenheit erklären könnte. Oder aber man sagt, Frau Helmer habe solche Erfahrungen, und sie legt ein ähnliches Verhalten an den Tag. Wie macht solch ein Verhalten denn heute noch Sinn für sie, für was ist es nütze, daß sie es nicht verändert hat, besonders wenn doch die Mutter schlechte Erfahrungen damit gemacht hat bzw. damit nicht glücklich geworden ist? Hier geht man so vor, daß man vor allem die Art der Organisation in der Gegenwart untersucht, und die Vergangenheit dazu nutzt, um Informationen zu sammeln, um die Gegenwart in sinnvoller Art und Weise beschreiben zu können.

Interessanterweise hat Herr Helmer nach erfolgreicher Therapie die Veränderungen in der Beziehungen u.a. damit erklärt, daß seine Frau akzeptiert hätte, daß auch sie sich ändern müsse und nicht nur ihm den „schwarzen Peter" hinschiebe.

Jedem das Seine – Grundmuster in der Zweierkonstellation

In diesem Kapitel möchten wir einige Grundmuster in Paarbeziehungen vorstellen. Die hier dargestellten Grundmuster gehen auf die Arbeiten von *Gregory Bateson* (*Bateson* 1981 und 1984) zurück, der als Völkerkundler Volksstämme untersuchte und die Beziehungsmuster zwischen zwei Stämmen miteinander in Beziehung gebracht und beschrieben hat[9]. Die von dort entlehnten Begriffe wie **komplementär**, **symmetrisch** und **reziprok** haben sich in der systemischen Therapie eingebürgert; sie sind zu einer Konvention geworden, die hilfreich ist, wenn man Beziehungsmuster zwischen zwei Polen, zwei Menschen oder Gruppen beschreiben möchte. Im folgenden werden die Grundmuster anhand von Beispielen aus der Paartherapie dargestellt:

Komplementäre und symmetrische Beziehungsformen:

Komplementäre Beziehungsformen sind charakterisiert durch sich ergänzende Beziehungsanteile. Erklärend sei folgendes Beispiel:

> Frau Becker kocht, ihr Mann gräbt den Garten um. Beide sind damit zufrieden und halten diese Arbeitsverteilung für eine sinnvolle Organisationsform ihres Beziehungslebens. Sie stehen sich darin gegenseitig nicht im Weg und neiden sich auch nicht die jeweiligen Anteile, Tätigkeiten und Möglichkeiten. Dies gilt auch für persönliche Vorlieben oder Ausdrucksformen. So könnte der Mann sehr rational orientiert sein und die entsprechenden Anteile in der Beziehung übernehmen, während die Frau mehr die emotionale Seite lebt. Beide wollen es nicht anders, und bezüglich dieser Verteilung verläuft das Leben harmonisch und ohne Zwist.

Von einer symmetrischen Konstellation spricht man dann, wenn beide Partner auf demselben Feld spielen und sich ausdrücken wollen: jeder versucht im Beruf, den anderen zu übertrumpfen, beide konkurrieren darum, wer vom Kind mehr geliebt wird, wer besser kochen kann etc.

---

[9] G. Bateson: Ökologie des Geistes, Frankfurt 1981, S. 99–113.

Eskalation und Fixierung komplementärer und symmetrischer Beziehungsmuster

Partner können sich in ihren Transaktionen gegenseitig hochschaukeln. Es entflammt ein Kampf darüber, wer recht hat, wer sich durchsetzt oder wessen Herkunftsfamilie die bessere ist. Beide versuchen, diese Auseinandersetzung für sich zu entscheiden und alle nur eben möglichen Argumente werden in die Schlacht geworfen. Andere Personen wie Kinder oder Freunde werden als Hilfstruppen rekrutiert, um den Kampf so zu entscheiden. Die Parallele mit politischen Auseinandersetzungen etwa dem sog. Wettrüsten zwischen Nationen ist augenfällig. Wir sprechen hier von einer **symmetrischen Eskalation**, man kämpft auf demselben Feld, mit gleichen oder ähnlichen Methoden und mit gleichen oder sich entsprechenden Zielen.

Partner können sich auch in ihrer Unterschiedlichkeit gegenseitig hochschaukeln, was wir als **eskalierte Komplementarität** bezeichnen. Der Mann fordert von der Frau, sie solle endlich mal rational an die Dinge herangehen, und sie will von ihm endlich mal Gefühle sehen und erleben. Auf diese Weise verstärkt jeder seine eigene Herangehensweise, seine Präferenz und die Kritik am andern. Bezüglich der konkreten Ausprägung wie des Verhaltens oder der Art der Herangehensweise handelt es sich hier um eine eskalierte Komplementarität. Bezüglich des Versuches, den anderen endlich zu übertrumpfen oder ihn zum Einlenken zu zwingen, ist die Beziehung jedoch symmetrisch eskaliert.

Die Begriffe „eskaliert", „fixiert" oder „dekompensiert" werden häufig synonym gebraucht, bzw. man beleuchtet unterschiedliche Aspekte der Beziehungsstruktur.

Von einer dekompensierten komplementären Form spricht man beispielsweise dann, wenn die Frau chronisch krank und der Mann „chronisch" gesund ist. Sie schafft gar nichts, ist dauernd krank und denkt an Suicid. Er dagegen ist gesund, verdient den Unterhalt für die Familie und macht auch noch den Haushalt. So bedingen sie sich gegenseitig in ihrer Komplementarität und feuern sich dazu noch an; mit dem Ergebnis, daß er immer gesünder und sie immer kränker wird. Hierzu das folgende Beispiel aus unserer Praxis:

> Ehemann ruft an und berichtet, daß der Gynäkologe seiner Frau eine systemische Paartherapie empfohlen habe. Seine Frau sei seit vielen Jahren depressiv, hätte mehrere Suicidversuche hinter sich, und der Gynäkologe wisse sich keinen anderen Rat. Er als

Mann sei natürlich bereit, alles zu tun, was seiner Frau helfen könne.

Die Frau wirkt beim ersten Treffen mit uns sehr schwermütig, spricht kaum, bestätigt aber sofort, daß sie das Problem sei. Der Mann selbst, ein Kleinunternehmer, kann alles, ist immer gesund, im Beruf erfolgreich, macht neben seiner Arbeit noch den Haushalt, den Garten, ist mit den Kindern freundlich und umsichtig, während die Frau sich depressiv zeigt, vielfältige körperliche Symptome entwickelt und viele Ärzte konsultiert hat. Ihr Selbstwert scheint labil und niedrig, alles, was sie anfaßt, mißlingt, und die Familie steht immer unter ihrer Drohung eines Selbstmordversuches.

Alle Versuche, diesen Zustand zu verändern, haben zu einem „Mehr-Desselben" geführt. Der Mann hatte von der Frau verlangt: *Nun reiß dich doch zusammen und mach endlich mal was!*, was sie nur noch stärker in die Krankheit trieb. Sie ihrerseits hatte gesagt: *Ich möchte endlich mal eine Schwäche an meinem Mann entdecken.* Jeder hatte dabei den anderen quasi noch mehr in dessen Ecke getrieben. Auch ihr Versuch einer Einzeltherapie (über bereits fünf Jahre) hatte den Zustand nicht verändern können, da die Frau dadurch in ihrer Klientenrolle beschwert wurde.

Paare, die sich zur Therapie anmelden, befinden sich in der Regel im Zustand einer Eskalation; jeder glaubt im Recht zu sein, unterbricht den anderen. In typischer Weise paßt dazu, daß beide Kontrahenten auch in den TherapeutInnen Verbündete für sich gewinnen wollen. Diese werden dann von beiden Seiten als Schiedsrichter oder Koalitionspartner umworben.

Eine symmetrische Eskalation ist nur dadurch zu lösen, daß die Paare zusätzlich zu den symmetrischen auch komplementäre Anteile entwickeln. Ansonsten geht der Kampf weiter und wird zu einem Nullsummenspiel (*Watzlawik* 1974), was bedeutet, daß am Ende beide verloren haben werden. Wer in solch einer Konstellation zu gewinnen sucht, trägt dazu bei, daß beide verlieren werden. Entweder gehen beide als Gewinner oder beide als Verlierer aus der Auseinandersetzung heraus.

In der fixierten und dekompensierten Komplementarität kann es nur dann zu Lösungen kommen, wenn die Polaritäten gelockert werden. Dies ist in der Regel aber nur dann möglich, wenn das Spielfeld gewechselt wird.

Häufig verhindern TherapeutInnen selbst den Fortschritt in der

Therapie, indem sie mit dem Paar oder einem der beiden Partner regelrecht darum ringen, daß endlich eine Veränderung eintritt.

In dem oben genannten Beispiel des Paares mit der depressiven Frau kam es eines Tages zur plötzlichen und sprunghaften Veränderung. Die Ehefrau schien wie ausgewechselt, ihr ging es gut, und sie eröffnete eine Boutique. Auf die Frage der BeraterInnen nach den auslösenden Momenten berichtete sie, daß der Pfarrer am letzten Sonntag gesagt habe, er würde die Stelle wechseln, und daß kein Mensch zu alt sei, etwas Neues anzufangen. Da habe sie sich gedacht: *warum nicht auch ich ...?*

Hier konnte die Veränderung möglicherweise erst durch einen Impuls von außerhalb des therapeutischen Systems erfolgen. Vielleicht konnte keiner der beiden nach so vielen vergeblichen Versuchen und Mißerfolgen den Erfolg den BeraterInnen überlassen.

Die Schismogenese: wann „reißt" die Beziehung?

Bei eskalierten Symmetrien oder Komplementaritäten kann es zum Riß, zur „**Schismogenese**", kommen. Eine eskalierte Symmetrie kann wie im Beispiel des Wettrüstens zum Tode eines oder beider Partner oder zum Bruch der Beziehung führen; gleiches kann bei der eskalierten Komplementarität geschehen. Damit hat sich die Beziehungsform überlebt, da die beteiligten Partner nicht mehr leben oder die Beziehung aufgeben. Wenn in eskalierten und fixierten Beziehungsmustern kein Wechsel eintritt, ist dies früher oder später der Fall. Dieser Riß kann nur durch Beweglichkeit vermieden werden, durch reziproke Beziehungsanteile.

Reziproke Beziehungsformen: was heißt hier „gesunde" Beziehung?

Den Wechsel zwischen Komplementarität und Symmetrie nennt *Bateson* reziprok. Je nach Bedingungen und Kontextanforderungen kann man in bezug auf dieselbe Sache sowohl komplementär als auch symmetrisch reagieren.

So könnte bei dem bereits bekannten Paar Frau Helmer darauf bestehen, daß sie nur dann mit ihrem Mann Sex haben wird, wenn die Beziehung auf der emotionalen und kommunikativen Ebene stimmt. Wenn sie sich immer auf diese Position versteift und sich

Abb.
Systembaum

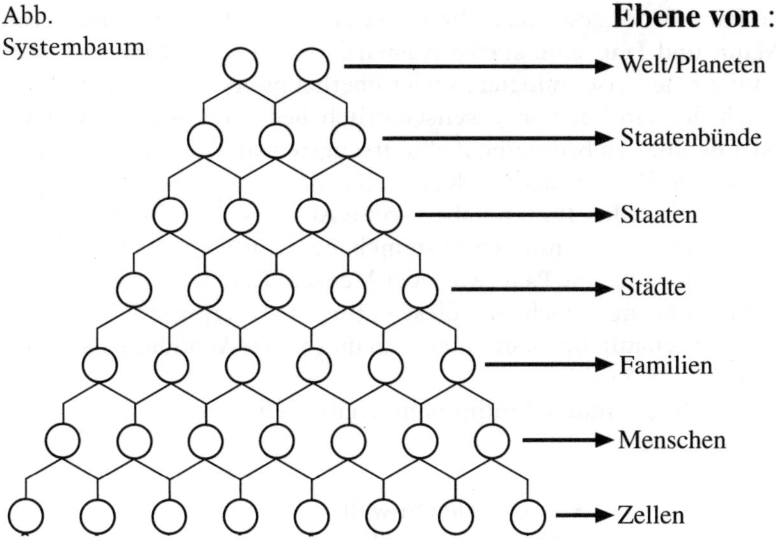

nur bei Erfüllung dieser Bedingungen ihrem Mann nähert, schadet sie sich letzten Endes selber.

Eine reziproke Reaktionsweise wäre hier, daß sie je nach Kontextbedingungen und eigenen Wünschen mal so und mal so reagiert, also nicht immer nach dem gleichen Schema.

Unter diesen Umständen haben wir ein Höchstmaß an Flexibilität und sicher die besten Bedingungen. Daraus folgt für eine einigermaßen funktionale und „gesunde" Beziehung, daß die Partner ihre Flexibilität in unterschiedlichen Handlungsoptionen behalten, daß sie gewissermaßen beide ein Standbein und ein Spielbein haben, das sie wechseln können. Nur wer sich fixiert und festfrißt, hat schlechte Karten und macht sich das Leben schwer. – Allerdings kommen Paare meist in solch fixierten Zuständen, und es ist dann die Aufgabe der BeraterInnen, die Menschen wieder in Bewegung zu bringen.

Paare unter dem Einfluß von Gesellschaft und Geschichte

Hier haben wir es mit übergeordneten Einflüssen zu tun. Damit sind Einflüsse gemeint, die auf einer höheren Systemebene liegen.

So hat z.B. der gesellschaftliche Wandel im Rollenverständnis von Mann und Frau eine starke Auswirkung auf jedes Paar und wird häufig eine Krise induzieren oder überhaupt erst möglich machen. Auch der Einfluß von gesellschaftlich bedingter Arbeitslosigkeit oder ökologisch bedingten Zukunftsängsten sind „höhere Mächte", die auf das Paar einwirken. Kulturell bedingte Unterschiede wie bei multikulturellen Paaren haben große Auswirkungen und entstammen einer übergeordneten Systemebene. Umgekehrt hat natürlich auch jedes einzelne Paar (wie jeder Mensch) Rückwirkungen auf die höheren Ebenen, doch sind diese naturgemäß geringer.

Veranschaulichen kann man sich dies in der Abbildung „Systembaum" (s. S. 81).

Die übergeordnete Einflußnahme läßt sich (*Guntern, G.* 1987) in die Bereiche

- biosoziale Umwelt
- physikalische Umwelt und
- Referenzsysteme

unterteilen.

Biosoziale Umwelt ist alles, was lebt, zu ihr gehören Pflanzen, Tiere, Nahrungsmittel usw.

Zur **physikalischen** Umwelt gehören unsere Häuser und Gebäude, die Straßen, Kommunikationsmittel, das Wetter usw.

Zu den **Referenzsystemen** gehören unsere familiären Bindungen und Bezüge und die Beziehungen der Menschen untereinander.

Es ist leicht ersichtig, daß all diese Faktoren auf die Individuen und Paare einwirken. Die erhöhte Konzentration eines Kopfschmerzen erzeugenden Umweltgiftes wirkt auf das Paar und seine Beziehung ein, das totalitäre Regime entsprechend und die Wohnlage in einer günstigen Klimazone mit fruchtbarem Boden ebenso.

In der Paartherapie interessieren uns natürlich besonders die Referenzsysteme und hierbei besonders die Beziehungen zu den Herkunftsfamilien, die Muster in diesen Familien und auch die direkte Umwelt wie Nachbarn, Freunde, Arbeitsplatz und das Wohnumfeld.

Die systemische Therapie versucht dies alles im Blickfeld mitzuerfassen und verhält sich wie ein Kamerazoom, das sowohl aus der Ferne mit weitem Blickwinkel möglichst viel erfaßt, dann aber auch näherfährt, den Blickwinkel verengt und auf ein Detail fokussiert. Es kann lebenswichtig sein (statt den psychologischen und beziehungsdynamischen Gründen für einen chronischen Kopfschmerz nachzugehen), sich Gedanken über den Wohnort auf einem alten Betriebsgelände zu machen und eine Verseuchung durch Umweltgifte in Betracht zu ziehen. Auch enge Wohnverhältnisse können größere Auswirkungen auf den chronischen Streit des Paares haben als die Tatsache, daß beide Eltern als Kinder geschlagen worden sind.

Solche oft als nur „äußere" Faktoren benannte Einflußgrößen werden in vielen Therapien vernachlässigt, da der Blickwinkel der BeraterInnen zu eng gehalten ist. Oft ist der Blick auf diese Faktoren allerdings auch zu frustrierend, da die betroffene Ebene sich therapeutischer Einflußnahme entzieht, und die Konsequenz aus den Erkenntnissen eigentlich nur zu gesellschaftspolitischem Handeln führen kann. Auf dieser Ebene sind BeraterInnen und KlientInnen allerdings gleich, da sind sie Bürger, die im gleichen Boot sitzen. Hier setzt auch die Kritik an der Psychotherapie als „Herrschaftsinstrument" an, daß sie oft eher dazu beiträgt, die Probleme und Defizite zu personalisieren und zu individualisieren, statt mit den KlientInnen den Blick auf die gesellschaftspolitische Bedingtheit zu richten. Insofern ist Therapie immer auch politisch und die systemische Therapie in ganz besonderer Art und Weise, da die Fokuserweiterung und die Einbeziehung des Kontextes zum Konzept und zum Anspruch gehören.

Methoden und Techniken

Aller Anfang ist leicht – Das Erstgespräch

Im Erstgespräch findet die erste persönliche Begegnung zwischen den TherapeutInnen und dem Paar statt. Allerdings haben sich häufig bereits bestimmte Erwartungen und Bilder seitens der KlientInnen etabliert, die durch die Art der Instituion, die Reputation der TherapeutInnen oder durch den Telefonkontakt entstanden sind.

Die Methodik der ersten Begegnung gehört zu den Basisvariablen jeder Therapie- und Beratungsform und soll deshalb hier nicht ausgeführt werden. Wir wenden uns im folgenden den speziellen Elementen eines Erstinterviews zu.

Raster für ein Erstinterview

1. **Begrüßung und Joining**
   TherapeutIn bemüht sich, mit dem Paar vertraut zu werden, in das System „hineinzukommen".

2. **Erhebung der wichtigsten Daten**
   Alter, Beruf, verheiratet, seit wann, Kinder etc.

3. **Erhebung des Status quo**
   Was ist Ihr Problem? Was denken Sie, was Ihr Problem ist? Gegenwart: *Wie ist es heute?* Vergangenheit: *Seit wann, wann und womit hat es angefangen?* und Zukunft: *Wie wird die Situation in 5 Jahren sein?* In dieser Phase entwickeln die TherapeutInnen Hypothesen (s. auch Kapitel „Die Prinzipien des Hypothetisierens") zum Verständnis der Paarthematik. Wie hat sich das Problem entwickelt, womit hängt es zusammen, in welcher Lebens- und Entwicklungsphase stehen die Einzelnen und das Paar als Ganzes (s.u. zum Thema „Lebenszyklus")? Versuch einer systemischen Problemdefinition.

4. Kontraktphase
Welche Erwartungen haben Sie an die Therapie, an mich als TherapeutIn? Woran würden Sie merken, daß die Therapie erfolgreich verlaufen ist?

5. Abschlußkommentar und Stellungnahme der TherapeutInnen
Wie verstehen die TherapeutInnen das Problem, welche Ziele stellen sie sich für die Therapie vor, können und wollen die TherapeutInnen auf die Vorstellungen des Paares eingehen? Ev. erste Umdefinition des Problems und Erweiterung des Fokus (Einbetten des Problems in einen zeitlichen Rahmen, Mehrgenerationsperspektive, andere Sinngebung und Verständnis der Thematik), wieviel Sitzungen und in welchem Abstand BeraterInnen für sinnvoll, ev. Kosten etc. (Rahmenkontrakt).

6. Nachbereitung durch die BeraterInnen
Die stärksten Eindrücke, persönliche Betroffenheit, bisheriges Verständnis des Paares und seines Themas, systemische Problembeschreibung.

Den Punkt „Erhebung der wichtigsten Daten" kann man sich sparen, wenn man von den KlientInnen vor dem Beginn der Sitzung einen kurzen Fragebogen ausfüllen läßt. Der im folgenden abgedruckte Beispielbogen hat sich in unserer Praxis gut bewährt (s. S. 87).

Wo genau liegt das Problem?

In den vorgebrachten Klagen und Beschwerden drückt sich aus, wie das Paar im Moment die Problematik sieht. Diese Problemdefinition zeigt den Stand des inneren Prozesses, der Deutung und Geschichtsschreibung, aber auch die Vernetzung der Sichtweisen. In der Problemdefinition wird insofern auch der Engpaß deutlich, in dem der einzelne oder das Paar stehen. Daher dürfen die TherapeutInnen nicht bei der vorgebrachten Problemdefinition stehenbleiben und aus dieser in direkter Weise einen Auftrag oder eine Zieldefinition ableiten.

Name:

Adresse:

Telefon:

	Name	Vorname	Geburtsjahr	Beruf
Ehefrau/Partnerin:				
Geschwister:				

Ehemann/Partner:				
Geschwister:				

Vater des Mannes:				
Mutter des Mannes:				

Vater der Frau:				
Mutter der Frau:				

Kinder				

Im folgenden Beispiel drückt sich das Patt gut aus.

- ER: *Meine Frau hat einen Freund, ich halte das nicht mehr aus.* SIE: *Das ist für meine Entwicklung wichtig, ich denke gar nicht daran, den Mann nicht mehr zu treffen.*

Die daraus direkt abgeleiteten Ziel- und Lösungsvorstellungen der beiden lauten:

- ER: *Sie soll die Außenbeziehung lassen.* SIE: *Ich bleibe dabei, und* (oft als Wunsch vorhanden) *mein Mann soll die Außenbeziehung tolerieren.*

Die Ziel- und Lösungsvorstellungen sind diametral entgegengestellt und zum Zeitpunkt des Therapiebeginns meistens symmetrisch eskaliert.

Akzeptieren die BeraterInnen diese Problemdefinition ohne sie zu erweitern, so sind sie im Patt gefangen und können dem Paar kaum helfen.

Im folgenden Beispiel ist der Fall anders gelagert:

- SIE: *Wir streiten dauernd, ich weiß gar nicht, ob wir noch zusammenbleiben sollten.* ER: *Das ist alles gar nicht so schlimm, meine Frau ist zu empfindlich.*

Hier ist die Problemdefinition noch sehr diffus: Geht es der Frau um weniger Streit? Überlegt sie sich, sich zu trennen, oder hat sie die Trennung bereits vorbereitet? Oder ist sie motiviert, konstruktive Änderungen im Zusammenleben mit ihrem Partner herbeizuführen?

Und der Mann? Was ist seine Position? Wiegelt er nur ab? Sieht er auch Probleme und Schwierigkeiten?

Hier liegt es sicher nahe, auf eine Klärung der Positionen hinzuarbeiten. Aber auch dieser Klärungsprozeß bleibt häufig diffus, und die TherapeutInnen müssen hart arbeiten.

Oft gelingt es auch überhaupt nicht, das Gestrüpp zu sortieren. Deshalb bemühen wir uns häufig erst gar nicht darum, die Positionen klar zu machen, sondern erweitern den Fokus gleich mit erfolgreich erprobten Fragetechniken.

Hier würde sich z.B. anbieten:

- *Wenn Sie nicht streiten, wie gehen Sie dann miteinander um? Wieviel Prozent Ihrer Energie und Ihrer Gespräche gehen in die Auseinandersetzungen? Wie läuft das genau? Welche Lieblingsthemen*

Abb. Problemdefinition

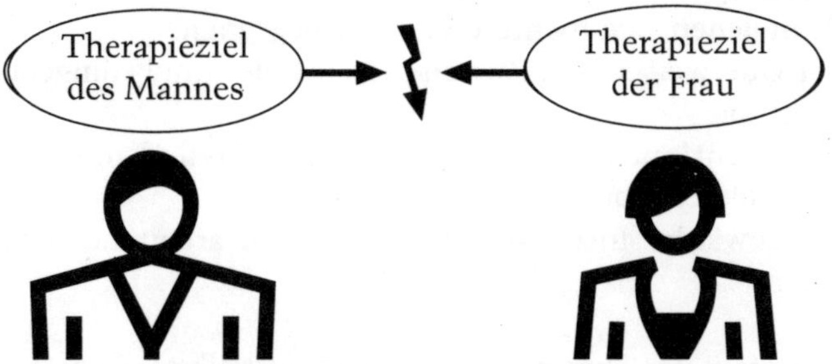

haben Sie? Bringen die Auseinandersetzungen Sie näher zusammen oder weiter auseinander? Angenommen, Sie würden ab sofort für vier Wochen jede Auseinandersetzung unterlassen, wie würde Ihr Leben dann aussehen? Herr X, worauf reagiert Ihre Frau besonders empfindlich? Was müßten Sie tun, daß Ihre Frau den Eindruck bekommt, Sie würden wieder streiten?

Fragetechniken – Die Antwort kennt ganz allein der Wind

Die LeserInnen haben durch die vielen Beispiel-Fragen bis hierher sicher schon einen Eindruck von der Kraft des Fragens bekommen. Fragen dienen dazu, das betreffende Klientensystem zu perturbieren *(Maturana/Varela 1984),* d.h. zu durchdringen, zu erforschen, umzugraben, auf die Rückseite zu drehen, zu durchfluten und zu erweitern. Dabei verfolgen die BeraterInnen verschiedene Ziele:

Entwickeln von Verständnis über Hintergrund, Geschichte, Erleben, Problemstellung und Lebenssituation der KlientInnen
Erweiterung der Sichtweisen der KlientInnen
Schaffen neuer Verknüpfungen
Auflösung linearer Ursachenzuschreibungen
Verwischen alter Erklärens- und Verhaltensmuster
Erzeugung von Raum für autonome Ordnungsbildung
Ideenentwicklung für mögliche Abschlußinterventionen

Wir werden im folgenden Abschnitt Fragetypen beispielhaft erläutern, um den LeserInnen einen besseren Zugang zur Methodik zu ermöglichen:

- **Kontextfragen:**
  Jede Therapie findet unter ganz bestimmten Kontextbedingungen statt, in denen sich mehrere Systeme begegnen:
  1. Der Überweiser oder Zuweisende mit der ihn bedingenden Institution.
  2. Die KlientInnen mit Partnern, Familie, Freunden, beruflichen und anderen Vorerfahrungen.
  3. Die gewählte Institution und die darin arbeitenden BeraterInnen.

Der Kontext des Therapiewunsches ist deshalb so wichtig, weil die Wahrscheinlichkeit, daß ein Verhalten zum Problem wird, sich vergrößert, wenn weitere Personen innerhalb oder außerhalb einer Familie oder Gruppe das Verhalten ähnlich bewerten. Vor allem wenn Beobachter in Machtpositionen wie ErzieherInnen, Lehrer, Ärzte, Justiz oder Polizei hinzukommen.

Deshalb ist es wichtig, bei jeder Therapie die Kontextbedingungen zu erfragen. Wir machen dies z.B. in folgender Art und Weise:

Fragen bezüglich des Überweisungskontexts:
Wer hat das Paar zu uns überwiesen? Was hat sich der Überweisende dabei gedacht? Welche Bilder über die Stelle oder die TherapeutInnen wurden dabei vermittelt? Was wurde über die zu erwartenden Arbeitsweisen ausgesagt? Was würde der Überweiser als Therapieerfolg bewerten? Wie erklärt er das Problem?

Fragen bezüglich der KlientInnen und ihres Kontextes:
Wer hat die Entscheidung zur Therapie getroffen? Was wird als Problem angesehen? Und wer hält die Therapie überhaupt für nötig? Wie wird das Problem erklärt? Welche Zeitvorstellung hat das Paar? Der wievielte Therapeut oder die wievielte Institution sind wir? Wie viele sind vor uns gescheitert? Was unterscheidet uns in diesem Fall von den Vorgängern und gibt es etwas, was die Hoffnung des Paares berechtigt, bei uns könnte alles anders und besser werden? Wer weiß noch von der Therapie/Beratung? Was denken die anderen darüber? Wie werden diese im Falle eines Erfolges oder Mißerfolges reagieren? Wie würden diese anderen Personen überhaupt Erfolg oder Mißerfolg definieren? Gibt es hierbei Unterschiede zur Definition des Paares?

Fragen bezüglich der gewählten therapeutischen Einrichtung und der dort arbeitenden TherapeutInnen:
Bin ich Teil der medizinischen Versorgung und damit einem Krankheitsmodell verpflichtet? Gehöre ich einer Institution der sozialen Kontrolle an? An welcher Stelle des Problem- und Lösungsprozesses stehe ich? Arbeite ich in der Prophylaxe oder am Ende eines Chronifizierungsprozesses? Wie sehe ich selbst meine Aufgaben und Möglichkeiten? Welche Chancen auf Veränderungen räume ich selbst meinen KlientInnen ein? Darf ich der Zuweisung widersprechen und welche Konsequenzen hätte das? Wer bezahlt mich, und entspricht die Entlohnung meiner Selbsteinschätzung?

> Auch bei diesem Tanz der beteiligten Personen und Institutionen geht es um die schlichten Fragen:
> Wer ist Auftraggeber, was ist der Auftrag und wer hat welche Verantwortung?
> Als TherapeutInnen müssen wir diese Fragen beantworten können. Sonst kann es sein, daß wir geheime Kunden, geheime Aufträge und geheime Auftraggeber haben.

- **Hypothetische Fragen:**
  Systeme im Engpaß erlauben sich kaum, neue Ideen zu kreieren oder nach bisher ungelebten Möglichkeiten Ausschau zu halten. Hier gilt es, neue Gedanken und andere Sichtweisen ins Spiel zu bringen.
  Angenommen, Ihre Tochter, die Sie und die behandelnden Ärzte für krank halten, wäre eine Schwarzafrikanerin; was würde den Unterschied ausmachen, was würde mehr auffallen ... Angenommen Ihre Tochter würde in einem Jahr schwanger werden und heiraten, wie würde Ihr Mann darauf reagieren? Wie würde Ihre Familie nach einer erfolgreichen Therapie aussehen? Angenommen ein Zauberer käme und das Symptom würde morgen nicht mehr auftreten, was wäre ...? wer würde ...? wie wäre ...?

- **Zirkuläre Fragen:**
  Zirkuläre Fragen können in Verbindung mit jedem anderen Fragetyp verwandt werden und schaffen eine Metaebene, die es möglich macht, andere Beobachtungsstandpunkte einzunehmen und andere Sichtweisen im Unterschied zur eigenen wahrzunehmen.

Was glaubst du, geht in deinem Bruder vor, wenn er beobachtet und zuhört, wenn sich deine Eltern streiten? Wie sehen Ihre Eltern die Beziehung zu Ihrem Mann?

- **Klatsch und Tratsch in Anwesenheit und Abwesenheit von Familienmitgliedern:**
  Jeder denkt über jeden irgend etwas, nur wird dies oft nicht mitgeteilt. Dadurch werden Unterscheidungen und individuelle Besonderheiten und Standpunkte vermieden. Hier haben wir die Möglichkeit, Gedanken positiv sanktioniert offen aussprechen zu lassen.
  Was denken Sie, was Ihr Sohn über das Verhalten seiner Schwester denkt? Wer stimmt ihm innerlich zu und wer widerspricht dieser Meinung am ehesten? Angenommen, Oma würde laut ausdrücken, was sie fühlt, was wäre das und wie würde der Schwiegersohn darauf reagieren?

> Anmerkung:
> Klatschen und Tratschen kann und darf jeder, es erfordert keine spezielle therapeutisch-beraterische Fähigkeit oder Ausbildung.

- **Zukunftsfragen:**
  Systeme, die Hilfe suchen, glauben sich im Engpaß, fühlen sich hilflos. Hier wird ev. zum ersten Mal darüber nachgedacht und visioniert, wie denn die Zukunft anders sein könnte oder ob überhaupt eine Zukunft existiert.
  Wie wird Ihre Familie in drei, fünf oder zehn Jahren leben? Wie wird Ihre Familie am Ende einer gelungenen Therapie miteinander umgehen? Welche Ihrer Töchter wird zuerst das Elternhaus verlassen, ev. Kinder bekommen und heiraten? Wie werden Ihre Eltern nach Ihrem Auszug das Leben gestalten?

- **Fragen nach Unterschieden:**
  Manche Systeme erscheinen so, als ob alle Mitglieder gleich wären und als ob es keine Unterschiede in der Betrachtung der Welt gäbe. In vielen Familien ist es sogar mit einem Tabu belegt, Unterschiede zu machen. So ist es hilfreich, reichhaltig nach Unterschieden zu fragen. Wir erstellen mit den KlientInnen Ranglisten, fragen nach Prozentangaben und Vergleichen im Sinne von mehr oder weniger.

Für wen ist es ein größeres Problem? Wer macht sich mehr Sorgen? Wer hat das Problem zuerst bemerkt, wer würde sich am meisten freuen, wenn ...? Wer hat den größten Einfluß? Hier ist auch auf kleinste Unterscheidungen zu achten.

- **Fragen zu Verhalten und Transaktionen:**
Systeme, die über ihre Probleme berichten, neigen oft dazu, uns Diagnosen oder linear-kausale Beschreibungen zu liefern. Unter Auslassung bestimmter Elemente, bestimmter Personen, bestimmter Verhaltensweisen können die Betroffenen häufig selbst keine Abweichungen oder andere Vorgehensweisen wahrnehmen. Die Aussage *Das Kind näßt immer ein* läßt den Schluß zu, daß es jeden Tag, jede Woche seit Beginn seines Lebens ins Bett macht. Genauso ist es mit der Aussage *Maria ist immer zornig, immer aufsässig.*
Fragen: *An welchen Tagen genau macht das Kind ins Bett, unter Anwesenheit welcher Personen im Haus? Wie reagiert die Mutter und die anderen Angehörigen? Wie reagiert die Mutter anders, wenn auch der Vater anwesend ist? Woran merkt die Mutter, daß Maria zornig ist? Wie könnte die Mutter das Kind dazu bringen, zornig zu reagieren? Was macht der Vater, wenn die Mutter in der geschilderten Art und Weise auf Maria reagiert?*

- **Fragen nach Bedeutungszuweisung und Interpretation:**
Menschen geben in der Regel jedem Ereignis und Erleben eine bestimmte Bedeutung. Sie bewerten es nicht nur als gut oder schlecht, sondern differenzieren in verschiedene Richtungen und auf verschiedenen Ebenen. So denken sie z.B., *mein Mann verhält sich so abweisend, weil er mich nicht liebt*. Auf die Frage *warum* könnte man interpretieren, *daß er noch eine sehr innige Beziehung zu seiner Mutter hat*. Auf diese Art machen wir laufend innere Zuschreibungen, stiften wir Sinn. Je nachdem wie wir interpretieren, fühlen wir uns anders und zeigen ein anderes Verhalten. Theoretisch können wir unendlich viele Sinngebungen gestalten, die wiederum unterschiedliche Gefühle und Reaktionen zur Folge haben. – Wenn wir deshalb fragen: *Wie erklären Sie sich das?* fragen wir nach dem sinnstiftenden Hintergrund für ein bestimmtes Gefühl und eine bestimmte Reaktion und Handlung. Wir erhellen also den Hintergrund und gehen gewissermaßen rückwärts im inneren Verarbeitungsprozeß. Dies ist dann nicht nur für die BeraterInnen eine wichtige Information, sondern auch für die betroffenen KlientInnen eine Erweiterung des Betrachtungshorizontes.

- Alle diese Fragen entspringen einer Haltung von Interesse und Wißbegierde und regen die KlientInnen zum Nachdenken an. Sie sollen auf diese Art im Bereich der kognitiven Organisation neue Attraktoren entwickeln und finden. Das Ganze geschieht als kokreativer Prozeß, da die TherapeutInnen ebenfalls neu angeregt werden, selbst wieder andere Hypothesen zu entwickeln, so daß sie wieder neue Fragen stellen können. Dies erfolgt in einem spiralförmigen Prozeß, in dem unterschiedliche Themen ventiliert werden und sich letzten Endes ein erweitertes Bewußtsein entwickelt, das wiederum neue Handlungsoptionen ermöglicht. Die BeraterInnen zielen gewissermaßen ins Blaue, sie wissen nicht, „was sie mit dem Ballwurf treffen" wollen und wissen auch nicht, was es denn genau zu treffen gibt. Sie werfen nur so viele Bälle wie möglich in möglichst viele verschiedene Richtungen und lesen die Wirkung lediglich an den Reaktionen ab.

Zur weiteren Verdeutlichung des Gesagten zitieren wir *Maturana/Varela* :

> *Unsere Erörterung hat uns zu der Folgerung geführt, daß es, biologisch gesehen, in der Kommunikation keine „übertragene Information" gibt. ... Jede Person sagt, was sie sagt, und hört, was sie hört, gemäß ihrer eigenen Strukturdeterminiertheit; daß etwas gesagt wird, garantiert nicht, daß es auch gehört wird. Aus der Perspektive eines Beobachters gibt es in einer kommunikativen Interaktion immer Mehrdeutigkeit. Das Phänomen der Kommunikation hängt nicht von dem ab, was übermittelt wird, sondern von dem, was im Empfänger geschieht. Und dies hat wenig zu tun mit „übertragener Information"*[10].

Das Ende der Sitzung – Abschlußkommentar und Abschlußintervention

Im Abschlußkommentar wird von den BeraterInnen am Ende der Sitzung noch einmal ihr Verständnis der Problematik des Paares zusammengefaßt. Hierbei wird auf den Verlauf der Sitzung und die bereits erarbeiteten Informationen und Deutungen aufgebaut. Wir

---

[10] Maturana, Varela: Der Baum der Erkenntnis – Die biologischen Wurzeln des menschlichen Erkennens. München, Wien 1984, S. 212.

bieten den KlientInnen in diesem Kommentar eine andere Wirklichkeitsbeschreibung und -konstruktion an. Diese stellt eine andere Sichtweise als die Beschreibung durch die KlientInnen dar und soll ihnen

- andere Optionen eröffnen und damit ihren Handlungs- und Problemslösungsspielraum erweitern,
- ihre bisherige Wirklichkeitssicht konfrontieren und aufweichen und
- die kreativen Ressourcen der KlientInnen als Reaktion auf die andere Deutung herauslocken.

Wenn wir nun die Art und Weise, wie das Paar die Welt sieht, wie es sich organisiert und wie es sein Problem definiert, erfaßt haben, wie können wir dann zu einer Erweiterung und Veränderung dieser Sichtweisen kommen? Dies ist der eigentliche therapeutische Prozeß und obliegt der Kreativität der BeraterInnen. In der Kommentierung benutzen wir die Informationen, die wir im Therapiegespräch gewonnen haben, verknüpfen sie jedoch anders als das Paar.

Hierzu einige **Hilfen, Anleitungen und Beispiele**

- **Positive Konnotation:** Zu Beginn des Kommentars ist es hilfreich, die Handlungen, Erfahrungen und Motivationen beider Partner wertschätzend zu kommentieren, so daß sich beide von den BeraterInnen gesehen und geschätzt fühlen.
  Sie, Frau Meier, haben sich die letzten 10 Jahre aufopfernd um ihre Kinder gekümmert und sich dabei bemüht, ihnen eine gute Erziehung zu geben. Darüber hinaus haben Sie auch Ihre bedürftige Mutter nicht links liegen lassen, sondern haben Ihre Liebe und Fürsorge auch hier zum Ausdruck gebracht. Über diese Aufgaben hinaus waren Sie auch bemüht, Ihrem Mann eine gute Ehefrau zu sein, so daß Sie jetzt, wo Ihre Paarbeziehung in der Krise steckt, nicht verstehen, wie dies trotz oder mit all Ihren Bemühungen geschehen konnte und Sie dem schmerzhaften Geschehen nun hilflos gegenüberstehen.
  All diese Kommentierungen sollten so formuliert sein, daß sie vom betroffenen Klienten als **wertschätzend** aufgenommen werden können; so ist es wahrscheinlich hilfreicher zu sagen:

Sie, Herr Meier, sind Ihren Eltern noch in großer Zuwendung verbunden und Sie haben dort noch wichtige Aufgaben zu erfüllen statt: *Sie sind vom Elternhaus noch nicht abgelöst.*

- **Einführung der Mehrgenerationsperspektive**: Wir sind alle durch unsere Erfahrungen im Elternhaus stark geprägt. In der Krise und der Auseinandersetzung sehen wir aber meistens den Fehler beim anderen und konzentrieren uns nicht auf unser eigenes Lebensschicksal. Bei einem Kommentar, der die Mehrgenerationsperspektive enthält, werden wir wieder Detektive im eigenen Haus und auf unser persönliches Schicksal bezogen (s. weiter unten zur Autonomieentwicklung). Außerdem führt ein solcher Kommentar zu einer Horizonterweiterung, die die momentane Krise in einen größeren Gesamtzusammenhang stellt.
  Beispiel: *Wie wir gehört haben, sind Sie, Herr Meier, in einer Familie großgeworden, in der traditionell der Mann und Vater das Sagen hatte. Sie fanden, daß Ihr Vater Ihre Mutter unterdrückt hat und haben sich entsprechend mit ihr solidarisiert, um sie zu stützen. Sie nahmen sich gleichzeitig vor, niemals so mit Ihrer zukünftigen Frau umgehen zu wollen. Konsequenterweise wählten Sie eine Frau, die selbstbewußt und eigenständig war. Genau dies scheint aber im Moment auch Ausdruck der Krise Ihrer Ehe zu sein, daß Ihre Frau Ihnen zuviel eigene Wege zu gehen scheint. Wir denken, daß Ihre Frau Ihnen nicht wirklich zu selbständig ist, sondern daß die Krise darauf beruht, daß Sie jetzt die Liebe für Ihren Vater wiederentdecken und Solidarität mit seinem Denken und Wesen empfinden. Sie haben ihn an der Seite Ihrer Mutter lange vernachlässigt und sind jetzt wieder Vaters Sohn geworden. Dies hat natürlich Auswirkungen auf Ihre Ehe ...*
  In diesem Beispiel ist nicht nur die Mehrgenerationsebene eingeführt, sondern auch eine Umdeutung der Krise vorgenommen worden, mit der das Paar sich vorstellt.

- **Der Gebrauch von Metaphern**: Wir kennen zwei grundsätzliche Denkmodalitäten. Erstens das linear-kausale Denken (linkshemisphärisches[11] Denken), mit dem wir in Hierarchien denken, klassifizieren und das uns einer Logik folgen läßt, die die Informationen zusammensetzt, mit den Erfahrungen vergleicht und

[11] Bezogen auf die linke und rechte Gehirnhälfte, auf die die beschriebenen Denkmodalitäten beim Rechtshänder entsprechend verteilt sind.

Abb. Familie Rössler 1

dann zu einer abstrakten Beschreibung verbindet. Und zweitens das bildhaft-ganzheitliche Denken, mit dem wir die Einzelteile in ihrer Gesamtheit als Bild erfassen und als solches aufnehmen und verarbeiten (rechtshemisphärisches Denken)[12]. Zur Illustration stellen wir uns vor, daß wir eine Beziehung im ersten Fall mit möglichst vielen Parametern beschreiben und im zweiten Fall eine Skulptur stellen, die uns die Beziehung als Gesamtbild wahrnehmen läßt. Die Skulptur ist in diesem Sinne ein Bild, das den Vorteil hat, daß wir auf den ersten Blick eine Menge Informationen über das Paar oder die Familie gewinnen und uns gleich ein „Bild" davon machen können, was in der Familie „los ist". Wenn wir denselben Eindruck, den wir durch eine Skulptur erzeugen können, durch rein sprachlich-beschreibende Mitteilungen gewinnen wollen, müßten wir viele Seiten vollschreiben, ohne den gleichen ganzheitlichen Informationsgewinn erzeugen zu können. An der Skizze (Abbildung Familie Rössler 1) läßt sich das leicht belegen: obwohl die Skulptur hier nur als Skizze wiedergegeben ist, gewinnen wir als BeobachterInnen doch sofort einen

---

[112] Die unterschiedlichen Denkmodalitäten sind in der Literatur breit beschrieben. Eine besonders ausführliche und im Hinblick auf die Erweiterung von Kreativität und Kompetenz sehr anschauliche Darstellung findet sich in *Herrmann, N.* „Kreativität und Kompetenz – Das einmalige Gehirn", Fulda 1991.

Eindruck vom Beziehungsgeflecht und der möglichen Stimmung in der Familie. Dieser Gebrauch von Bildern, von Beispielen und Parabeln entspricht dem ganzheitlichen Denken, ist in der Regel wirkungsvoller und hat tieferen Einfluß auf unser Unbewußtes und unsere Träume.

Auch in den Abschlußkommentaren ist es natürlich sinnvoll, Bilder zu verwenden, die eine positive Konnotation beinhalten.

> Statt z.B. vom *Untergang des Eheschiffes* zu sprechen, ist es wahrscheinlich besser, zu formulieren, *daß das Eheschiff in einen Sturm geraten ist, daß die hohen Wellen drohen, die Beteiligten über Bord zu spülen und daß es in solch einer Situation weise ist, sich einen Lotsen an Bord zu nehmen, der die Verhältnisse des Meeres kennt und hilft, die gefahrvollen Klippen zu umschiffen, diesen Teil des Meeres kennenzulernen und davon zu lernen, ohne daß das Schiff kentert.*

Andere Beispiele für den Gebrauch von Metaphern sind:

- *Sie haben Ihre Mutter wie eine Glucke erlebt, die auf ihren Kindern saß …*
- *Wir bieten Ihnen nach Abschluß der Therapie noch einen weiteren Termin als Krücke an …*
- *Sie haben die Brücken zwischen sich abgebrochen …*
- *Ihr Leben war bisher sehr tränenreich …, ich frage mich, was passieren würde, wenn Sie trotz alledem einen Hoffnungsschimmer am Horizont sehen könnten …*
- *Wenn Sie mal zwei Jahre in die Zukunft schauen, können sie da Licht am Ende des Tunnels sehen?*
- *Am grünen Tisch sieht das alles so leicht aus, aber in der Wirklichkeit des Lebens …*

Auch in den meisten Sprichwörtern und Volksweisheiten werden bildhafte Elemente verwandt:

- *Wo man singt, da laß dich ruhig nieder; böse Menschen haben keine Lieder.* (*Seume* 1804)
- *Wer zu spät kommt, den bestraft das Leben.* (*Gorbatschow* 1989)
- *Freiheit ist nur in dem Reich der Träume.* (Schiller 1802)
- *Mit dem Mantel der Liebe zudecken.* (Redensart)
- *Wenn Dummheit weh täte, würde er schreien.* (Redensart)

Der Vorteil einer bildhaften Sprache besteht darin, daß sie eine größere emotionale Wirkung entfaltet, und die KlientInnen sich oft besser daran erinnern. Bekannte und erfahrene TherapeutInnen haben sich zum Teil in diesem Bereich zu großen Meistern entwickelt, und auch auf dem psychotherapeutischen Buchsektor gibt es viele Titel, die sich einer Bildersprache bedienen (siehe die Literaturliste).

- **Das sogenannte ,Splitting' einer Meinung**: Oft werden wir als TherapeutInnen in eine Situation gebracht, in der wir Schiedsricher spielen sollen. Oder das Paar präsentiert uns einen unlösbaren Widerspruch zwischen zwei Konfliktpositionen, die sich gegenseitig ausschließen, aber dennoch von vitaler Bedeutung sind. Hier ist es hilfreich, sich nicht auf eine Seite zu stellen, sondern den Widerspruch an das Paar zurückzugeben, indem man z.B. sagt:

  Wir haben intensiv darüber diskutiert und konnten uns nicht einigen, mein Kollege ist der Ansicht, daß ..., ich selber denke, daß . . .
  Beispiel: Der Ehemann ist gerade ausgezogen und hat die Frau mit zwei Kindern zurückgelassen. Die Frau verlangt die Rückkehr des Mannes, dieser aber will die neuangemietete Wohnung nicht verlassen. Dann wäre ein möglicher Kommentar: *Wir haben lange darüber diskutiert, was wohl die beste Lösung für Sie wäre, leider konnten auch wir uns nicht einigen; statt dessen* (Fokusverschiebung) *ist uns aufgefallen, daß im Moment jeder in der Familie ein bißchen mehr Eigenständigkeit wagt: Sie, Frau X, haben Ihre Weiterbildung in xy begonnen, Ihr gemeinsamer Sohn ist in den Fußballverein eingetreten, Ihre Tochter . . . und Sie, Herr X, Sie haben sich eine eigene Wohnung genommen. So macht jeder auf einem anderen Gebiet eigene und neue Schritte, und ich (wir) als Berater können dies im Moment nur konstatieren, wir haben keine Zauberlösung parat und sind aber sicher, daß Ihnen die Entwicklung zu mehr Eigenständigkeit allen nutzen wird.*
  Sollte ein Therapeut die Beratung allein durchführen, spricht er in diesem Fall von zwei Seiten in ihm, die sich miteinander nicht einigen können.

- **Die sogenannte Hilflosigkeitserklärung der TherapeutInnen**
  Wenn wir mit einem Paar arbeiten, das uns ganz stark nach Hilfestellungen drängt, aber alles, was wir anbieten, abwertet, so

müssen wir prüfen, ob dies ein bevorzugtes Muster des Paares ist. Solche Paare haben oft schon viele Therapien hinter sich, schon viele TherapeutInnen ‚verschlissen' und sind der Meinung, daß ihnen keiner helfen kann. Folgende Kommentierung könnte hilfreich sein:

Ich bewundere Ihre Anstrengungen um eine Lösung Ihres Problems. Ich bewundere auch, daß Sie in Ihren Bemühungen nicht nachlassen und trotz der vielen Mißerfolge immer wieder einen Neuanfang wagen. Gleichzeitig frage ich mich, was ich wohl zu bieten habe, was die anderen Kapazitäten nicht leisten konnten, und ich bin zu dem Schluß genommen, daß auch ich keine Lösung für Ihr Problem kenne. Ich muß Sie also auch enttäuschen und mich mit meinen Kollegen in eine Reihe stellen. Aber dennoch möchte ich Sie nicht fortschicken, sondern möchte gerne, daß Sie zu einem neuen Termin kommen, damit wir gemeinsam erörtern können, wie Sie nun – da Ihr Problem offensichtlich nicht zu lösen ist – mit diesem Problem weiterleben können und wie das Leben mit diesem Problem aussieht.

Nach einer solchen Intervention ergibt sich meist ein anderes Bild. Das Paar hört auf, das Problem zu bekämpfen und entdeckt eventuell, daß es sich mit dem Problem eingerichtet hat, oder daß wesentliche andere Menschen und Elemente einer Veränderung im Wege stehen.

Diese Abschlußkommentierungen werden von uns oft noch mit ganz konkreten Verhaltensempfehlungen für die Zeit bis zur nächsten Sitzung verbunden, sogenannte „Verhaltensempfehlungen oder Hausaufgaben".

Verhaltensempfehlungen bzw. Hausaufgaben[13]

Übende Hausaufgaben:
Wenn die BeraterInnen der Ansicht sind, es wäre gut, wenn das Paar das eine oder andere Verhalten einüben würde, werden entsprechende Aufgaben erteilt. Hier einige Beispiele dazu:

[13] Wir verwenden hier auch den Begriff „Hausaufgaben", weil er sich eingebürgert hat. Dennoch bevorzugen wir in der Therapie lieber den Begriff „Empfehlungen", da „Hausaufgaben" für viele Menschen aus ihrer eigenen Schulzeit zu negativ belegt sind.

Die Abschlußintervention

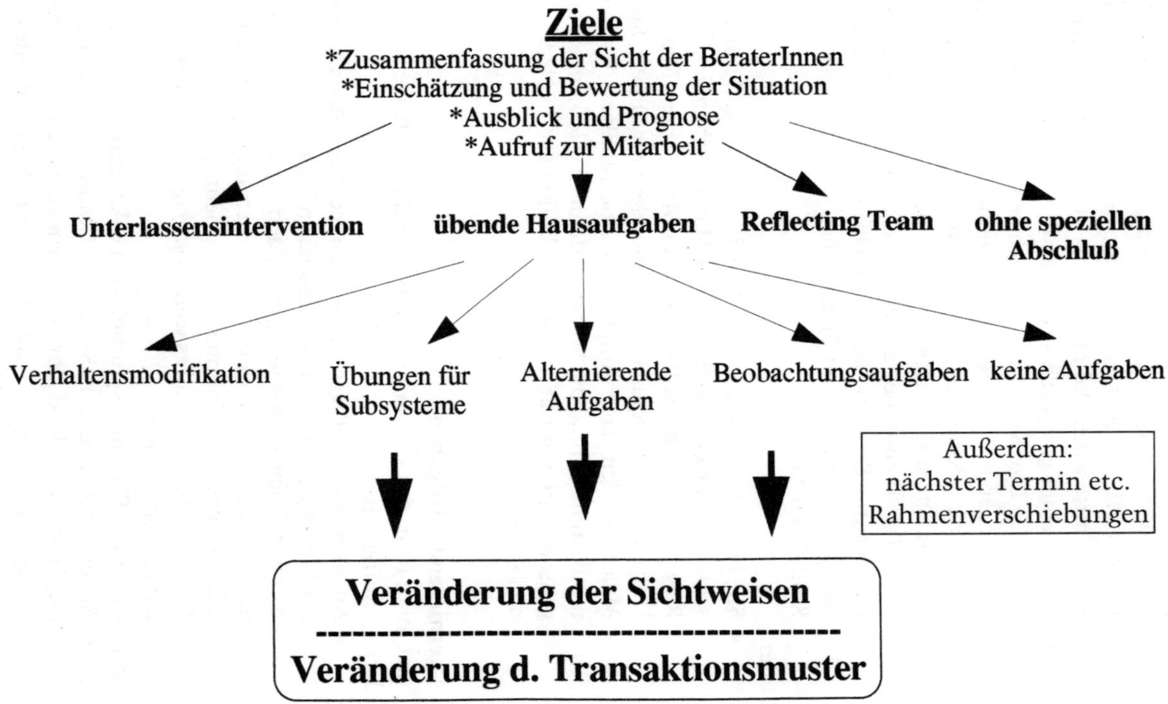

- Setzen Sie sich bitte einmal pro Woche gemeinsam an einen gemütlichen Ort und reden Sie miteinander ohne sich gegenseitig zu unterbrechen. Sie, Herr Maier, hören ihrer Frau zu, bis sie fertig ist, und dann sind Sie dran, Frau Maier. Machen Sie das bitte jedes Mal mindestens für dreißig Minuten.

oder (z.B. bei einer gestörten sexuellen Beziehung):

- Geben Sie Ihre Kinder bis zur nächsten Sitzung an einem Wochenende an Ihre Mutter zur Betreuung. Sie fahren bitte mindestens fünfzig Kilometer von Ihrem Wohnort weg an einen schönen Ort und mieten sich in einem Hotel ein. Hinterlassen Sie keine Telefonnummer, so daß Sie ungestört sein werden. Nach einem guten Essen ziehen Sie sich bitte nackt aus und bemalen Sie sich gegenseitig mit Fingerfarben ohne direkten sexuellen Kontakt zu haben.

oder:

- Sie, Herr Maier, zeigen Ihrer Frau bitte, wie man mit dem Rasenmäher umgeht, und Sie, Frau Maier, mähen den gesamten Rasen. Umgekehrt sollen Sie, Frau Maier, ihren Mann in den Umgang mit Waschmaschine und Herd einführen. Sie, Herr Maier, werden dann mindestens eine Mahlzeit kochen und mindestens einmal die Wäsche erledigen. Sie können sich gegenseitig um Rat fragen, aber durchführen soll es jeder von Ihnen selbst.

Alternierende Aufgaben:

(zu einem Paar, das sich konsequent über die „richtige" Art der Kindererziehung streitet):

- An allen geraden Tagen bestimmen Sie, Frau Maier, die Regeln der Erziehung und an allen ungeraden Tagen Sie, Herr Becker. Wer von Ihnen jeweils mit den Kindern umgeht, soll also so mit ihnen umgehen, wie es den Wünschen und Prinzipien des gerade zuständigen Elternteiles entspricht. (Die Kinder werden darüber informiert, und es werden sogenannte „Vater- und Muttertage" eingeführt.)

oder (bei einem Paar mit symmetrisch eskalierter Verstrickung):

- Am ersten Tag, an dem Sie mit der Übung anfangen, versuchen Sie, Herr Maier, bitte, Ihre Partnerin glücklich zu machen. Sie versuchen, ihr jeden Wunsch von den Augen abzulesen und nach Ihren besten Möglichkeiten zu erfüllen. Eigene Ansprüche werden an diesem Tag zurückgestellt. Am Folgetag sind Sie dran, Frau Maier, Ihren Partner glücklich zu machen.

Richten Sie sich ganz nach seinen Wünschen. Am dritten Tag lebt jeder nach seinen eigenen Vorstellungen. Dann beginnt der ganze Turnus wieder von vorne, immer weiter bis zur nächsten Sitzung.

Verhaltensmodifikation

Wie oben in der Abbildung „Abschlußintervention" aufgeführt wird, hat jede Verhaltensempfehlung das Ziel, die Muster des gegenseitigen Umgangs zu verändern. Dies geschieht am leichtesten dadurch, daß man probeweise ein anderes Verhalten einführt, dies für eine gewisse Zeit durchführt und dann an den gemachten Erfahrungen prüft, was man davon vielleicht fürs weitere Leben übernehmen will. Um dies jedoch beurteilen zu können, muß man die Veränderungen für eine gewisse Zeit durchhalten, aus unserer Praxiserfahrung mindestens vier Wochen, da sonst die Änderungen keine Wirkung entfalten können.

Durch die Art der Verhaltensempfehlung werden natürlich gleichzeitig Veränderungen in der Sichtweise angeboten, so daß ev. ein Erkenntniseffekt damit verbunden ist

Beobachtungsaufgaben:

Wenn die BeraterInnen eine der oben skizzierten Verhaltensempfehlungen ausgesprochen haben, kann man beide Partner dazu ermuntern, das Geschehen genau zu beobachten und im nächsten Therapiegespräch darüber zu berichten. Das ist oft hilfreich im Sinne einer effektiveren Umsetzung der Verhaltensempfehlung. Da beide Partner sich selbst und den anderen beobachten, treten sie oft in eine Art Wettstreit, um es besonders gut zu machen. Hier wird durch die Beobachtungsaufgabe eine eventuelle symmetrische Konstellation und Konkurrenz für eine effektive Verhaltensmodifikation ausgenutzt. Auch wenn Kinder in der Therapie mit anwesend sind, kann eine solche Empfehlung hilfreich und nützlich sein. Die Kinder wollen oft bei einer Verbesserung der Ehesituation helfen, auch sonst beteiligt sein und ernstgenommen werden; dies geschieht durch eine solche Aufgabe.

Keine speziellen Aufgaben:

Um der Idee vorzubeugen, daß jede Sitzung mit einer speziellen Intervention beendet werden muß, haben wir auch den Punkt „ohne speziellen Abschluß" mit aufgenommen. Manchmal fällt den BeraterInnen einfach nicht „Kluges" ein, oder die Zeit ist zu knapp. Auch wollen wir nochmals darauf hinweisen, daß das Interview an sich seine Wirkung entfaltet und Abschlußinterventionen überflüssig machen kann. In der Sitzung ist oft viel geschehen, es gab neue Informationen, Bewegung und rührende Begegnungen; eine spezielle Aufgabe erübrigt sich da oft.

Die Unterlassungsintervention

Den im Kapitel „Musterbildung und -erkennung ..." und „Chaos und Selbstorganisation" dargelegten konzeptuellen Grundlagen folgend bringt die sogenannte Unterlassensintervention die größtmögliche Chance zur autonomen Neu-Ordnungsbildung.

Die BeraterInnen entscheiden am Ende einer Sitzung, was sie für ein relevantes Transaktionsmuster beim Klientenpaar halten (Bei Ehepaar Helmer war es das Schreien des Mannes und das Einmischen der Frau bei Interaktionen zwischen Mann und Kindern). Dieses Muster wird mit Hilfe der folgenden Abschlußintervention unterbunden, so daß Raum für eine neue und autonome Ordnungsbildung entsteht.

Beispielformulierung

Ich gebe Ihnen jetzt eine Empfehlung bis zur nächsten Sitzung; wenn Sie diese Empfehlung befolgen, garantiere ich Ihnen große Veränderungen. Die Durchführung wird für Sie sehr, sehr schwer sein, aber es ist eine erprobte Aufgabe, mit der ich schon viel gute Erfahrungen gemacht habe. Aber die Empfehlung erfordert von Ihnen eine hohe Motivation und einen starken Willen. Haben Sie den? Meine Empfehlung bedeutet nicht, daß Sie sich nun bis an Ihr Lebensende so verhalten sollen und daß ich meine, daß dies das einzig richtige Verhalten sei. Es ist eine Empfehlung, die nur bis zur nächsten Sitzung gelten soll und danach verhalten Sie sich wieder so, wie Sie wollen. Die Empfehlung hat zwei Ziele:

1. daß Sie als Paar und Familie eine andere Erfahrung machen und eine Idee davon entwickeln können, wie es in Ihrer Familie auch anders zugehen kann.

2. daß ich als TherapeutIn das nächste Mal eine Rückmeldung von Ihnen bekommen kann, die ich brauche, um die nächsten Schritte in der Therapie/Beratung besser planen und einschätzen zu können. Ich sage noch einmal, die Durchführung wird sehr schwer sein, aber wie ich ja vorher von Ihnen gehört habe, sind Sie sehr an einer Veränderung interessiert und sind bereit, alles dafür zu tun, daß es tatsächlich auch besser wird. Und deshalb traue ich Ihnen zu, daß Sie es schaffen werden. Und hier ist meine Empfehlung: ... (An dieser Stelle würde die konkrete und auf das jeweilige Paar bezogene Unterlassensempfehlung eingesetzt.)

Mit diesen und ähnlichen Interventionen haben wir in unserer Praxis dauerhafte Veränderungssprünge erzielen können (*Brunner, E.; Lenz, G.* 1993). Konsequent eingebracht, d.h. bei vorhandener oder induzierter Motivation und Veränderungsbereitschaft des Paares sind hier die größten Besserungen zu erwarten.

Das Reflecting Team

Das *„Reflecting Team"* wurde zuerst von *Andersen* (*Andersen* 1990) beschrieben. Die Grundidee besagt, daß die KlientInnen den Beratungen der TherapeutInnen und BeraterInnen zuhören. Laut Andersen ist es dabei wichtig, daß die BeraterInnen in positiver Weise über die KlientInnen sprechen, so daß es nicht zu Verletzungen und Kränkungen kommt.

Die Heidelberger Gemeinschaftspraxis hat die Grundidee übernommen und das konkrete Vorgehen etwas modifiziert:

Die TherapeutInnen beschließen, daß sie statt eines direkten Abschlußkommentares lieber vor den KlientInnen ihre Ideen und Ansichten diskutieren wollen und teilen dem Paar mit, daß sie jetzt der Beratung beiwohnen können. Das Paar setzt sich im Therapieraum etwas an den Rand, die drei BeraterInnen bilden einen kleinen Kreis bzw Dreieck in der Mitte des Raumes ohne direkten Blickkontakt oder Kommunikation mit dem Paar. Entsprechend den oben dargelegten entwickelten Regeln für Teamkooperation erlegen sich die TherapeutInnen keine Beschränkungen im Sinne von „Sich nur positiv äußern" oder Ähnliches auf. Sie diskutieren ihr Verständnis vom Paar und den vorgebrachten Problemen und Fragestellungen, wägen ab, wälzen die Ideen von einer Seite auf die andere und versuchen, möglichst viele Sichtweisen zu schaffen. Auch im Hinblick auf Lösungen und Veränderungen werden verschiedene Ideen entworfen und ausformuliert, ohne daß sich die BeraterInnen auf die eine oder andere festlegen. Als Regel zum Vorgehen dient hier lediglich der Gedanke, sich nicht auf nur eine Beschreibung oder Lösungsidee festzulegen.

D.h., wenn Kollege X eine bestimmt Idee entworfen hat, nimmt Kollege Y dies zum Anlaß z.B. zu sagen:

Aha, interessant, so könnte es sein. Ich hatte die ganze Sache von einer anderen Warte aus betrachtet, ich finde ... Oder: Wenn ich mir vorstelle, ich steckte in der Haut von Frau Maier, so würde ich jetzt denken, daß ... Dabei fällt mir auf, daß ...

Am Schluß bleibt nur noch ein Therapeut im Raum und fragt das Paar, ob sie etwas dazu sagen wollen, z.B. was für sie am wichtigsten war, was sie besonders berührt, aufgeregt oder geärgert hat. Es folgt aber keine Diskussion darüber, der Therapeut fragt dies lediglich als Information für die Behandler und um dem Paar noch die Chance zu geben, sich zu äußern und nicht mit Aufgestautem nach Hause gehen zu müssen.

In diesem Fall bekommt das Paar keine klare Verhaltensempfehlung, sondern es wird mit Ideen fast überflutet. Die intellektuelle Kontrolle wird durch die Überflutung ausgeschaltet; *man kann nicht alles behalten*. In der Regel wollen sich die KlientInnen auch gar nicht mehr direkt dazu äußern, sie wollen *lieber nach Hause gehen und das Ganze verdauen* (das ist die häufigste Äußerung). So werden die festgefahrenen Denkgewohnheiten gelockert und *man weiß nicht, was man denn davon halten soll.*

Das Paar geht nach Hause, und erst mit der Zeit schälen sich Gedanken und Erkenntnisse heraus, die oft nicht direkt mit dem Abschluß der Sitzung in Verbindung gebracht werden. Hier wird ein kreatives „weißes", d.h. nicht gefülltes Feld eröffnet, das das Paar dann selbst füllen wird. Die TherapeutInnen haben hierüber keine Kontrolle, sie wissen nicht, was geschehen wird. Am Anfang der nächsten Sitzung werden sie dann interessiert und neugierig fragen, was denn Neues geschehen ist.

Wann setzen wir das *Reflecting Team* ein?

Manchmal ist es schwer oder unmöglich, ein zentrales Verhaltensmuster des Paares zu beschreiben. Oder aber der Zusammenhang zwischen dem vorgestellten Problem und den anderen Elementen und Personen im Transaktionsfeld des Paares ist noch nicht zu übersehen. Mit einer Unterlassensintervention oder sonstigen Verhaltensempfehlung würde man die Weite und Fülle der Möglichkeiten eher reduzieren statt erweitern. Oder aber es sind schon einige Sitzungen vergangen, die BeraterInnen haben bereits vieles versucht, ohne daß durchgreifende Änderungen erzielt worden wären. In diesem Fall kann man davon ausgehen, daß „mehr desselben" auch keine besseren Ergebnisse hervorbringen würde und daß man das Feld erst noch einmal erweitern sollte, weil man vielleicht Wichtiges noch nicht erfaßt oder übersehen hat. In all diesen Fällen setzen wir das *Reflecting Team* ein.

Als **Kontraindikation** zu solchem Vorgehen sollte man bedenken, daß beim Einsatz des *Reflecting Team* das Paar ganz auf sich selber zurückgeworfen wird und aus der Fülle der angebotenen Möglichkeiten wählen, bzw. eine Integrationsarbeit leisten muß. Paare in einer akuten Krise, die nach Krisenintervention verlangt, oder Paar mit Symptomen aus dem schizoiden Formenkreis brauchen hier sicherlich ein anderes Vorgehen.

Wie alles zu Ende geht – Abschluß der Therapie und Erfolgskontrolle

Nun könnte man meinen, der Abschluß sei in der letzten Sitzung der Therapie. Wir sehen es so, daß auch der Abschluß ein Prozeß ist, der bereits im Erstgespräch beginnt. Denn schon im Erstgespräch kann ein wichtiges Thema sein, wie lange die Beratung wohl gehen könnte und was die KlientInnen dazu erwarten. Im Laufe der Beratungen wird dann immer wieder bilanziert, was von den am Anfang formulierten Veränderungswünschen bereits eingetreten ist und was noch fehlt zum vollständigen Erfolg. Auf diese Weise machen sich TherapeutInnen und KlientInnen immer wieder das Ziel der Therapie bewußt und man steuert nicht auf ein diffuses und irgendwo hinter dem Horizont liegendes Märchenland zu. Wir betrachten unsere KlientInnen als Kunden, die mit einem Auftrag zu uns in die Praxis kommen, und wir möchten sie möglichst zufrieden wieder entlassen. Diesem Ziel dienen die immer wieder eingeschobenen Fragen zur Erfolgsbilanz.

Wenn sich im Laufe des Beratungsprozesses die ersten Erfolge und Veränderungen eingestellt haben, dann gehören diese auch gesichert. Aus unserer Sicht sind die Veränderungen erst dann etabliert, wenn sie auch im Transaktionsfeld der KlientInnen verankert sind; d.h., daß die relevanten Bezugspersonen des Paares auch etwas von dem ablaufenden Veränderungsprozeß mitbekommen und daß sie daran teilgenommen haben. Anders formuliert: zu einer dauerhaften Veränderung gehört, daß die Transaktionsmuster unter Einschluß der relevanten Bezugspersonen verändert worden sind. Wenn es anders ist, können die Veränderungen leicht wieder zurückkippen.

In der Therapie mit Ehepaar Helmer haben wir bereits in der dritten Sitzung, als die ersten Veränderungserfolge gemeldet wurden, gefragt, ob die Söhne und die Mütter bereits etwas gemerkt und wie diese reagiert hätten.

> Therapeut: *Wir sind in die heutige Sitzung mit der Erwartung gekommen, daß es so wäre wie beim letzten Mal, so als hätte sich nichts bewegt. Ganz anders als beim letzten Mal, wo wir gedacht haben, jetzt hat sich doch was getan, waren wir heute eher negativer Erwartungen und sind freudig und überrascht, was Sie uns berichten und freuen uns wirklich sehr. Wir sind froh, daß es die Söhne auch bereits gemerkt und mitgekriegt haben, denn das ist für uns eine Art Versicherung, wie eine Kontrolle. Was uns jetzt nur aufgefallen ist, ist die fehlende Rückmeldung der Mütter.*
> Frau: *Meine Mutter kann's ja noch gar nicht gemerkt haben, weil ich in der Zwischenzeit keinen Kontakt hatte.*
> Therapeut: *Wie auch immer – egal, weil wir denken, daß die Veränderungen erst dann stabil sind, wenn die Mütter rückmelden. Auch die Mütter. Nun haben wir überlegt, woran es denn liegen könnte, daß die Mütter noch keine Rückmeldung davon gegeben haben, daß sie etwas gemerkt haben, daß bei Ihnen beiden eine Veränderung eingetreten ist. Eine Idee war dabei, daß Sie beide in der momentanen Situation wie ein scheues Liebespaar sind, und es den Müttern nicht nur nicht mitteilen sondern es sogar verheimlichen, daß diese es gar nicht wissen sollen, vielleicht auch aus Sorge darum, daß es den Müttern dann schlechter geht, daß sie sich zurückgewiesen fühlen. Wir hatten ja auch am Ende der ersten Stunde gesagt, wie sehr Sie Ihre Mütter lieben und wie sehr sie noch für Sie wichtig sind und wie sehr Sie noch Aufgaben ihnen gegenüber haben. Kurzum, wir sind erst richtig beruhigt, wenn die Rückmeldung der Mütter da ist, aus welchen Gründen auch immer sie jetzt nicht vorliegt, ob Sie zu scheu waren. ... oder ... was auch immer der Hintergrund sein mag.*

In der letzten Sitzung, dem 5. Gespräch nach insgesamt ca 9 Monaten Behandlungsdauer, sind dieselben Fragen nochmals gestellt worden, und von allen relevanten Personen des Umfeldes (Söhne,

Mütter, Geschwister und Freunde) wurde berichtet, daß sie sich über die stattfindenden Veränderungen geäußert hätten.

Des weiteren bilanzieren wir zum Abschluß die gesamte Therapie mit den KlientInnen und fragen, was sich von den Anfangsbeschwerden verändert hat und was noch offen und unerledigt ist. Wenn noch Punkte oder Fragen offen sind, so muß das nicht unbedingt heißen, daß man die Therapie noch nicht beenden kann. Häufig sind es Themen, die erst im Laufe der gemeinsamen Arbeit aufgetaucht und deutlich geworden sind. Wir halten es nur für wichtig, daß diese Punkte dann klar formuliert sind, um sich nicht darüber hinwegzutäuschen. Sehr oft allerdings äußern sich die Paare zufrieden. Nachdem die wichtigsten Muster durch die Arbeit erfaßt wurden und durch Musterunterbrechungen Raum für eine autonome Neu-Ordnungsbildung geschaffen wurde, hat sich oft die gesamte Beziehung umstrukturiert.

Als weiteres befragen wir unsere KlientInnen immer, was sie denn denken, was in der Therapie gewirkt hat, wodurch die Veränderungen ausgelöst oder unterstützt worden sind. Diese Informationen suchen wir immer für unsere eigene Rückmeldung, auch wenn wir nicht denken, daß die Antwort der KlientInnen allein den Erfolg beschreiben. Es ist mehr, daß uns interessiert, wie die Paare Sinn aus der Veränderung machen und welche Zusammenhänge sie sehen.

Hier zur besseren Verdeutlichung ein Transskript aus der Abschlußsitzung mit Ehepaar Helmer:

Therapeut: *Sie sagten vorhin „meine Erwartungen sind übererfüllt; es ist besser geworden, als wir erwartet haben". Habe ich das richtig mitbekommen, ja? Was denken Sie denn, durch was diese Veränderungen überhaupt bewirkt worden sind?*
Mann: *Ja, die Fragen, die Art und Weise der Fragen, die Konsequenz, auf den Fragen zu beharren und auch wirklich was wissen zu wollen, also Sie und Ihre Kollegen. Und wir sind durch diese Fragen angeregt worden, Antworten zu finden; das ist eine Sache, die ich vorher nicht so gekonnt habe. Ich glaube, das habe ich jetzt ein bißchen gelernt. Auch in der Auseinandersetzung mit x-beliebigen Menschen, habe ich das Gefühl, daß ich da jetzt etwas beweglicher geworden bin und nicht so schnell zu einem Urteil komme. Erstmal abwarten, was passiert noch. Früher habe ich viel zu früh geurteilt.*
Therapeut: *Also Sie sagen: früher hab' ich sehr schnell geurteilt, jetzt denke ich erst einmal hin und her?*

Mann: *In der Regel waren meine Gedanken zu schwarz gesehen, jetzt ist es eher positiv. Und das finde ich, war bei der letzten Auseinandersetzung so, daß ich zuerst mal Abstand gewinnen wollte, bevor ich weiter die Stimmung anheizte.*
Therapeut (zur Frau): *Was war für Sie wirksam?*
Frau: *Also manche Fragen haben mich darüber hinaus noch beschäftigt, und ich habe mir Gedanken über mich und die Beziehung gemacht. Und ja, das hat mir dann doch geholfen, manches anders zu verarbeiten und einiges besser zu verstehen.*

Üblicherweise bieten wir unseren KlientInnen noch einen Kontrolltermin in einem Abstand von 6–12 Monaten an. Der Termin wird vergeben und in unserem Kalender registriert. Die KlientInnen entscheiden aber kurz vorher, ob sie den Termin wollen oder überhaupt brauchen und können ihn sonst innerhalb einer Frist von vier Wochen ohne Probleme absagen. In diesem Fall kam das Ehepaar zusammen mit den beiden Söhnen nach ca. sechs Monaten und bestätigte im wesentlichen den Erfolg der Behandlung. Auch die Söhne berichteten, daß die Atmosphäre zu Hause besser sei, daß die Eltern weniger streiten und daß insgesamt mehr gelacht würde.

Als letztes Element unserer Abschlußgespräche geben wir noch einen Kommentar zur Therapie, zur Zukunft und eventuell zu unseren Erwartungen in bezug auf die weitere Entwicklung des Paares.

Therapeutin: *Jetzt haben wir uns noch darüber unterhalten, wie ist eigentlich unsere Prognose für die Beziehung. Wir konnten uns nicht einigen.*
Also, die eine Richtung ist, daß die Probleme und die Themen, die sich durch die Mütter ergeben und immer wieder in die Familie hinein getragen werden, sie könnten eine Menge Zündstoff enthalten und zwar soviel Zündstoff, daß Sie über kurz oder lang wieder so aneinander geraten und ihre Rücksicht und Versöhnung aufgeben. Gerade Ihre (zur Frau) Unversöhnlichkeit mit Ihrer Mutter, also ihr immer noch gram zu sein, daß sie nicht die war, die Sie gebraucht hätten, daß sie nicht die war, die sie Ihnen sein sollte. Daß sie halt ist, wie sie ist. Aber daß dieses Thema viel in ihre Beziehung hereinträgt. Und dies könnte auch Probleme mit den Kindern machen, ja, weil die Kinder, für sie ist es die Großmutter und wenn sie sich eingebunden fühlen, wenn sie denken, sie müßten Sie gegen die Oma unterstützen, weil Sie zu schwach sind, dann kann auch das neuen Zündstoff in ihre Familie hineinbringen.

Therapeutin (zum Mann): *Ihre Frau wird immer noch den Eindruck haben, Sie haben sich letztlich nicht für sie entschieden und halten immer noch zur Mutter und dies ist sozusagen immer ein Stachel im Fleisch – permanent für Ihre Frau, und deshalb wird der Streit nicht zur Ruhe kommen. Und so lange Sie sich nicht mit Ihren Müttern versöhnt haben, haben Sie einfach jede Menge Konfliktstoff, die Ihre Ehe immer wieder gefährdet.*
Die andere Seite, die eher positive Richtung ist aber, daß Sie gerade an den Streiten aneinander wachsen und wieder näherkommen und immer näherkommen und Sie dadurch eine tragfähige und für Sie beide sehr zufriedenstellende Beziehung haben werden. Und daß genau diese Auseinandersetzung eigentlich Ihre Stärke, Ihren Kampfgeist und Ihre Identität zeigt und daß es genau das ist, was Ihre Beziehung stärkt und nicht gefährdet.
Mit diesem Widerspruch lassen wir Sie gehen!

Zusammenfassend noch einmal die wichtigsten Elemente des Abschlußgespräches:

- Erinnerung an das Erstgespräch und die damals vorgebrachten Klagen und Veränderungswünsche
- Bilanzierung der Veränderungen
- Sonstige wichtige Ereignisse während der Zeit der Therapie ohne direkten Bezug zur Therapie
- Rückmeldungen aus dem Umfeld der KlientInnen. Haben die anderen Menschen auch gemerkt, was sich beim Paar verändert hat, und verhalten die anderen sich jetzt eventuell auch anders dem Paar gegenüber?
- Was war wirksam aus Sicht der KlientInnen?
- Abklärung wegen des Kontrolltermins
- Abschlußkommentar der TherapeutInnen und eventuelle Prognose
- Verabschiedung

Wir fassen zusammen – Fünfzehn Regeln für die Psychotherapie

In den bisherigen Kapiteln dieses Buches haben wir die theoretischen und methodischen Grundlagen unserer Arbeit ausführlich dargestellt. In den „Fünfzehn Regeln für die Psychotherapie" werden die Inhalte komprimiert und in knappster Form zusammengefaßt:

- Jedes Symptom stellt unter den gegebenen Kontextbedingungen auch eine Lösung dar.
- Die Individualdiagnose erübrigt sich, in dem die Ereignisse und Symptombildungen im Rahmen ihres Entstehungskontextcs nachvollzogen werden.
- Alles Geschehen im Rahmen einer Therapie ist eine Ko-Kreation zwischen BeraterInnen und KlientInnen.
- Durch die Sichtweisen, Überzeugungen und Handlungen der TherapeutInnen wird das Geschehen im therapeutischen Feld mitkonstruiert.
- Psychotherapie ist Induktion von Veränderung sowie Begleitung und Hilfe bei der Stabilisierung des neuen Zustandes.
- Die therapeutische Kompetenz zeigt sich in der sensiblen Anleitung des Veränderungsprozesses.
- Auch komplexes symptomatisches Verhalten kann auf einfachen Regeln basieren.
- Durch Änderung der Regeln wird das bisherige Verhaltensmuster verunmöglicht.

- Diese Regeländerung geschieht durch experimentelles Einbringen einer therapeutischen Verhaltensregel, die auf eine Unterbrechung des bisherigen Musters zielt.

- Dadurch entsteht Raum für eine autonome Neu-Ordnungsbildung.

- Jede in diesem Kontext entstehende Krise ist Ausdruck des Transformationsprozesses und kann als deterministisches Chaos verstanden werden.

- In dieser Krise zeigt sich der neue Attraktor des Systems; er wird von den BeraterInnen nach dem Stichwort „Biotop" (Mal sehen, was da alles wächst) behandelt.

- Die Kompetenz für die Ausgestaltung der neuen Ordnungsbildung liegt ausschließlich bei den KlientInnen.

- Das Ergebnis des Therapieprozesses ist nicht planbar und vorhersagbar.

- Die KlientInnen entscheiden allein, ob die Therapie erfolgreich war oder nicht.

Bewährte Methoden aus der Gruppentherapie mit Paaren

Die Auflösung erstarrter Bilder – Die Methode der Familien-Re-Konstruktion

Die *Familien-Re-Konstruktion* als psychotherapeutische Methode wurde ursprünglich von *Virginia Satir* begründet und ist in den letzten Jahren unter dem Einfluß des systemischen Paradigmas von uns modifiziert und erweitert worden. Sie wird als Methode zunehmend von GruppentherapeutInnen eingesetzt und gilt seit vielen Jahren auch als wichtiger Baustein in der Ausbildung von Familientherapeutinnen und -therapeuten.

Wir haben die *Familien-Re-Konstruktion* mit gutem Erfolg auch im Rahmen der Paartherapie angewandt, zum einen in Gruppen, wo mehrere Paare und Einzelne gemeinsam ihre Lebens- und Familiengeschichte neu betrachten und gestalten (*Familien-Re-Konstruktion*) wollen oder als Arbeit am Stammbaum und als Skulpturarbeit[14] in den Praxisräumen.

Virginia Satir war eine außerordentlich innovative Therapeutin und Ausbilderin und ist als solche in die Geschichte der Psychotherapie eingegangen. Sie selbst gab **zwei Hauptindikationen** für die Durchführung der Re-Konstruktion an:

1. um Erlebnislücken im Bewußtsein des Protagonisten oder nach Satir „des Stars" zu schließen und
2. um Verzerrungen („Distorsions") im Bewußtsein oder in der Betrachtungsweise aufzulösen und zu verändern. Darüber hinaus kann in der Gruppe so ziemlich jedes Anliegen und jede Fragestellung der TeilnehmerInnen mit Hilfe der *Familien-Re-Konstruktion* behandelt werden, da die Problem- und Fragestellungen meistens mit einer reduzierten und verengten Welt-

[14] Skulptur (Familienbild): Die Rollenspieler werden wie ein „Denkmal" gestellt, wobei besonders auf Abstand und Blickrichtung geachtet wird, um die „Beziehungskonstellation" möglichst treffend wiederzugeben.

sicht zusammenhängen, die durch die Re-Konstruktion erweitert werden kann.

Für die beiden oben angeführten Indikationen wird im folgenden jeweils ein Beispiel aus der Gruppenarbeit angeführt, bevor theoretische und konzeptionelle Aspekte diskutiert werden.

Die *Familien-Re-Konstruktion* wird in der Regel in einer Gruppe durchgeführt, wobei der Star seine Familiengeschichte durch den Leiter der Gruppe mit Hilfe der übrigen Teilnehmer als RollenspielerInnen rekonstruiert bekommt. Die betroffenen TeilnehmerInnen schildern ihre Erfahrungen als intensives persönliches Erlebnis und geben häufig an, tiefe Einblicke und neue Erkenntnis in die Familiengeschichte bekommen und ihre Sichtweisen bezüglich einzelner Personen oder Geschehnisse deutlich verändert zu haben.

Schließen von Erlebnislücken:

Ruedi [15], 31 Jahre alt, verheiratet mit zwei Kindern (drei und fünf Jahre) schildert in der Gruppe seine große Lebensunsicherheit und -angst. Besonders beziehen sich diese Gefühle auf seine Frau, die durch seine ständigen Nachfragen, ob sie ihn noch liebe und wann sie dann wieder nach Hause komme, ziemlich genervt ist (Ehefrau ist ebenfalls als Gruppenmitglied anwesend). Beim Erfragen der Familiengeschichte und Besprechen des Familienstammbaums (Genogramm) fällt auf, daß Ruedi seine Mutter im Alter von zwei Jahren durch Brustkrebserkrankung verlor und keinerlei Erinnerung an sie hat. Es wird weiterhin deutlich, daß er seine leibliche Mutter nicht für besonders wichtig hält, keine Photos von ihr dabei hat und sich in seiner Auseinandersetzung mit wichtigen Frauengestalten immer auf seine Stiefmutter bezieht, die ihn erst umworben und später nach der Geburt eines eigenen Kindes abgeschoben habe.

Ruedi weiß nicht, ob er bei der Beerdigung anwesend war und wie sein Vater und die übrigen Verwandten ihm die Erkrankung und den Tod der Mutter nahegebracht haben. Ruedi bekommt die Aufgabe, sich telefonisch beim noch lebenden Vater zu erkundigen und sich Photos von seiner Mutter schicken zu lassen.

---

[15] Alle Daten, die zu einer Identifikation der betroffenen Personen führen könnten, wurden geändert.

Am nächsten Tag in der Gruppe kann Ruedi berichten, daß sein Vater in seinem Schmerz und in seiner Unsicherheit über den Umgang mit seinen heftigen Gefühlen den Sohn vom Krankenbett der Mutter ferngehalten und ihn schließlich zu einer Schwester gegeben hatte, so daß er auch die Beerdigung nicht miterleben konnte. Die Photos von der leiblichen Mutter incl. Hochzeitsbildern sowie Photos von Mutter und Sohn seien per Post unterwegs.

Ruedi erhält die Aufgabe, sein inneres Bild von der Beziehung seiner Eltern mit ihm zum Zeitpunkt der Geburt per Skulptur und mit Hilfe von Rollenspielern darzustellen. Im weiteren Verlauf beschränkt sich Ruedis Aufgabe aufs Zuschauen und er wird nur gelegentlich von dem Leiter des Rekonstruktionsseminares nach seinen Reaktionen, Gedanken und Gefühlen gefragt. Unter Anleitung stellen und spielen die von Ruedi gewählten Rollenspieler (für Ruedi wurde ebenfalls ein „stand-in" gewählt) die erste Zeit der jungen Familie nach.

Ruedi hat so Gelegenheit, sich mit den ca. ersten 1,5 Jahren seines Lebens nachträglich zu identifizieren und als Beobachter an der jungen und glücklichen Familie teilzunehmen. So wird die Erinnerungslücke geschlossen und sein Bild über sein Leben erweitert.

Auch die Krise nach Bekanntwerden der Krebserkrankung der Mutter wird von den Rollenspielern psychodramatisch dargestellt und vom Leiter durch Nachfragen über die inneren Prozesse erweitert und verdeutlicht.

Hier wird nun allerdings gleichfalls eine Korrektur der Geschichte vorgenommen: es wird etwas dargestellt, was so nicht geschehen ist, aber hätte geschehen können:

Der Vater und die Mutter erzählen dem Rollenspiel-Ruedi von der Erkrankung, und Vater und Sohn sitzen gemeinsam am Lager der Mutter, die sich von beiden verabschiedet. Auch der Rollenspiel-Ruedi bricht hier in Tränen aus, umarmt die Mutter und wird von ihr lange gehalten.

Jetzt wechselt Ruedi, auch er jetzt im Kontakt mit seiner Trauer und bereits tränenüberströmt, in das Bild und kann sich selber von seiner Mutter verabschieden. Es kommt zu einer kathartischen Re-

---

[16] Katharsis: das Sichbefreien von seelischen Konflikten und inneren Spannungen durch eine emotionale Abreaktion.

aktion[16], er weint und schluchzt heftig und mag die Mutter lange nicht loslassen.

In der nächsten Szene wird dann die Beerdigung nachgestellt, zunächst mit dem Rollenspiel-Ruedi und schließlich mit dem Star selbst. Als Ruedi sich dann vom Grab abwendet, sieht er geläutert und fast verklärt aus.

Ruedi hat Kontakt mit seiner Geschichte bekommen, er ist in seinen inneren Bildern seiner leiblichen Mutter begegnet und hat eine Lücke geschlossen, die möglicherweise seine unbewußte Lebenseinstellung und sein Verhalten Frauen gegenüber geprägt und ihn behindert hat.

Als Abschluß wird vom Leiter eine Skulptur gestellt, in der alle relevanten Erwachsenen aus Ruedis Leben bis zum Erwachsenwerden um ihn gruppiert sind, und er die Fürsorge von insgesamt acht ihm nahestehenden Personen sehen und nachempfinden kann. Hier wird ihm von dem Leiter in einer suggestiven Eingebung gesagt, daß wichtige Menschen manchmal fortgehen, daß man sich aber verabschieden, den Verlust betrauern und sich dann anderen liebevollen Menschen zuwenden kann. Auch Ruedi wird in Zukunft auf diese Weise niemals allein sein.

Hiermit wird der Bogen zum Beginn geschlossen: Ruedi wird in die Lage versetzt („empowered“, V. Satir), jetzt als Erwachsener Trennung und Neubegegnung selbst zu moderieren; er ist dem nicht hilflos ausgeliefert wie als Kind und kann diesen Prozeß mitgestalten. Sollte diese Arbeit längerfristig wirksam bleiben, wird er selbstsicherer mit sich selbst, seinem Leben und seinen Mitmenschen umgehen können.

In einer Kleingruppe bekommt Ruedis Ehefrau die Gelegenheit, ihre Eindrücke und Reaktionen mitzuteilen. Sie ist ebenfalls sehr bewegt, drückt aus, daß sie ihren Mann jetzt besser verstehen kann und kommt zu der Ansicht, daß sie sich im Kontakt mit Ruedi wohl oft falsch verhalten habe. Hieran schließt sich ein Paargespräch an, in dem neue Begegnungs- und Verhaltensmöglichkeiten miteinander entworfen werden.

Auflösen von Verzerrungen:

Martina[17], 29 Jahre und noch ohne feste Partnerschaft, berichtet von häufig unglücklich endenden Beziehungen; die Männer würden sich immer als unzuverlässig erweisen, würden sie belügen und betrügen und mittlerweile könne sie überhaupt kein Vertrauen mehr zu einem Mann aufbringen. Bei der Betrachtung des Genogramms fällt auf, daß Martina bei Mutter und Großmutter aufgewachsen ist, daß der Vater im Genogramm nicht aufgenommen wurde und die gesamten Wurzeln väterlicherseits fehlen.

Auf Befragen berichtet Martina, daß ihr Vater ein „Schwein" gewesen sei und ihre Mutter unglücklich gemacht habe. Kurz nach ihrer Geburt habe er sich davongemacht. Die zuhörende Gruppe ist von der Heftigkeit ihrer Wortwahl betroffen.

Bereits hier wird deutlich, daß Martina ein sehr extremes und einseitiges Bild von ihrem Vater hat, und die Hypothese liegt nahe, daß dieses Bild am Aufbau ihrer unglücklichen Liebesbeziehungen mitwirkt.

Bei weiterem Befragen zeigt sich Martina recht störrisch und wird regelrecht widerspenstig, wenn eine Frage in die Richtung geht, daß der Vater doch vielleicht nicht komplett schlecht gewesen sei und noch die eine oder andere Wesensseite gehabt haben könnte. Schließlich ergibt sich folgendes fragmentarische Mosaik über Martinas Herkunft: Martinas Vater wuchs im Heim auf, hatte seine leiblichen Eltern (beide im ersten Weltkrieg umgekommen) nicht kennengelernt. Er war außerordentlich hübsch und charmant, jedoch ein rastloser Mensch, den es nie lange an einem Ort hielt. Er hatte Musik studiert, spielte sehr gut Klavier und verdiente seinen Lebensunterhalt mit Musikunterricht und kleinen Rollen an Schauspielbühnen. Es sei wohl Liebe auf den ersten Blick gewesen (Martinas Mutter war 18 zum Zeitpunkt des Kennenlernens), und kurz darauf war Martinas Mutter schon schwanger.

Bis hierhin waren Martina die Informationen bekannt, obwohl sie sie nicht zusammengesetzt hatte und nur mühsam davon berichten konnte. Weiteres war von ihr nicht zu erfahren, außer *daß dann das Drama angefangen* hätte. Nach dem Drama befragt, konnte Mar-

[17] Alle Daten, die zu einer Identifikation der betroffenen Personen führen könnten, wurden geändert.

tina dann allerdings sprudeln: ihr Mutter habe sich nach dem Weggang des Vaters gegrämt, die finanzielle Lage sei schrecklich gewesen, der Vater habe nur sporadisch Geld überwiesen und Mutter und Oma seien sich darin einig gewesen, daß der Vater „ein Schwein" sei. Besonders Oma habe sehr auf ihn geschimpft, alle Photos seien verbrannt worden und man habe nicht über ihn sprechen dürfen. Mutter sei despressiv geworden und habe zwei Suicidversuche unternommen. An allem sei der Vater schuld.

Hier finden wir das, was V. Satir als Verzerrung bezeichnet: Ein einseitiges Bild, das in dieser Einseitigkeit sicher als falsch bezeichnet werden kann. Dadurch, daß Martina nur dieses Bild kennengelernt hat, werden ihre Handlungsoptionen gegenüber der Welt und speziell gegenüber Männern eingeschränkt. Die Familien-Re-Konstruktion versucht, dieses Bild zu erweitern, andere Aspekte einzuführen und so „den Vater zu vermenschlichen". Wir gehen von der Annahme aus, daß eine Änderung des verinnerlichten Vaterbildes andere Handlungsoptionen im Leben ermöglicht.

Der Leiter wählt einen ähnlichen methodischen Zugang wie im ersten Beispiel: es werden Rollenspieler für die relevanten Personen ausgewählt und Martina kann das Geschehen in Ruhe beobachten und auf sich wirken lassen.

Zunächst wird die Herkunft des Vaters beleuchtet: mittels Skulptur und psychodramatischem Nachspielen einiger Lebensszenen des Vaters wird dieser Mann erst einmal „greifbar" gemacht. Die Situation als Heimkind, herumgestoßen und nur von der Leidenschaft zur Musik am Leben erhalten. Er wirkt kreativ, liebenswürdig und in seiner Einsamkeit liebesbedürftig. Martina ist schon bald den Tränen nahe und wird in einer kurzen Sequenz dem Rollenspielvater gegenübergestellt, dem sie ihr Mitgefühl und ihre Zuneigung erklärt.

Hier könnte die Arbeit eventuell schon beendet werden, denn fürs erste hat Martina reichlich neue Informationen über den Vater an sich herangelassen; sie hat damit ihr Bild erweitert, und man könnte die Auswirkung abwarten.

Es folgen jedoch noch einige Szenen, die das weitere Geschehen so erscheinen lassen, daß die Oma von Anfang an gegen die nicht standesgemäße Verbindung ihrer Tochter war (Martinas Opa war Oberstudienrat gewesen), Martinas Mutter sich aber heimlich mit ihrem Liebhaber weitertraf. Als sie schwanger wurde, setzte sie bei ihrer

Mutter durch (ihr Vater war bereits verstorben), daß sie gemeinsam in eine kleine Wohnung im Haus der Mutter einziehen konnten. Die RollenspielerInnen stellen besonders die intensive Liebe und die enge Verbundenheit zwischen den Eltern heraus, und Martina ist von den Liebesgefühlen ihrer Mutter berührt. Aus der Darstellung der RollenspielerInnen ergibt sich weiter, daß der Vater im Konflikt mit seiner Schwiegermutter nicht bestehen konnte und daß sich seine Frau nach der Geburt des Kindes auch teilweise gegen ihn wandte, so daß er schließlich das Haus verließ. Es wird eine rührende Verabschiedungsszene zwischen Vater und Tochter dargestellt, in der er sie herzt und umarmt und traurig geht. Martinas Mutter scheint die erste und große Liebe zu ihrem Manne nie vergessen zu haben, und alle weiteren Männerbeziehungen erwiesen sich als schal im Vergleich mit der ersten Liebe. In ihrer Trauer über den Verlust des geliebten Mannes flüchtete sie sich schließlich in die Depression und wurde häufig nur durch die Sorge für ihr Kind am Leben gehalten. Um ihre Tochter jedoch nicht zu belasten und aus dem schließlich aufkommenden Ärger über nicht erfolgte Unterhaltszahlungen heraus, wird dann die Version des schlechten Mannes in den Vordergrund gestellt und der Rest des Bildes weggelassen.

Theoretische und konzeptionelle Aspekte

Aus konstruktivistischer Sicht

Alle Menschen leben mit einer gewissermaßen geronnenen Geschichtsschreibung über ihr Leben: Wir haben bestimmte Erfahrungen gemacht, bestimmte Informationen erhalten und setzen dies alles zu einer bestimmten Deutung der Ereignisse unseres Lebens zusammen. Diese Geschichtsschreibung ist nicht „falsch" oder „richtig", sondern sie ist wie sie ist. Jede Geschichtsschreibung hat jedoch unterschiedliche Auswirkungen und ist mehr oder weniger hilfreich für die Lebensbewältigung. Eine so „geronnene" Geschichtsschreibung kann dann allerdings Hintergrund für sich wiederholende Verhaltensmuster werden; *die Menschen kranken an ihrer Interpretation der Welt* (*Watzlawik* 1974). In der Betrachtungsweise des Konstruktivismus konstruieren wir unsere Erfahrungen so jeden Tag aufs neue und bestätigen damit die bereits vorhandenen Voranhahmen.

Besonders wenn ein spezielles Konstrukt über unser Leben unter Streß entstanden ist und den Selbstwert der beteiligten Personen entscheidend tangiert (*V. Satir* 1990), erfährt dieses Konstrukt eine Verhärtung, die durch Alltagsmaßnahmen wie Ratschläge oder alternative Sichtweisen kaum aufzulösen ist. Im Falle von Martina war es sogar so, daß sie sich regelrecht gegen andere Sichtweisen wehrte und sie heftig von sich wies.

Nun kann man sein Leben natürlich so oder so betrachten, an den Auswirkungen allein wird sich zeigen, welche Geschichtsschreibung hilfreicher ist. Genau hier setzt die *Familien-Re-Konstruktion* an, indem sie alternative Sichtweisen und Erfahrungen anbietet. Sie ist deshalb so wirkungsvoll, weil sie „systemimmanent" ansetzt, in die Geschichte hineingeht, die Informationen und speziellen Sichtweisen des Stars als wahr annimmt, ihn insofern nicht bekämpft oder brüskiert und dann aus diesem Bild heraus sinngebende und **auch logische** Erweiterungen und Modifikationen schafft.

Hier sind Parallelen zur Arbeit Milton Ericksons (*Erickson* 1978) zu ziehen, der einen Klienten, der sich z.B. für Jesus hält, darin akzeptiert und sogar bestärkt und ihn dann daran erinnert, daß er als Jesus ja Schreiner sei und ihn so zur Arbeit in der klinikinternen Schreinerwerkstatt bewegt und ihn so langsam aus seinem Autismus[18] herausbekommt.

Ein weiterer Punkt in der besonderen Wirksamkeit der *Familien-Re-Konstruktion* ist darin zu finden, daß die alternative Sichtweise nicht nur sprachlich mitgeteilt, sondern psychodramatisch dargestellt und der Star so zur Identifikation eingeladen wird. Wie im Beispiel von Ruedi tritt der Star dann schließlich selbst ins Bild und macht neue Erfahrungen auf der Subjektstufe[19]. Durch die veränderten Erfahrungen wird die alte Geschichtsschreibung erweitert und alternative Konstrukte ermöglicht.

Natürlich erhebt sich hier die Frage, was denn nun „richtig" sei? Waren die Ereignisse so, wie Martina sie zusammensetzt und beschreibt oder wie die RollenspielerInnen sie mit Hilfe des Leiters

---

[18] Autismus: besonders bei schizoiden und schizophrenen Personen vorkommende psychische Störung, die sich in krankhafter Ichbezogenheit und gefühlsmäßiger Teilnahmslosigkeit, Verlust des Umweltkontaktes und Flucht in die eigene Phantasiewelt äußert.

[19] Subjektstufe: der Teilnehmer ist selber Handelnder und Erlebender; im Gegensatz zur Objektstufe, bei der er sich selbst wie auf der Bühne handelnd erlebt.

darstellen? Diese Frage ist insofern unerheblich, als die Methode nicht fordert, daß sie die wahre Darstellung bietet, sie will lediglich **auch sinnvolle** andere Möglichkeiten aufzeigen. In der Rekonstruktion wird also nicht behauptet, daß die Geschichte in der und der Weise gewesen sei; sie soll lediglich für andere Möglichkeiten öffnen. Und dies ist in der Tat der Fall: der Protagonistin fallen in der Folge der *Familien-Re-Konstruktion* weitere Details ein, die das im Seminar entstandene Konstrukt wieder verändern. Es ist, als ob ein Damm geöffnet worden wäre, längst vergessene Bilder und Informationen tuen sich auf, in Gesprächen mit Familienangehörigen werden in der Regel weitere Aspekte gesammelt, so daß die Geschichtsschreibung aus dem geronnenen Aggregatzustand in den Prozeß der Verflüssigung tritt: es entsteht ein Strom, der alles mögliche mit sich führt und bei dem erst nach einiger Zeit eine neue Verfestigung eintritt.

Satir hat immer selbstwertstärkende Bilder entworfen und entsprechende Szenen stellenlassen, was die Akzeptanz der Bilder von seiten des Stars und der RollenspielerInnen erhöht und es insofern kaum zu Widerstandsphänomenen kommt.

Die *Familien-Re-Konstruktion* als Möglichkeit der Konfliktlösung

In beiden Beispielen finden wir sich wiederholende Konfliktmuster mit der Umwelt. Aber auch intrapsychisch liegt ein chronifizierter Konflikt vor: Ruedi ist verängstigt und verunsichert, macht seiner Frau Vorwürfe und nörgelt an ihr herum, wenn sie seinen Ansprüchen nach Geborgenheit und Sicherheit nicht entspricht. Er weiß längst, daß seine Frau darauf allergisch reagiert, und er hat sich oft vorgenommen, sein Verhalten zu ändern. So kommt es zu einem typischen Ambivalenzkonflikt[20]: er empfindet die Unsicherheitsspannung und möchte zu ihrer Lösung von seiner Umgebung mehr Sicherheit fordern; per vernunftsmäßiger Kontrolle bezwingt er manchmal dieses Bedürnis, oft findet er diesen Impuls aber auch gerechtfertigt und gibt ihm nach. Über die Folgen ist er dann häufig wieder entsetzt und bewertet sein Verhalten nachträglich doch als falsch. So schwankt er hin und her und kommt zu keiner Lösung. Eine ähnliche Konflikt-Konstellation ließe sich bei Martina darstellen. Beide sind darüber ent-

[20]Konflikt zwischen zwei gleichintensiven Neigungen und Vorlieben, der zu innerer Zerrissenheit führt.

nervt und leiden daran, was sie auch in die Re-Konstruktionsgruppe kommen läßt.

Mit Hilfe der *Familien-Re-Konstruktion* ließ sich diese Konstellation auflösen: durch eine veränderte Sichtweise und Erfahrung verschiebt sich für Ruedi der Blickwinkel, er starrt nicht mehr auf seine Frau und sucht seine Geborgenheit und Sicherheit bei ihr, sondern er hat sie in der Begegnung mit seiner Mutter gefunden und die Frage, ob er nörgelt oder nicht, stellt sich nicht mehr.

Ähnlich bei Martina: In einer Kontrollsitzung ca. acht Monate später berichtet sie, daß sie Nachforschungen über den Aufenthaltsort ihres Vaters angestellt und ihn auch gefunden hat. Er ist wieder verheiratet, hat zwei weitere Kinder und hat sich nach anfänglicher Abwehr auf ein Treffen mit ihr eingelassen. Er hatte massive Vorwürfe und Forderungen befürchtet, war über Martinas Kontaktwunsch dann sehr erfreut. Er war auch bereit, über sein Leben zu berichten. Dieser Prozeß der Annäherung war noch nicht abgeschlossen. Martina hatte darüberhinaus eine bis heute zufriedenstellende Beziehung zu einem Kollegen aufgebaut und war guten Mutes bezüglich ihrer Zukunftsgestaltung. – Die Frage, ob Männer vertrauenswürdig sind oder nicht, war zwar nicht aufgehoben, jedoch in den Hintergrund getreten. Im Vordergrund standen für sie mehr die Fragen: *wer bist du, wie bist du, was willst du mit mir?*

Lösungen erster und zweiter Ordnung

Als Lösung erster Ordnung bezeichnet man eine Lösung, die auf der Ebene stattfindet, auf der sich der Konflikt darstellt. In unserem zweiten Beispiel wäre das z.B., wenn man Martina zu einem Mann raten würde, der nach allgemeiner Auffassung als vertrauenswürdig gelten kann. Lösungen, die auf einer höheren Ebene liegen als die, auf der sich der Konflikt darstellt, sind Lösungen zweiter Ordnung (siehe auch *Watzlawick* 1974).

Bei dieser Betrachtung führt die *Familien-Re-Konstruktion* zu Lösungen zweiter Ordnung: sie betrachtet den sozialen, geschichtlichen, kulturellen und transaktionellen Hintergrund der Problemorganisation und verändert die Vorbedingungen für die Problemorganisation. Insofern melden die KlientInnen in der *Familien-Re-Konstruktion* auch nicht, der Konflikt sei gelöst, sondern sie sagen in der Regel, er stelle sich einfach nicht mehr so wie früher. In der Folge tritt der Konflikt im Idealfall in der alten Form nicht mehr auf, die Betroffenen wenden sich anderen Fragen zu und wissen oft auch gar nicht mehr zu sagen, wie das denn nun geschehen sei. Der Sprung in der logischen Ebene führt dazu, daß keine linearen Verknüpfungen zwischen Therapie und Veränderung gezogen werden.

Wer war zuerst – wer malt zuletzt? – Arbeit mit der Systemordnung[21]:

In einem System hat jeder seinen Platz entsprechend der Reihenfolge des Systemeintritts, z.B. Reihenfolge der Kinder entsprechend des Alters, der Mann neben seiner Frau und die Anordnung der Eltern zu den Kindern. Phanomänologisch ist der Platz des Systemeintritts der, der von allen Mitgliedern des System akzeptiert wird und von dem aus alle Operationen erlaubt sind. Diese Phänomene des richtigen Platzes können wir uns zu Nutze machen: Siehe hierzu die Abbildung Familie Rössler 1:

Frau und Herr Rössler waren als TeilnehmerInnen in einer Paartherapiegruppe, in der unter anderem die Methode der Skulpturarbeit angewandt wurde. Frau Rössler hatte mit Hilfe der anderen TeilnehmerInnen eine Skulptur ihrer Familie mit den drei Kindern gestellt. Schon die hier abgebildete Skizze gibt einen Eindruck von dem großen Abstand (außer bei Mutter und jüngster Tochter) und der „Beziehungslosigkeit" wieder.

In der Skulptur der Familie Rössler sagt der Rollenspielmann: Ich fühle mich sehr einsam, ich schaue irgendwo nach draußen, ich weiß nicht wohin, ich vermisse meine Familie. Die Rollenspielfrau: Mein Mann ist so weit weg, Nähe habe ich nur durch meine jüngste Tochter; wenn die nicht wäre, würde ich lieber sterben. Die älteste Tochter: Ich schaue meinem Vater nach und möchte zu ihm, wenn er sich doch nur zu mir umdrehen würde. Der mittlere Sohn: Ich fühle mich total alleine, ich weiß nicht wohin, am liebsten würde ich nach vorne weglaufen, aber ich bin noch zu jung, irgendwie fühle ich mich überflüssig.

---

[21] Siehe auch *Hellinger, B.* 1993 und 1994 und *Weber, G.* (Hrg) 1993.

Abb. Familie Rössler 1

Dann beginnen die TherapeutInnen die RollenspielerInnen in kleinen Schritten umzustellen entsprechend ihrer eigenen Hypothesen „Was ist günstiger" und entsprechend der Ursprungsordnung (Zeitpunkt des Systemeintritts). Dabei verändern sie immer nur kleine Schritte, so daß sich für die RollenspielerInnen und natürlich besonders für Frau und Herr Rössler auch ein Veränderungsprozeß entspinnt. Die nächste Sequenz des Umstellens entwickelt sich entlang der Frage an die RollenspielerInnen: *Fühlen Sie sich in der Position besser oder schlechter als vorher*? Hier finden wir ein Höchstmaß an Gewißheit über das momentane persönliche Befinden der RollenspielerInnen. Beim Umstellen der RollenspielerInnen können diese schnell und leicht die Frage nach besser oder schlechter beantworten. So entwickelt die Rollenspielfamilie bei der Arbeit und dem langsamen Umstellen eine Dynamik, die sich immer mehr in Richtung *besser* verändern läßt.

In kleinen Schritten ist die Familie umgestellt worden, wobei zunächst der Mann herumgedreht und näher zu seiner Tochter gestellt wurde. Das wurde von allen bereits als eine Erleichterung erlebt. Dann wurden die Kinder zusammengebracht und nebeneinander zwischen die Eltern gestellt, was wiederum als großer Fortschritt erlebt wurde, lediglich die Eltern bemängeln ihre Distanz. Der Schritt, die Eltern nebeneinander zu stellen brauchte

Skulptur nach Ursprungsordnung

Abb. Familie Rössler 2

dann noch einige Zwischenschritte, denn immer wieder kam es zu Abstoßungsreaktionen. Erst als der Vater des Mannes mit ins Bild geholt wurde (in der Skizze nicht mit aufgenommen) und hinter den Mann gestellt wurde (ihm gewissermaßen Rückgrat, Stütze und Sicherheit bietend), kam Ruhe in das Bild, und alle TeilnehmerInnen der Skulptur äußerten sich zufrieden.

Als letzter Schritt wurde dann noch Frau Rössler selbst ins Bild gestellt, und ihre Rollenspielerin durfte die Skulptur verlassen. Auf diese Weise konnte Frau Rössler ihr inneres Bild sowohl von außen als Zuschauerin als auch von innen als direkt Betroffene verändern[22] Es war dabei von großem Vorteil, daß ihr Mann, Herr Rössler, ebenfalls in der Gruppe anwesend war und den Entwicklungsprozeß seiner Frau miterleben konnte. Herr Rössler konnte an anderer Stelle auch sein eigenes Bild von seiner Familie stellen; es war deutlich anders als das seiner Frau.

Wenn sich die Rangordnung der Kinder nicht herstellen läßt, gibt es oft noch fehlende oder nicht genannte Kinder. An dieser Stelle müssen oft die fehlenden Kinder oder das fehlende Kind noch als

[22] Wie schon mehrfach ausgedrückt wirkt dieses modifizierte innere Bild jetzt verändernd auf das Verhalten und Erleben von Frau Rössler. Die so gemachten Erfahrungen ihrerseits wirken wieder zurück auf das innere Bild.

Information eingeführt werden und in der Skulptur ihren Platz einnehmen, dann geht die Rangordnung oft auf.

Wir haben es hier mit geronnenen inneren Bildern oder Konstruktionen zu tun, die wir mit uns herumtragen und nach denen wir handeln. Bei der Skulpturarbeit bringen wir diese Bilder wieder in Bewegung. Probleme tauchen dann auf, wenn die inneren Bilder fest werden und aus dem natürlichen Fluß der Veränderung herausfallen.

Für die Skulpturarbeit gemäß der Systemordnung empfiehlt es sich, nach den vorgenannten Regeln vorzugehen, die sich nach Erfahrung ergeben haben, und doch müssen wir immer wieder offen sein für Besonderheiten gemäß der besonderen Situation und Geschichte des betreffenden Paares bzw der betreffenden Familie. D.h., man muß als TherapeutIn viel ausprobieren, was gleichzeitig einen Prozeß für die RollenspielerInnen und das Paar ergibt.

Auch Mittler wie Beruf, Geschäft, Haus oder der Alkohol sind oft wichtig und brauchen einen Rollenspieler als Skulpturrepräsentanz.

Beim Prozeß ist es notwendig, auch die Impulse der RollenspielerInnen zu überprüfen und nicht nur den eigenen Bildern zu folgen. Bei allem Geschehen wissen wir: es ist und bleibt eine Ko-kreation der Impulse der RollenspielerInnen und der TherapeutInnen.

Spezielle Problemkonstellationen in der Paartherapie

In diesem Kapitel werden spezielle Fragen und Themenbereiche behandelt, die in vielen Paartherapien immer wieder auftauchen. Für die theoretischen Grundlagen und praktischen Vorgehensweisen verweisen wir auf die vorangegangenen Kapitel – hier werden wir knapp und praxisbezogen unsere Sicht- und Umgangsweise mit den entsprechenden Problemstellungen darlegen und anhand von Fallbeispielen aus unserer Praxis konkretisieren.

Am Anfang war der Sex – sexuelle Störungen in der Beratung

Wie geht man mit dem Thema um – oder: Wie umgeht man es am besten?

Die Sexualität ist einer der bedeutungsvollsten, intimsten und auswirkungsreichsten Lebensbereiche der Paare. So wie die Triebstruktur der Menschen sicherlich „Antreiber" für viele Handlungen, Suchbewegungen und Überlebensstrategien ist, so ist sie auch der Stoff, aus dem viele Irrungen, Wirrungen und Probleme entstehen. Deshalb gehört das Thema Erotik und Sexualität in jede Paarberatung; wenn die KlientInnen es nicht von sich aus ansprechen, so ist es aus unserer Sicht Aufgabe der TherapeutInnen. In früheren Jahren haben wir gelegentlich nicht bereits im Erstgespräch nach der Sexualität gefragt und waren dann später häufig erschüttert, wenn wir erfuhren, wie stark sich das Paar mit Fragen der Sexualität beschäftigte und wie stark die Auswirkung auf das vorgestellte Problem war, ohne daß uns die Verknüpfung bewußt gewesen wäre.

Daher fragen wir bereits im Erstgespräch: *Wie ist es in der Sexualität (im Intimleben) bei Ihnen: haben Sie Spaß miteinander, haben Sie ein erfülltes Sexualleben, kommen Sie gut miteinander zurecht?*

Bei den meisten Paaren können die TherapeutInnen dies erfragen, ohne daß Klient und Klientin verstört und irritiert reagieren. Wenn man jedoch erwartet, daß diese Frage für das Paar zu intim sein könnte, ist es möglich, folgende Wendung vorauszuschicken: Ich werde Sie jetzt nach Ihrem Erotik- und Sexualleben fragen. *Wenn Ihnen das zu intim oder zu früh sein sollte, sagen Sie es einfach, dann verschieben wir das Thema auf später. Aber da die Sexualität für die meisten Paare eines der zentralsten Themen ist, sollten wir einfach darüber sprechen.*

Meistens sind es die TherapeutInnen und BeraterInnen selbst, die Schwierigkeiten haben, über dieses Thema zu sprechen. Die Paare reagieren in der Regel ganz dankbar und wie bei einem anderen „normalen" Thema, wenn man es anspricht. Wichtig ist dabei, eine angemessene Sprache zu finden, eine Sprache, die nicht zuviel Distanz schafft, die aber auch nicht zu intim oder distanzlos wirkt. Wir achten darauf, wie sich das Paar selbst zum Thema äußert und versuchen, mit dem Paar gemeinsam die Sprache zu entwickeln, die es allen Beteiligten am besten gestattet, über Erotik und Sex zu sprechen.

Z.B.: kann man formulieren: *Wie nennen Sie das, wenn Sie miteinander reden? Sprechen Sie von Beischlaf, Vögeln, Bumsen oder von was sonst*? Auf diese Weise erfährt man auch, ob das Paar überhaupt miteinander darüber redet.

Bei den meisten Paaren, die wegen irgend welchen Problemen in die Beratung und Therapie kommen, ist die Sexualität mitgestört, oder sie wird als das Hauptthema angegeben. Besonders bei Problemkonstellationen, die bereits viele Jahre bestehen, ist die Sexualität immer mitbetroffen. Paare, die verstritten sind und immer noch schönen und befriedigenden Sex miteinander haben, sind sehr selten; und meistens wird auch dieser Bereich früher oder später in den allgemeinen Problemstrudel mit hineingezogen.

Ist Sex ein eigenständiger Beziehungsbereich?

Besonders erfrischend sind oft die Diskussionen mit den KollegInnen, die im speziellen Kontext der Sexualberatung tätig sind. Diese pochen auf die Sexualiät als eigenständigem Bereich, der es rechtfertigt, besondere Sexualtherapie durchzuführen. Die SystemikerInnen argumentieren dabei meist, daß man das alles ganzheitlich zu sehen hat und daß sich von daher eine eigenständige Sex-Therapie nicht rechtfertige, ja sogar in die Irre gehe.

Datum: 30.5.16

Anz.	Gegenstand	Preis	EUR	Cent
1	Eisstarke Beziehung – heilendes Chaos – antiquarisch –		12,	–

Buchhandlung Mander
Schützeberger Str. 29
34466 Wolfhagen
Tel. 05692-5703
info@mander.de

In diesem Betrag sind € ______ / 7 % MWSt. enthalten.

Verk.: 123645-22

Bei Irrtum oder Umtausch bitte diesen Beleg vorlegen

RNKVERLAG Nr. 2952 F

Wer hat recht?

Wir meinen, beide. Nach unseren Erfahrungen trifft es einerseits zu, daß alle Lebensbereiche von einem Zerwürfnis berührt sind, daß es daher keine eigenständige Sextherapie braucht und daß bei einer Veränderung der Transaktionsmuster auch die Sexualität sich ändert. Andererseits haben wir in unserer Praxis viele Paare gesehen, deren Beziehung sich unter der Therapie verbesserte, deren Probleme im Sex jedoch mehr oder weniger unverändert blieben. In diesen Fällen haben wir uns dann entschieden, eine spezielle auf Sex und Erotik bezogene Beratung durchzuführen.

Wenn bei Veränderung der Beziehung die sexuellen Probleme bestehen bleiben, ist eine spezielle Sexual-Beratung angesagt.

Wenn ein Paar sich speziell wegen eines sexuellen Problems zur Therapie anmeldet, werden wir zunächst, wie in den Kapiteln zur Methodik beschrieben, eine Erweiterung der Problemdefinition vornehmen und alle anderen Lebensbereiche abfragen und entsprechende therapeutische Empfehlungen geben. Dabei geben wir häufig auch Empfehlungen, die direkt auf den sexuellen Bereich abgestimmt sind. Spätestens dann, wenn sich in der Beziehung deutliche Veränderungen ergeben haben und die Probleme im sexuellen Bereich bestehen bleiben, behandeln wir dieses Thema speziell.

Zum Vorgehen in der Sexualtherapie

Ein erster Schritt ist eine offene und direkte Sprache. Dabei werden die Umgangsweisen miteinander genau erfragt:

Wie oft lieben Sie sich? Wann? Meistens abends, morgens oder zu anderen Zeiten? Seit wann schlafen Sie nicht mehr miteinander? Seit wann ist die Sexualität nicht mehr befriedigend für Sie? Und was wissen Sie über Ihren Partner (zirkuläre Frage!)? Wie wünschen Sie sich den Sex? Haben Sie spezielle Vorlieben (müssen nicht unbedingt ausgeführt werden)? Weiß Ihr Partner davon? Wer geht auf wen zu und zeigt, daß er Zärtlichkeit oder Sex möchte? Ist dieses Aufeinanderzugehen wechselseitig oder wird immer dieselbe Person aktiv? Teilen Sie sich Ihre Wünsche mit? Wenn „ja“, wie teilen Sie sich mit?

An den Stellen, wo die KlientInnen Probleme äußern oder Veränderungswünsche signalisieren, wird vertieft nachgefragt, beispielsweise:

Wird Ihr Glied nicht steif, oder kommen Sie zu schnell zum Höhepunkt (zum Erguß)? Kommen Sie zum Höhepunkt (zum Orgasmus)? Wissen Sie, ob Ihre Frau zum Höhepunkt kommt? Denken Sie, Paare sollten gemeinsam zum Höhepunkt kommen? Wenn es nicht klappt, wie erklären Sie sich das? Wissen Sie voneinander was Ihnen Spaß macht? Streicheln und stimulieren Sie sich vorher? Sind Sie leidenschaftlich miteinander?

Diese Beispielfragen sollen nur als Anregung dafür dienen, wie konkret man fragen kann. Im Einzelfall sollten Sie natürlich an das Paar und das entsprechende Thema angepaßt werden. Auch sollte jeder Therapeut die Wendungen finden, die für sie/ihn passend sind. Die TherapeutInnen müssen sich in den Gesprächen komfortabel fühlen, sonst ist kein fruchtbarer Umgang möglich.

Aus unserer Erfahrung reicht es manchmal schon aus, offen über Sex zu sprechen. Da werden bei den Paaren Dämme geöffnet, sie reden selbst untereinander darüber, probieren neue Umgangsweisen aus und kommen zu neuen Erfahrungen. Hier kann man die Therapie beschreiben, als wenn die TherapeutInnen das Paar an die Hand nehmen, ein Stück unbekanntes Territorium gemeinsam beschreiten und dann die Paar dort alleinlassen, wo dieses sich im neuen Land komfortabel fühlt und sich neugierig an die Erforschung macht. Hier spielt sicher auch eine unterdrückende Sexualerziehung ein große Rolle, so daß die BeraterInnen einfach Mut machen müssen, dieses Thema „normal" zu behandeln.

Veränderung der Transaktionsmuster im Sex

Auch im Bereich der Sexualität gibt es sich wiederholende Verhaltensweisen, die aufgrund ihrer Regelhaftigkeit und Vorhersagbarkeit ein Muster bilden. Diese Muster werden von den BeraterInnen erfragt und, genauso wie in den Kapiteln zu Methoden und Techniken dargelegt, versuchen die BeraterInnen, zentrale Musterteile zu erfassen, um diese durch Intervention zu unterbrechen.

Die Verführung ist auch hier wieder, sich von Inhalten so faszinieren, empören oder betreffen zu lassen, daß man die Ebene der Regeln und Muster verläßt, um das Problem auf der inhaltlichen Schiene zu lösen.

Bei sexuellen Themen finden wir allerdings noch eine andere spezielle Schwierigkeit vor. Dieses Thema ist durch gesellschaftliche und feministische Diskussionen so beladen, daß die BeraterInnen oft ihre Kreativität einengen, überlegen, was richtig und falsch wäre. Hier wird aber auf der Ebene der Inhalte gedacht und argumentiert und nicht auf der Ebene der Unterbrechung der Transaktionsmuster.

Zur Illustrierung ein Beispiel aus unserer Praxis, das das Problem verdeutlicht und mit dem wir in Ausbildungsgruppen schon viele kontroverse Diskussionen ausgelöst haben.

Beispiele von zwei Sexualtherapien

Ehepaar Clausen[23], beide Sozialarbeiter, ca. 50 Jahre alt und mit zwei fast erwachsenen Kindern, meldet sich an wegen sexueller Probleme. Nachdem die TherapeutInnen das gesamte Umfeld erfragt und festgestellt haben, daß die beiden in fast allen Lebensbereichen harmonieren (sie arbeiten auch gemeinsam an derselben Arbeitsstelle und finden das gut und konstruktiv), nur in der Sexualität nicht. Das Sexualleben ist schon seit ca. 15 Jahren für die Frau unbefriedigend, da der Mann wenig Lust zur gemeinsamen Liebe verspürt und sich lieber selbst befriedigt. Der Mann berichtet (der Gesamtprozeß lief über acht Sitzungen und wird hier sehr verdichtet dargestellt), daß seine Frau in spezieller Art und Weise von ihm stimuliert werden will, damit sie überhaupt zum Höhepunkt kommt. Das dauert für ihn aber so lange, daß er dann nicht mehr „steif" sei, so daß er dann oft „auf der Strecke" bleibe. Die Frau bestätigt, daß sie ein ganz bestimmtes Ritual zur Stimulation brauche und ansonsten nicht zum Orgasmus komme. Das Ehepaar hat schon lange Jahre mit diesem Problem herumexperimentiert, die Frau hatte in verschiedenen Lebenssituationen Liebhaber, die vom Mann mehr oder weniger toleriert worden waren. Der Mann selbst hat zum jetzigen Zeitpunkt keinen unmittelbaren Druck für eine Therapie: Ich komme so ganz gut klar. Er kommt seiner Frau zuliebe, die die Situation geändert haben will. Sie möchte mit ihrem Mann gerne Sex haben und auch nicht mehr auf andere Liebhaber zurückgreifen.

---

[23] Alle Daten, die zu einer Identifikation der betroffenen Personen führen könnten, wurden geändert.

Im Erstgespräch war den BeraterInnen die große Harmonie des Paares und die Übereinstimmung in fast allen Lebensfragen sowie die Bedeutung esoterischer Glaubenssysteme und Erklärungsmuster aufgefallen. Also wurde folgende Umdeutung angeboten:

Sie leben in einer so großen Übereinstimmung und Harmonie, sie sind sich gegenseitig so nah, daß man fast von „einem Organismus" sprechen könnte. Sie sind sich auch auf spiritueller Ebene so verwandt, daß möglicherweise die für eine sexuelle Stimulation erforderliche Fremdartigkeit und Spannung zwischen ihnen nicht existiert. Insofern finden wir, daß ihr Problem in diesem Sinne gar kein „Problem" ist, sondern ein normaler Ausdruck ihrer Beziehung. Wenn Sie nun im Sex zu mehr Erfüllung kommen wollen, könnte das zur Voraussetzung oder zur Folge haben, daß die Harmonie in anderen Lebensbereichen sich vermindert.

Im weiteren wird dem Paar empfohlen, bis zum nächsten Termin in sechs Wochen in allen Fragen mehr Individualität zu wagen, auch experimentell mehr Unterschiede zu erzeugen, ja vielleicht sogar den einen oder anderen Streit zu riskieren und dann zu schauen, ob dies eine Änderung im Sex mit sich bringen würde.

Als das Paar nach sechs Wochen wiederkommt, hat sich sexuell nichts geändert, das Paar hat die Deutung mit der großen Harmonie auf dem Hintergrund ihrer spirituellen Weltsicht sehr positiv aufgenommen und es fühlte sich darin eher bestätigt. Alle Versuche der TherapeutInnen, Unterschiede zu machen und Differenzen aufzuspüren, wurden vom Paar nicht aufgegriffen oder nur mit nachhaltigem Widerwillen aufgenommen. Da die BeraterInnen das Glaubenssystem auch nicht unbedingt infragestellen wollen (dies ist eine Frage der therapeutischen Ethik), akzeptieren sie dies und wenden sich dem Thema Sexualität isoliert zu. Es wurden eventuelle homosexuelle Neigungen des Mannes erfragt. Er hatte zwar früher vor vielen Jahren eine kurze homosexuelle Begegnung, die hat ihm aber nicht viel Spaß gemacht, und Männer reizen ihn im Prinzip nicht.

Dann erfahren die TherapeutInnen, daß das Paar – hoch motiviert miteinander und auf das Glück des jeweils anderen bedacht – schon sehr viel über das Thema gesprochen hat und eigentlich meistens bemüht ist, es dem anderen recht zu machen. Besonders für den Mann hat dies einen hohen Wert. Er lehnt es ab, im Sex nur seine Befriedigung zu suchen, quasi über die Frau herzufallen und sie zu benutzen. Besonders bei letzterem will er sogar den möglichen Eindruck davon vermeiden. Zu den zeitlichen Gewohnheiten befragt will der Mann am liebsten morgens Sex machen, die Frau dagegen lieber nach einem gemeinsamen verbrachten Abend im Kino oder im Restaurant. Morgens sei sie noch nicht fit für Sex.

Nach reiflicher Diskussion im gemischtgeschlechtlichen Team kommen die BeraterInnen in der dritten Sitzung zu folgender Abschlußintervention:

Wie wir schon im ersten Gespräch festgestellt haben, sind Sie beide in großer Harmonie und Liebe miteinander verbunden. Dies zeigt sich auch im Sex, wo sie besonders die Erfüllung des anderen im Auge haben. Jede Form von „den anderen benutzen" ist Ihnen zuwider. Wir möchten Ihnen nun folgende Verhaltensempfehlung als Experiment bis zu unserem nächsten Gespräch in vier Wochen geben. Aber bitte, beachten Sie, daß es sich um ein Experiment handelt, um Ihre Gewohnheiten zu ändern. Wir wollen damit nicht ausdrücken, daß das die „richtige" Form für Sex ist. Es soll ein Experiment für nur vier Wochen sein! Danach machen Sie es wieder so, wie Sie es wollen. Es kann auch sein, daß Sie persönliche Widersprüche dazu haben. Bitte stellen Sie die zurück und behandeln Sie es als Experiment und als Versuch, neue Erfahrungen zu machen, die Sie dann wieder integrieren können. Wir wollen auch nicht verschweigen, daß wir selber gewisse Bedenken haben, Ihren Widerspruch und sogar Empörung zu wecken, aber wir haben uns entschlossen, im Hinblick auf einen Erfolg in der Arbeit mit Ihnen das Risiko einzugehen. Also hier unsere Empfehlung: Zunächst für Sie, Herr Clausen, wann immer Sie sexuelle Lust empfinden und die Situation irgendwie geeignet erscheint, nehmen Sie Ihre Frau, wie ein Mann eine Frau nimmt! Sie, Frau Clausen, üben sich bitte in Hingabe an Ihren Mann, und sollten Sie im Sex keinen Orgasmus haben, so spielen Sie ihm bitte einen vor. Als Anleitung zum Vorspielen (scherzhaft) könnten Sie den Film „Harry and Sally" (in diesem Film demonstriert eine Frau ihrem Freund am Tisch im Restaurant einen Orgasmus) nehmen. Sind Sie für vier Wochen mit diesem Experiment einverstanden?

Das Paar wirkt sichtlich erheitert und stimmt ohne Einwände zu. Die TherapeutInnen sind erleichtert, weil sie schon gewisse Bedenken bei dieser „klischeehaften" und stereotypen Verhaltensempfehlung hatten.

Diskussion

An diesem Beispiel wird gut der Unterschied zwischen Inhalt und Verhaltensmuster deutlich. Am Inhalt kann man sich als ZuhörerIn oder LeserIn erwärmen oder aufregen; auf der Ebene der Musterunterbrechung geht es schlichtweg darum, das Paar aus seiner Routine zu werfen.

Ergebnis der Therapie und Intervention: Zum nächsten Termin kam das Ehepaar Clausen und berichtete, daß sie noch nicht so richtig dazu gekommen wären, die Empfehlung umzusetzen. Die TherapeutInnen behandelten dann mit ihnen die Bedingungen und schlossen die Sitzung mit einem Reflecting Team, in dem im wesentlichen darüber nachgedacht wurde, was es wohl für das Paar bedeuten würde, wenn sie jetzt plötzlich nach so vielen Jahren aus ihrer Routine (einer Problem-Routine) ausbrechen würden, und was es für das Selbstbildnis und das Bild vom anderen und der Beziehung bedeuten würde. Ohne weitere Diskussion verließ Ehepaar Clausen die Praxis und kam sehr aufgeräumt und glücklich in die nächste Therapiestunde. Es wäre so viel passiert, im Sex hätten sie ganz tolle Erlebnisse gehabt und auch in anderen Lebensbereichen wäre manches anders: sie sind lebhafter und lebensfroher, die Kinder fanden, daß ihre Eltern viel fröhlicher wären, die Frau fängt an, sich einen eigenen Arbeitsbereich aufzubauen, und sie planen einen Portugalurlaub ohne Hotel und Vorbuchungen, sondern einfach per Auto und Zelt. Einen Abenteuerurlaub wie sie ihn noch nie gemacht, wie ihn die Frau sich aber immer gewünscht hatte. Der Kontrolltermin sechs Monate später wurde telefonisch als nicht nötig abgesagt, es ginge ihnen sehr gut und auch im Sexuellen wäre es ganz anders als früher.

In diesem Beispiel finden wir Parallelen zu einigen anderen eher intellektuellen Paaren, die sich über viele Diskussionen und über „Ideologien", wie Sex bei aufgeklärten Menschen sein sollte, in ein Verhaltensmuster hineinmanövriert haben, bei dem Spontaneität, Direktheit und Lustbetontheit auf der Strecke geblieben sind.
Im folgenden Fall war die Problemdefinition ähnlich:

Die Frau klagt über zu wenig Sex, und das Paar kann sich nicht einigen, wer eigentlich für die „Anmache oder Animation" zuständig ist. Die Frau sagt, er solle das tun, er sagt, wenn er es mache, wäre es sowieso nie richtig. Zum zweiten Gespräch kann das Paar wegen einer Erkrankung des Mannes nicht kommen, und auch auf die nächsten zwei Monaten sind keine Termine möglich. Die TherapeutInnen erklären sich bereit, per Post eine Verhaltensempfehlung zu geben.
Zunächst bekommt das Ehepaar einen gemeinsamen Brief mit folgendem Inhalt:

... Unabhängig von diesem Brief wird jeder von Ihnen beiden in den nächsten Tagen noch ein persönliches Schreiben mit konkreten **persönlichen** Empfehlungen bekommen. Diese sollen Sie bitte auch konsequent umsetzen, den Inhalt und die Art und Weise der Empfehlung aber der/dem Partner bis nach dem nächsten Gespräch in Heidelberg nicht mitteilen. Es wird hilfreich sein, eine Position von Neu- und Wißbegierde einzunehmen und interessiert zu schauen, was da auf Sie zukommt. Mit freundlichen Grüßen ...

Eine Woche später erhält der Mann folgenden Brief:

Sehr geehrter Herr Schneider[24]*, Sie haben nun sicherlich den an Sie beide gerichteten Brief schon gelesen. Ich komme nun zu den Verhaltensanregungen, die wir im Hinblick auf eine Veränderung Ihrer Beziehungnsstruktur und der Transaktionsmuster zwischen Ihnen beiden für hilfreich erachten:*

Ich darf dafür noch einmal auf die gemeinsame Empfehlung (schon im ersten gemeinsamen Brief gegeben) zurückgreifen:

Handeln statt Reden und Denken. Setzen Sie Ihre Bedürfnisse, Wünsche und Gefühle ohne Filtervorgänge in handelnder Art und Weise um. Unterlassen Sie jede Form von Diskussion über Beziehungsfragen, unterbrechen Sie sich, wenn Sie sich beim Nachdenken oder sogar Grübeln über Beziehungsfragen entdecken und setzen Sie die vorhandenen Impulse in Aktion um.

Konkret sollte das für Sie heißen:

1. im Bereich Zärtlichkeit und Sexualität:
Folgen Sie Ihren Wünschen und Impulsen, unterlassen Sie ein eventuelles Filtern und Überlegungen, ob Ihre Partnerin das wohl auch mag. Unterlassen Sie möglichst viele Routinehandlungen, folgen Sie allein Ihrer Lust oder Unlust. Handeln und direkte Umsetzung Ihrer Impulse statt Reden und Denken ist gefordert.

2. In allen Lebensbereichen: Unterlassen Sie alles, was Ihre Partnerin als Rückzug vom gemeinsamen Parkett deuten oder erleben könnte. Seien Sie sehr präsent und bringen Sie sich ein, selbst wenn das mehr Auseinandersetzungen zur Folge haben könnte.

---

[24] Alle Daten, die zu einer Identifikation der betroffenen Personen führen könnten, wurden geändert.

Seien Sie für die Dauer der laufenden Experimentierphase sehr konsequent. Es ist wichtig, daß sich Veränderungen ergeben. Das können Sie jetzt nur mit Ihrer Frau gemeinsam gestalten.
Tauschen Sie den Inhalt des Briefes jetzt nicht mit Ihrer Frau aus.
Mit freundlichen Grüßen

Die Ehefrau erhält zur selben Zeit folgenden Brief:

Sehr geehrte Frau Schneider, Sie haben nun sicherlich den an Sie beide gerichteten Brief schon gelesen. Ich komme nun zu den Verhaltensanregungen, die wir im Hinblick auf eine Veränderung Ihrer Beziehungsstruktur und der Transaktionsmuster zwischen Ihnen beiden für hilfreich erachten:
Ich darf dafür noch einmal auf die gemeinsame Empfehlung zurückgreifen:
Handeln statt Reden und Denken. Setzen Sie Ihre Bedürfnisse, Wünsche und Gefühle ohne Filtervorgänge in handelnder Art und Weise um. Unterlassen Sie jede Form von Diskussion über Beziehungsfragen, unterbrechen Sie sich, wenn Sie sich beim Nachdenken oder sogar Grübeln über Beziehungsfragen entdecken und setzen Sie die vorhandenen Impulse in Aktion um.

Konkret sollte das für Sie heißen:

1. Im Bereich Zärtlichkeit und Sexualität: Unterlassen Sie jede Form von intellektuell/mentaler Kontrolle/Prozeßbegleitung oder wie immer man das nennen kann. Wenn Sie Lust auf Ihren Partner haben, folgen Sie Ihren Impulsen ohne Wenn und Aber. Insgesamt im Bereich Sex: Üben Sie vermehrte Hingabe. Sollte Ihnen das schwerfallen oder Ihrem Selbstbild widersprechen, folgen Sie dieser Empfehlung dennoch und betrachten Sie es als wichtigen Teil der Experimentierphase zur Veränderung und Verbesserung Ihres Beziehungslebens.

Seien Sie für die Dauer der laufenden Experimentierphase sehr konsequent. Es ist wichtig, daß sich Veränderungen ergeben. Das können Sie jetzt nur mit Ihrem Mann gemeinsam gestalten.
Tauschen Sie den Inhalt des Briefes jetzt nicht mit Ihrem Mann aus.
Mit freundlichen Grüßen

Das Ergebnis war für das Paar befriedigend: im nächsten Gespräch (ca. zehn Wochen später) berichten sie, daß der Mann viel aktiver geworden wäre und daß der Sex mehr Spaß gemacht hätte. Aus anderen Gründen (Todesfall in der Familie des Mannes) seien sie in den letzten drei Wochen jedoch nicht oft dazu gekommen.

Ein sogenanntes *Dreiecksverhältnis* stellt besondere Anforderungen an die TherapeutInnen, da sie sich leicht einladen und verführen lassen, sich inhaltlich mit den Betroffenen zu identifizieren und klare Vorstellungen für die Lösung der Krise zu entwickeln. Damit würden sie dem Ergebnis nicht mehr neutral gegenüberstehen.

Da die BeraterInnen selbst meist in Paarbeziehungen leben oder lebten, eventuell auch Erfahrungen mit Dreierkonstellationen gemacht haben, identifizieren sie sich leicht mit einem der Partner (besonders dann, wenn auch Kinder dazu gehören und die Familie auseinanderzubrechen droht). Sobald das geschieht, verlieren die BeraterInnen ihre Beweglichkeit. Ihre Denk- und Handlungsmöglichkeiten und damit ihre Kreativität werden eingeschränkt. Sie geraten mit dem Paar gemeinsam in den Engpaß und können nicht helfen. Meistens erfolgt die Identifizierung entlang der folgenden zwei Lösungsmöglichkeiten: der fremdgehende Partner soll die Außenbeziehung möglichst schnell lassen und in den Hafen der Zweierbeziehung zurückkehren, oder aber man denkt *Kein Wunder bei* ***der*** *Situation, bei* ***dem*** *Mann oder* ***der*** *Frau, daß er/sie sich was anderes sucht.* Daraus folgt ergibt sich:

Für die TherapeutInnen heißt das, daß sie ihren eigenen Standort kritisch prüfen und den möglichen Lösungen der Krise gegenüber offenbleiben. Die BeraterInnen wissen nicht, welche nächsten Lebensschritte für die Betroffenen die „richtigen" sein werden.

Beispiel

Ehepaar Vogt[25], ca. 40jährig mit vier Kindern zwischen drei und neun Jahren meldet sich an, da der Mann seit Beginn der Beziehung mit seiner Frau vor elf Jahren immer wieder Außenbeziehungen hat. Die Frau schimpft und tobt, der Mann gelobt regelmäßig Bes-

[25] Alle Daten, die zu einer Identifikation der betroffenen Personen führen könnten, wurden geändert.

serung, verheimlicht dann seine Beziehung, bis die Frau ihn wieder erwischt und Präservative in seiner Tasche findet. Die Gespräche des Paares drehen sich zu 90% um dieses Thema; andere „normale" Themen wie Kindererziehung, notwendige Renovierung der Wohnung oder die weitere Lebensgestaltung kommen zu kurz. Die BeraterInnen verbünden sich explizit mit dem Ziel, daß der Mann die Außenbeziehungen läßt, nachdem auch er gesagt hat, er sei es müde und würde sich Ruhe und „richtiges" Eingebundensein in seiner Familie wünschen. Mit massiven Interventionen im Sinne von Verhaltensempfehlungen läßt der Mann die Außenbeziehungen für den Fortgang der weiteren Therapie (ca ein Jahr), das Paar wendet sich anderen Lebensthemen zu: sie kaufen ein kleines Haus, der Mann ist zu Hause mehr präsent und macht mehr mit den Kindern. Das Paar bringt seine vorher chaotische finanzielle Situation in Ordnung. Und dennoch: beide werden nicht zufrieden, von Glück ganz zu schweigen. Sie leben jetzt zwar zusammen ohne eine weitere „dritte Person", und dennoch scheinen sie in ihrem Leben „nicht angekommen" zu sein. Die BeraterInnen geben schließlich auf und erklären, daß sie nicht wissen, wie sie weiterhelfen können, daß sie den Auftrag zwar erfüllt haben, dabei wurde aber eine Situation geschaffen, mit der das Paar nicht dauerhaft leben will. Sechs Monate später trennt sich das Paar.

Es kann also nicht Aufgabe der Therapie sein, die Außenbeziehung zu beenden oder sie zu ermöglichen. Wir müssen andere Ziele finden, die keine der formulierten und polarisierten Ziele beinhalten.

Eine weitere Schwierigkeite für die TherapeutInnen stellt der Umgang mit Heimlichkeiten und Geheimnissen dar. Immer wieder kommt es zu Situationen, in den die BeraterInnen zu Mitwissern gemacht werden sollen. Lassen diese sich darauf ein, so werden sie auch wieder in ihren Handlungsmöglichkeiten beschnitten, werden in die Verstrickung hineingezogen und können viel schwerer eine Instabilität des bisherigen Verhaltensmusters induzieren, um dem Paar Raum für eine kreative und autonome Neu-Organistion zu eröffnen.

Wir sollten uns nicht zu einseitigen Mitwissern machen lassen; falls es ohne unser Zutun geschehen ist, ist es meistens besser, die Situation anzusprechen, die Therapie zu beenden oder das Geheimnis zu lüften.

Beispiel

Frau Arnheim[26], die mit ihrem Mann bereits seit vier Sitzungen in Therapie ist, ruft an und erzählt dem Therapeuten, daß sie in der Tasche ihres Mannes einen dramatischen Liebesbrief gefunden hat. Sie will nicht, daß ihr Mann davon erfährt, sie will nur, daß die Therapeuten es wissen …

Hier ist eine schnelle Reaktion gefordert:

Ich verstehe Ihre Aufregung und Betroffenheit, Frau Arnheim, dennoch muß ich Sie bitten, Ihrem Mann von dem Fund und Ihrem Telefonat mit mir vor oder in der nächsten Sitzung zu berichten. Wenn Sie das nicht tun, bin ich Geheimnisträger mit Ihnen und kann nicht erfolgreich arbeiten. Sollten Sie Ihren Mann auf keinen Fall über Ihr Wissen informieren wollen, was ich auch respektieren würde, so sagen Sie bitte die nächste Sitzung ab. Anderenfalls würde ich das Thema darauf bringen wollen. Was meinen Sie dazu?

Die Frau will es sich überlegen, das Paar erscheint zum nächsten Termin, die Frau hat den Mann von ihrem Fund unterrichtet, und die ersten neuen Schritte und Bewegungen haben bereits stattgefunden.

Auch hier sollte man die anstehenden Fragen unter dem Aspekt von Inhalt einerseits und Prozeß und Transaktionsmustern andererseits betrachten und diskutieren. Das Geheimnis selbst ist nicht so wichtig, wichtig ist der Umgang damit. Die Heimlichkeit und das Einbeziehen dritter gehören hier wahrscheinlich zum Verhaltensmuster und solange das nicht verändert ist, kann das Paar nicht in neuer Begegnung zueinander finden. Man könnte auch sagen, der Mann hat heimlich eine Geliebte, die Frau hat heimlich einen mitwissenden Therapeuten.

Wir sagen oft:

> *Wir sind nicht an Ihrem Geheimnis interessiert. Wir finden es wichtig, wie Sie damit umgehen; wer weiß davon, und welche Auswirkung hat das Geheimnis auf Ihre Beziehung? Lassen Sie uns also darüber sprechen, ohne daß Sie das Geheimnis offenbaren müssen.*

---

[26] Alle Daten, die zu einer Identifikation der betroffenen Personen führen könnten, wurden geändert.

Mit dem dritten im Bunde sind wir eine Runde

Im vorangegangenen Kapitel haben wir uns mit dem „Dritten" als Liebespartner beschäftigt. Diese Situationen gefährden die Partnerschaft häufig direkt. Oft sind auch andere Personen als „unsichtbare Dritte" an der Zweierbeziehung beteiligt, die nicht direkt als Problem empfunden und formuliert werden.

Möglichkeiten für unsichtbare, aber bedeutungsvolle Dritte gibt es viele: ein Elternteil, ein Kind, Geschwister der Partner (oft auch Zwillingsgeschwister), ein enger Freund bzw. Freundin. Auch bestimmte Verhaltensweisen oder Leidenschaften wie Alkoholkonsum, Spiel- oder Kaufsucht, übermäßiges Arbeiten oder Fernsehen können dieselbe Wirkung haben. Ähnlich geht es mit Krankheiten oder speziellen Symptomen, um die sich das ganze Leben dreht: eine Behinderung, eine psychosomatische oder psychiatrische Erkrankung. Beispiele dafür sind in vielen Fallberichten zu finden, siehe aber besonders die Fallberichte im Kapitel „Spezielle Syndrome".

Die Auswirkungen sind immer ähnlich: eine dritte Person oder ein drittes Element erscheinen als Konkurrenz zur Zweierbeziehung und verhindert die Begegnung der Partner (Abbildung „Das unsichtbare Dritte 1")

Die Partner beziehen sich oft in Auseinandersetzungen auf das dritte Element und finden nicht in direkter Begegnung zueinander. Das dritte Element wird Teil des Transaktionsmusters und ist – auch wenn es unangenehm wie z.B. ein Symptom oder ein unerwünschtes Verhalten ist – daraus nicht mehr wegzudenken. Alle Beteiligten, auch die, die das dritte Element bekämpfen und weghaben wollen, sind letztlich an der Aufrechterhaltung via Transaktionsmuster beteiligt.

Wenn Paare mit einer Klage über das unmäßige Trinken oder die Erkrankung eines Partners in die Therapie kommen, ist das dritte Element leicht zu erkennen. Oft sind es aber Personen, die im Hintergrund gehalten werden und die erst durch entsprechendes Nachfragen ans Licht kommen. Hierfür stehen enge Beziehungen zu einem Elternteil (bei Frauen oft der Vater und bei Männern oft die Mutter), ein Kind (besonders dann wenn es krank oder dauerhaft behindert ist) oder ein frühere PartnerIn. Hier ist es hilfreich zu fragen:

Angenommen, Sie würden sich jetzt plötzlich sehr gut verstehen und auch Ihre Umgebung hätte den Eindruck, daß Sie miteinan-

Drittes Element, das die Begegnung behindert

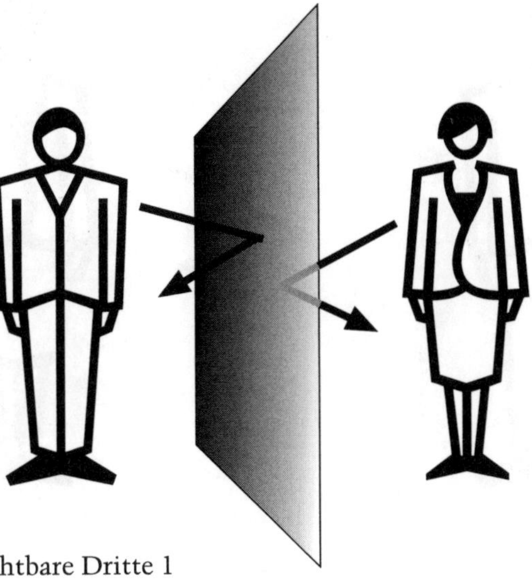

Abb.
Das unsichtbare Dritte 1

der sehr glücklich sind, wer wäre davon am ehesten betroffen? Wer müßte etwas aufgeben, wer hätte Nachteile dadurch zu erleiden?

So unwahrscheinlich es vielleicht klingt, die meisten Paare wissen hierauf spontan eine Antwort. Der Hintergrund ist, daß viele Menschen mit ihrer Loyalität noch an eine andere Person gebunden sind, daß sie diese Bindung nicht offenbaren und nicht zur Disposition stellen wollen. Hier spielt oft die zeitliche Reihenfolge des Systemeintritts eine Rolle.

Auch die Stieffamilienproblematik hängt mit diesen Fragen zusammen: der Mann z.B. hat starke emotionale Bindungen an sein Kind aus erster Ehe; diese Beziehung wird von der neuen Frau aber als Angriff auf ihre Einzigartigkeit gewertet, und so wird diese Frage zum ständigen Zankapfel.

In der Regel befindet sich das „dritte Element" natürlich nicht einfach irgendwie zwischen den Partnern, sondern ist stärker an einen der beiden gebunden (Abbildung „Das unsichtbare Dritte 2")

Man kann sich hier natürlich fragen, ob die Bindung des Mann an seine Mutter und seine Arbeitswut zuerst da waren, oder ob sie erst dadurch bedeutsam wurden, daß seine Partnerin den Kampf dage-

Abb. Das unsichtbare Dritte 2

gen aufnahm. Keine dieser Beschreibungen trifft die „Wahrheit", die Lösung liegt in der Gesamtorganisation des Paares mit den relevanten Personen in seinem Umfeld.

Wenn einer der beiden Partner an solche „bedeutungsvolle Dritte" gebunden ist, finden wir häufig eine ähnlich enge Bindung des zweiten Partners an eine andere Person oder ähnliches. Nur wird dies nicht geäußert und muß von den BeraterInnen erst durch Nachfragen und Hypothetisieren hervorgebracht werden (Abbildung „Das unsichtbare Dritte 3").

Hier wird jetzt schon deutlich, daß es nicht in linearer Gradlinigkeit möglich sein wird, das Problem dieses Paares zu lösen. Man sollte sicher nicht versuchen, das „dritte Element" einfach zu eleminieren. Hierbei würde der Berater mit der Frau eine Koalition eingehen und hätte seine Neutralität oder Allparteilichkeit verloren. Außerdem würde die Frau diese Strategie letzten Endes auch boykottieren, da sie Abstriche an ihrer speziellen Beziehung hinnehmen müßte.

Drittes Element, das die Begegnung behindert

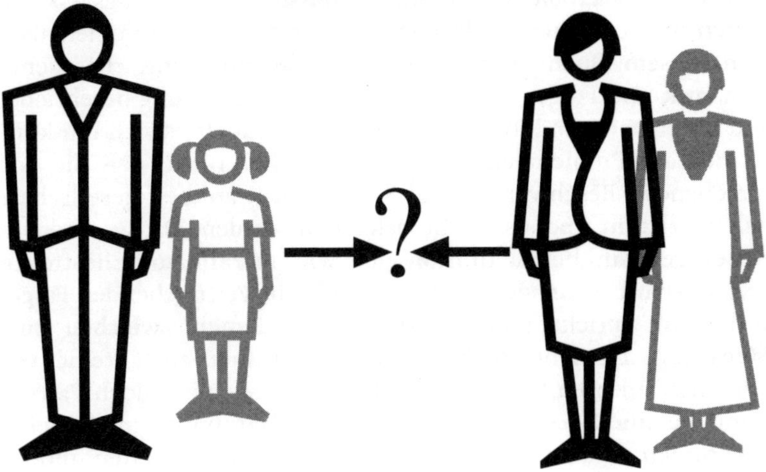

Abb. Das unsichtbare Dritte 3

Der „identifizierte Klient" in einer Beziehung

Häufig erscheinen Paare in unserer Praxis, bei denen einer von beiden als Klient vorgestellt wird. Dies kann in symmetrischer Art erfolgen, in dem der Mann beispielsweise behauptet, *meine Frau ist krank und sie hat das Problem*. Die Frau könnte sich dieser Definition widersetzen, oder aber das Problem beim Mann ansiedeln. Sobald aber bereits medizinisch-therapeutische Helfer eingeschaltet waren, finden wir oft eine komplementäre Problemdefinition, bei der auch der benannte Indexpatient dieser Definition zustimmt. Dies gilt besonders für Diagnosen aus den Bereichen Psychosomatik, Psychiatrie und Sexualstörungen. Wenn einmal eine solche Diagnose gestellt wurde, sind meist **alle** Beteiligten erleichtert, da „das Kind jetzt einen Namen hat", und man kann sich jetzt insofern sinnvoll damit auseinandersetzen, als man die gesellschaftlich vorgesehenen Behandlungswege beschreiten kann.

Einer Heilung sind diese Wege aus unserer Sicht jedoch oft abträglich, da sich die Klientenrolle etabliert und Betroffene und psychosoziale Helfer sich in einem Definitionsbündnis dem „Kranken" zuwenden. Die Paardynamik, sowie Interdependenz und Selbstreferenz wird dabei jedoch außer acht gelassen. In linearer Art und Weise kümmert man sich um den „Kranken" und versucht so, das Problem zu lösen. Das Problem wird eher stabilisiert, die Lösungsversuche führen zur Verhärtung und stellen später oft das Hauptproblem dar.

In diesem Buch sind einige Beispiele aufgeführt, bei denen Dynamik und Folgen der einseitigen Klientenbildung beschrieben und untersucht sind. Bei allen Beispielen handelt es sich um komplementäre Problemdefinitionen, was daher rührt, daß die entsprechenden Beschwerden und Klagen als Krankheit gesellschaftlich anerkannt und als solche behandelt werden. Da, wo es keine einseitige Krankheitsdefinition gibt, wie im Falle von Ehestreitigkeiten (selbst wenn sie sehr heftig und mit weitreichenden Folgen verlaufen), spricht man sofort von Problemen **zwischen** zwei Menschen. Dementsprechend finden wir hier auch keine vorschnellen linearen Lösungsmodelle. Oft versuchen jedoch Partner, wenn sie eine Ehestreitigkeit bzw einen Paarkonflikt nicht gelöst bekommen, den anderen als „den Kranken" darzustellen, um die Freunde und gesellschaftlichen Hilfsinstitutionen auf die Seite zu ziehen und so die Auseinandersetzung für sich zu entscheiden[27].

Wenn Kinder „Das Problem" sind

Kinder mit Verhaltensstörungen

Oft kommen Eltern oder Mütter in eine Erziehungsberatungsstelle und beklagen sich über auffällige oder „schwer-erziehbare" Kinder. Die Sichtweise ist in der Regel die, daß das Kind nicht okay *ist*, sich schrecklich verhalte und die Eltern nicht mehr wissen, wie sie mit diesem Kind umgehen sollen und wie sie es zu einem anderen, akzeptableren Verhalten erziehen können.

Hierzu sind aus unserer Sicht drei Besonderheiten anzumerken.

- 1. Bei der Sichtweise, daß das Kind nicht okay *ist*, wird cinc lineare Beschreibung vorgenommen, der Fokus liegt auf dem Kind, die Interdependenz des Verhaltens zwischen allen beteiligten Menschen, inclusive den Umwelteinflüssen wird nicht erfaßt.

---

[27]Dies geschieht oft bei Sorgerechtsstreitigkeiten, wo man versucht, den anderen als unfähig oder unzurechnungsfähig zu erklären oder ihm einen schlechten, ev. sogar mißbrauchenden Umgang mit den Kindern anzuhängen.

- 2. Bei dem Sprachgebrauch *Das Kind ist nicht okay wird* ein spezielles Verhalten wie eine Eigenschaft der Person zugeschrieben und gehört damit unabänderlich dazu. Eine Eigenschaft kann man entweder gar nicht ablegen (wie *groß* oder *klein, blond* oder *schwarzhaarig*), oder aber sie ist bestenfalls mit großer Mühe zu verändern. Sprachlich ist es richtiger und für den gewünschten Veränderungsprozeß hilfreicher, hier von Verhalten zu sprechen: *Das Kind verhält sich aggressiv, unordentlich etc.*

- 3. Bei den oben dargestellten Aussagen machen wir (in der Regel unbewußt) einen Vergleich mit einem weniger unordentlichen oder aggressiven Kind. D.h., wir haben immer einen Vergleichswert, der in unserer Aussage aber nicht mehr auftaucht. Wir könnten das betreffende Kind natürlich mit einem noch mehr aggressiven oder unordentlichen Kind vergleichen und kämen dann wahrscheinlich zu einer anderen Einschätzung.

- Daraus folgt: Wenn wir exakt formulieren wollten, müßten wir z.B. Beispiel sagen: *Das Kind verhält sich unter den gegebenen Umständen .....* (Beschreibung seiner psychosozialen Kontextbedingungen) *so, daß wir sein Verhalten im Vergleich mit den anderen Kinder im Kindergarten als aggressiv bezeichnen können.*

- Der erste therapeutische Schritt besteht also bereits darin, vorsichtig den Sprachgebrauch zu ändern. Wir erklären den Eltern in der Regel nicht den oben dargestellten Sachverhalt, sondern wir stellen den Sprachgebrauch unsererseits um und fragen im weiteren:

  - *Unter welchen Umständen verhält sich das Kind in der beschriebenen Art?*
  - *Seit wann verhält es sich so?*
  - *Gibt es zum Zeitpunkt des ersten Auftretens besondere Ereignisse in der Familie oder ihrem Umfeld?*
  - *Wer hat es zuerst bemerkt?*
  - *Was wurde unternommen, um eine Änderung zu erzielen?*
  - *Mit welchem Erfolg und welchem Ergebnis?*
  - *Wie reagieren die anderen Familienmitglieder auf das problematische Verhalten?*
  - *Welche Erklärung haben die Eltern und andere relevanten Personen für das beklagte Verhalten?*

- *Gibt es unterschiedliche Erklärungsversuche?*
- *Angenommen,das Problem ließe sich nicht lösen, was für Folgen hätte dies für das Kind, die Familie und die Paarbeziehung?*
- *Welche Auswirkung hat das Verhalten des Kindes bisher auf die Paarbeziehung?*
- *Kommen sich die Partner im Ergebnis näher oder rücken sie weiter auseinander, streiten sie mehr?*
- *Könnte das Kind mehr Streit oder mehr Nähe zwischen den Eltern provozieren, angenommen man würde sich das zur Aufgabe machen?*
- *Wie reagieren die anderen Kinder auf das Problem?*
- *Gibt es eine „schwarzes und weißes Schaf"-Bildung?"* [28]

Aus den Beispielfragen sollte deutlich werden, daß wir das kindliche Verhalten sowohl in den zeitlichen als auch in den Ereignis- und Beziehungskontext stellen und die gesamte Familie plus relevanten weiteren Personen (häufig Oma oder Opa im Haus, Geschwister, Zwillingsgeschwister der Eltern usw) in unsere Betrachtung mit einbeziehen. Mit anderen Worten: wir betrachten die Familie als Netzwerk, in dem das geschilderte und beklagte kindliche Verhalten eine Erscheinungsform darstellt. Wir stellen das Verhalten in den Kontext, in dem es entstanden ist und in dem es sich auch bisher erhalten hat. Alle Personen werden so zu Teilhabern an einer gemeinsamen Inszenierung, und die TherapeutInnen versuchen die Regeln der Inszenierung kennenzulernen, um sie dann gemeinsam mit der Familie ändern zu können.

Im Zusammenhang mit dem Thema des Buches „Systemische Paartherapie und -beratung" interessiert uns nun besonders die Auswirkung auf die Paarbeziehung bzw umgekehrt: wie wirkt die Art der Beziehungsgestaltung des Paares auf das sogenannte Problem. Hier denken wir wieder nicht an eine lineare Ursachenforschung sondern an eine gegenseitige Bedingtheit.

Häufig finden wir beispielsweise, daß sich unterschiedliche Meinungen des Paares besonders in Fragen der Kindererziehung manife-

---

[28] Besonders bei Familien mit zwei Kindern kommt es oft vor, daß sich ein Kind auffällig verhält und so zum Sündenbock oder „Schwarzen Schaf" der Familie wird, während das zweite Kind als unproblematisch leicht erziehbar erscheint und auch so gesehen wird.

stieren; die Eltern ziehen gewissermaßen an zwei verschiedenen Strängen. Die Kinder finden dann keine Orientierung und werden leicht „grenzenlos". Außerdem bekommen sie die Möglichkeit, die Eltern gegeneinander auszuspielen. Dies geschieht natürlich nicht bewußt und mit Absicht, aber im Rahmen des kindlichen Wunsches, sich möglichst viele Freiheiten zu erkämpfen liegt hier natürlich ein willkommenes Betätigungsfeld.

Natürlich haben die Eltern in solchen Konstellationen nicht nur in Fragen der Kindererziehung unterschiedliche Meinungen. Nur manifestieren sie sich hier am deutlichsten. Und wenn der Anmeldungsgrund oder das Hauptthema schon mal die Kinder sind, kann man mit den Eltern oder einem Elternteil auch am leichtesten darüber sprechen, hier liegt ihr erstes und vorrangiges Interesse. Wenn man aber die Eltern auch zu anderen Themenbereichen befragt, findet man meistens auch dort entsprechende „Problemzonen". Oft liegen unterschiedliche Lebensentwürfe vor, das Paar hat sich auseinandergelebt, und eines der Kinder ist zum Ersatzpartner geworden. Mit der Erfüllung in der Sexualität hapert es oder das Paar hat sich innerlich schon fast getrennt. Die gemeinsame Sorge um das problematische Kind hält die Eltern dann zusammen, während gleichzeitig die Art des Umgangs mit dem Problem den Abstand und die Differenzen erhält und weiter ausbaut. Hier finden wir dann eine Beziehungskonstellation, die im Kapitel „Der virtuelle Liebhaber" ausführlich dargestellt ist.

Kinder mit Handicaps

Kommen wir nun zu Kindern mit angeborenen oder erworbenen Handicaps, deren Behinderungen vorrangig nicht als Verhaltensstörung beschrieben werden können. Hier liegen organische oder zentralnervöse Veränderungen vor, die das Verhalten der Kinder stark mitprägen. So entwickelt sich ein komplexes Bild, das aus der organischen Störung und den Störungen der Beziehung und des Verhaltens resultiert. Oft kann man hier nicht mehr entscheiden, welches Verhalten des Kindes aufgrund der organischen Behinderung oder welches durch die spezifische Form des Umgangs mit dem Kind entstanden ist. Aus unserer Sicht werden oft die Entwicklungsmöglichkeiten der Kinder durch eine entsprechende Beziehungsgestaltung eingegrenzt.

Zur Verdeutlichung ein Beispiel:

Ehepaar Schulze[29] blieb lange kinderlos. Als sie schon nicht mehr mit Nachwuchs rechneten, wurde Frau Schulze mit 39 Jahre schwanger. Eine Fruchtwasseruntersuchung ergab ein Down-Syndrom beim Kind. Herr Schulz wollte daraufhin das Kind nicht und befürwortete eine Abtreibung. Frau Schulz dagegen entschied sich nach langem Ringen für das Kind, weil sie es vor sich selbst nicht vertreten konnte, eine Abtreibung vorzunehmen, nachdem sie solange auf ein Kind gewartet dafür gebetet hatte. Das Ehepaar war darüber in einen zähen Streit geraten, wobei deutlich wurde, daß sich die Lebensvisionen sehr unterschiedlich entwickelten. Herr Schulz, der seine Frau nach fast 15jähriger Beziehung nicht verlieren wollte, sagte schließlich auch Ja zu dem Kind und der damit verbundenen Aufgabe.

Als Tobias zwei Jahre alt war, kam das Ehepaar in Therapie. Frau Schulz beklagte die häufige Abwesenheit des Mannes, der sich (aus ihrer Sicht) kurz nach der Geburt in immer mehr Arbeit gestürzt hatte. Sie fühlte sich dadurch in ihrem Verdacht bestätigt, daß ihr Mann Tobias nicht wirklich gewollt hätte. Die Sorge und Pflege läge bei ihr, ihr Mann kümmere sich nicht, und auch die Beziehung zwischen Tobias und dem Vater sei schlecht. Tobias bliebe nicht allein beim Vater und begänne nach kurzer Zeit herzerweichend zu schreien.

Herr Schulz lehnt die Schilderung und Deutung seiner Frau ab und beklagt seinerseits, daß sich seine Frau schon in der letzten Zeit der Schwangerschaft und besonders seit der Geburt nur noch auf Tobias beziehe. Ich bin Luft für sie, Tobias muß nur piepsen und schon rennt sie nach ihm. Sexualität gäbe es schon lange nicht mehr und seine Frau sei dabei, die Beziehung mit ihm zu ruinieren.

Beide Elternteile sind in hohem Maße betroffen, enttäuscht und sogar verzweifelt. Sie suchen den Fehler hauptsächlich beim anderen, sehen dessen Verhalten durch die Brille ihrer gewachsenen Voreingenommenheit und Betroffenheit und finden dementsprechend viele Indizien, die ihre Annahmen stützen.

Aber gleichzeitig ist die Frage nach Recht/Unrecht und Schuld/Unschuld hier nicht hilfreich, da sie suggeriert, man könne eine Ursache für die komplexen Zusammenhängen finden. Hier bedingt sich vieles gegenseitig, und das Paar hat sich in seinen unter-

---

[29] Alle Daten, die zu einer Identifikation der betroffenen Personen führen könnten, wurden geändert.

schiedlichen „Geschichtsschreibungen" und Deutungen gegenseitig hochgeschaukelt, so daß bei aller Liebe für einander und für den Sohn eine Beziehungsgestaltung resultierte, daß die Frau sehr eng mit dem Sohn lebte und der Mann sich immer mehr mit seiner Arbeit verheiratete. So gesehen hat natürlich jeder von beiden recht mit seiner Deutung.

Therapeutisches Vorgehen

Die TherapeutInnen fanden viele Anzeichen gegenseitiger Zuneigung und Zärtlichkeit, die durch den angehäuften Berg von Vorwürfen und Mißverständnissen immer wieder durchblitzten. Die TherapeutInnen gingen dann zunächst davon aus, beiden Partnern Glauben zu schenken: der Frau, wenn sie sagte, sie sei nach wie vor an ihrem Mann interessiert und wünsche sich eine veränderte Partnerschaft, nicht nur als Unterstützung mit Tobias, sondern sie wolle seine Frau sein. Dem Mann, in dem er sein Interesse am Sohn erklärte und in seinem Wunsch, mit Tobias zu leben und ihm ein Vater sein zu wollen. Er habe sich damals zur Zeit der Schwangerschaft tatsächlich umentschieden, und nicht nur seiner Frau zuliebe.

Dem Paar wurde dann aufgetragen, experimentell für vier Wochen dem anderen in seiner Darstellung zu glauben und alles an Handlungen unterlassen, was der andere so deuten könne, daß ihm nicht geglaubt würde.

Das Paar kam dann zur nächsten Sitzung, hier die vierte, und berichtete, daß sich der Mann viel mehr um Tobias gekümmert und daß auch Tobias viel freundlicher auf den Vater reagiert hätte. Andererseits hätte sich auch Frau Schulz wieder für ihren Mann geöffnet und sie hätten seit langer Zeit mal wieder zusammen geschlafen.

Auswertung

Der Bruch zwischen den beiden Partnern ist aus Therapeutensicht wahrscheinlich während der Schwangerschaft eingetreten, als der Mann (aus Sicht der Frau) aufgrund der Diagnosestellung aus der gemeinsamen Lebensplanung ausscherte. Wenn du mein Kind nicht willst, willst du auch mich nicht. Der Mann seinerseits hatte gefunden, daß die Frau die Beziehung zu ihm über Bord warf, als sie sich nicht *in erster Linie* mit ihm verständigte und absprach, sondern quasi mit dem ungeborenen Leben eine Koalition einging. Er als Mann hätte nur noch ja oder nein sagen dürfen. Die Entscheidung dagegen hätte sein Frau ohne ihn getroffen. Damals hast du dich gegen mich entschieden.

Diese Sichtweisen könnte man als Ursache für die weitere Entwicklung begreifen. Ab hier ging nichts mehr, bei aller Motivation und bei allem Bemühen fiel alles doch auf die entsprechende Deutungsschablone Das machst du nur, weil ... und konnte den Partner nicht erreichen.

Andererseits wäre es auch zu kurz gegriffen, diesen Punkt in der Entwicklung der beiden Menschen als die Ursache anzunehmen: Als die TherapeutInnen das Paar zum damaligen Stand ihrer Beziehung befragten, war zu erfahren, daß der Mann sich schon überlegt hatte, ob er sich nicht ev. einer anderen Frau zuwenden sollte (er hatte damals eine kurze Liebesbeziehung), und die Frau hatte zum damaligen Zeitpunkt auch schon viele Zweifel an der Beziehung gehabt. Das lange Warten auf ein Kind und die wachsende Hoffnungslosigkeit hatte mich zermürbt.

Paare mit unerfülltem Kinderwunsch

Kinderlose Paare kommen recht oft in unsere Praxis: sie haben sich auseinandergelebt, beklagen eine fehlende Gemeinsamkeit und berichten über unterschiedliche und teilweise diffuse Störungen ihres Beziehungslebens.

Erinnern wir uns an den Anfang dieses Buches und an das Zitat von Laotse:

Der SINN erzeugt die EINS.
Die EINS erzeugt die ZWEI.
Die ZWEI erzeugt die DREI.
Die DREI erzeugt alle Dinge.

so könnten wir schlußfolgern, daß nur die Dreiheit als Ganzheit erlebt wird, und kinderlose Paare dementsprechend an einer gewissen *Sinnlosigkeit* kranken.

In der Tat deckt sich dies mit unseren Erfahrungen: kinderlosen Paaren scheint ein drittes Element zu fehlen, in dem sie sich vergegenständlichen und in dem sie ihre *gemeinsame* Erfüllung finden können. Oft nimmt der gemeinsame Wunsch nach einem Kind und die Bemühungen um ein Kind (Gespräche, ärztliche Untersuchungen, Sex zum Zeitpunkt des Eisprungs, ev. Sterilitätsbehandlungen) die Rolle dieses verbindenden dritten Elementes ein. Wenn klar geworden sein sollte, daß ein gemeinsames Kind nicht möglich ist, kommt eine harte und auseinandersetzungsreiche Zeit für das Paar. Jeder muß den Verlust verarbeiten und betrauern. Hier stellt sich dann oft die Frage, ob man zusammenbleibt und ob man mit einem anderen Partner nicht doch seinen Kinderwunsch erfüllen möchte.

In dieser Phase brechen viele Partnerschaften auseinander. Bleiben die Partner aber zusammen, müssen sie mit dem unerfüllten Wunsch leben. Oft werden dann berufliche und karrierebezogene Entwicklungen vorangetrieben, d.h., jeder geht mehr seinen eigenen Weg. Findet das Paar jedoch kein *gemeinsames* Projekt, so treten früher oder später Probleme auf, die zur Anmeldung für eine Therapie führen.

Wir sprechen mit den Paaren immer intensiv über die Vergangenheit, über den Umgang mit dem Kinderwunsch und wie sie mit dem unerfüllten Wunsch umgehen. Wir reden über die Visionen für das weitere Leben und welchen Platz der Partner in den Visionen hat. Dann schauen wir, ob es gemeinsame Visionen oder Ansätze dazu gibt. Meistens sagen wir den Paaren dann ganz direkt, daß sie nach unserer Erfahrung ein gemeinsames Projekt brauchen, in dem sie sich beide wiederfinden können und daß einen Herzenswunsch von ihnen beiden repräsentiert. Wir äußern auch die Vermutung, daß sie nur mit einem solchen gemeinsamen dritten Element langfristig eine gemeinsame Zukunft haben werden.

In der Regel nehmen die KlientInnen diese Idee gut an und bewegen mehr oder weniger viel, um ein solches gemeinsames Projekt zu entwickeln. Dennoch sind unsere Erfahrungen hier so, daß sich die meisten Paare dieser Art früher oder später trennen.

Man könnte vermuten, daß auch die Beratung es ihnen nicht ermöglicht, einen *gemeinsamen* Herzenswunsch und seine Umsetzung zu entwickeln, wenn das nicht schon vorher ohne Beratung geschehen ist.

Wenn's brennt – Krisenintervention in der Paartherapie

Der Begriff „Krise" kommt aus dem Griechischen und bedeutet „Entscheidung, entscheidende Wendung" und kann als Wende- und Höhepunkt einer gefährlichen Entwicklung verstanden werden. Insofern sind Krisensituationen im Laufe jeden Lebens normal. Jeder Therapeut, Berater und Seelsorger kennt solche krisenhaften Entwicklungen, in denen die KlientInnen oft schnelle Hilfe anfordern und einen „Stirb-und-Werde-Prozeß" durchlaufen.

Kennzeichen einer solchen Krise sind:

- **Reduzierte Handlungsoptionen geben das Gefühl von Engpaß**
- **Lösungsversuche nach dem Muster „Mehr desselben"** (nur bei fixierter Krise)
- **Hoher Streßpegel**
- **Reduzierte oder aufgehobene Zukunftsvisionen**
- **Starre und Unbeweglichkeit**
- **Überschwemmung und Zusammenbruch**

Je nach den Ereignissen und Problemstellungen, die wir mit der Definition „Krise" belegen, scheint es uns noch hilfreich, die Krisensitationen wir folgt zu unterteilen:

- **Notfall**
- **Schicksalsschläge**
- **fixierte Krisen**

Wenn wir uns nun den Interventionsstrategien zuwenden, ist es noch wichtig, die Kontexte (das Rollenverhältnis) zu markieren, in denen wir mit den KlientInnen stehen:

- **Therapiekontext**
- **soziale Kontrolle**
- **Mischkontext**

Je nach Kontext und Krisenspezifizierung kommen wir zu unterschiedlichen Vorgehensweisen:

Bei einem akuten **Notfall** wie Herzinfarkt, Suicidversuch oder Gewaltanwendungen müssen wir unabhängig von der Kontextmarkierung und Rollenverständnis sicher sofort tätig werden und den betroffenen Menschen die notwendige Hilfe zukommen lassen. In der Regel wird das einen **Kontext von sozialer Kontrolle** bedingen, was bedeutet, daß wir eine Klinikeinweisung vornehmen, andere Ärzte, Jugendamt und ev. die Polizei einschalten müssen. In diesem Kontext der sozialen Kontrolle sind wir schon durch das Gesetz zur direkten Hilfeleistung verpflichtet. Wenn wir mit den betroffenen Menschen in einem therapeutischen Kontext standen, so verändert sich dieser oft abrupt in einen Kontext der sozialen Kontrolle. Falls wir als BeraterInnen in einer psychiatrischen Klinik arbeiten, so stehen wir in der Regel automatisch in einem **Mischkontext**. Wir müssen über die Dauer der stationären Behandlung entscheiden, über Verlegungen oder medikamentöse Behandlung, alles Tätigkeiten, die in einen Kontext der sozialen Kontrolle gehören. Falls wir gleichzeitig mit KlientInnen eine Therapie durchführen, stehen wir von vorneherein in einem Mischkontext, in dem es sinnvoll ist, jeweils zu definieren, in welcher Rolle wir uns gerade begegnen.

Bei **Schicksalsschlägen** wie der plötzliche Tod eines Angehörigen oder eine schwere Erkrankung können wir in der Regel eine Therapie bzw therapeutische Begleitung anbieten. Hier handelt es sich um Entwicklungskrisen, die mehr oder weniger in jedem Leben vorkommen, wobei wir auch nicht von Anfang an unter dem Fokus der Musterveränderung herangehen. Es könnte im Laufe der therapeutischen Begleitung dazu kommen oder notwendig werden, die Muster des Umgangs in der Krise zu verändern.

Fixierte Krisen sind Krisen, die schon eine ganze Weile andauern, die also als chronisch oder sich chronisch-wiederholend bezeichnet werden können. Obwohl auch hier meistens von Krisen gesprochen wird, sind diese doch nicht akut. Die Umgangsweisen und Transaktionsmuster sind längst stabilisiert, und wir finden eine Situation, in der oft die Art der Krisenbewältigung zum Hauptproblem geworden ist. Man sollte also genau schauen, liegt eine akute Krise im Sinne eines Schicksalschlages oder eines plötzliche Notfalls vor, oder läuft das eigentlich problemhafte, Leid erzeugende Verhaltensmuster schon lange und findet in der momentanen Situation nur seine Zuspitzung. Eine solche Zuspitzung entsteht meistens dadurch, daß die Menschen in der Not nur noch reduzierte Handlungsoptionen zur Verfügung haben und nach dem Muster „Mehrdesselben" reagieren. Dadurch kommt es zur Eskalation, die als besonders erlebt wird, aber vom Transaktionsmuster her nichts tatsächlich Neues bietet. Diese Unterscheidung zwischen fixierten Verhaltensweisen und plötzlichem Schicksalschlag erscheint uns sehr bedeutsam.

Krisenintervention bei fixierten Krisen:

Ziele:
Erweiterung der Handlungsoptionen
Weiterentwicklung
Gefühl von Kompetenz im Umgang mit der Situation
Hoffnungsvoller Zukunftsausblick

Strategien:
Analyse der Episteme[30], der Wahrnehmung, Regeln und Transaktionsmuster
Fokuserweiterung
Kontexterweiterung
Musterunterbrechung
Begleitung
Induktion einer „neu-organisierenden" Krise

Haltung:
Bereitschaft zum Übernehmen von Führung und zur Intervention. Beim Klienten sollte ankommen *Ich bin für Sie da, ich gehe mit Ihnen, Sie können mir vertrauen, ich habe Erfahrung mit solchen Ereignissen*

Wenn alles gesagt ist – Gewalt in der Ehe

Bei kaum einer anderen Symptomatik ist die Verführung, in eine lineare Betrachtungsweise zu verfallen, so groß wie bei Gewalttätigkeiten. Die Verführung besteht darin, die beteiligten Personen in „Täter" und „Opfer" einzuteilen und sich als Therapeut auf die Seite der Opfer zu stellen und die Täter zu verurteilen. Ansätze dazu gibt es im deutschsprachigen Raum genug, wo besonders im Bereich sexueller Mißbrauch aus Sicht der Autoren eine lineare Konzeptbildung dominiert. Systemische Betrachtungsweisen haben es hier natürlich besonders schwer, da es in diesen Fällen tatsächlich um klare Gewaltverhältnisse geht, bei denen die beteiligten Menschen nicht auf gleicher Ebene mit Interdependenz-Konzepten im Sinne gegenseitiger Auslösung und Stimulierung betrachtet

[30]Weltsicht.

werden können. Auch die Frauenbewegung hat ihren Teil dazu beigetragen, in linearer Art zu einer Verurteilung der Täter aufzurufen, und Geschlechterfragen (gender issues) werden in der systemischen Therapiescene heftig diskutiert. Dieser Beitrag soll dazu dienen, auch für diesen umstrittenen Themenbereich ein systemisches Konzept vorzulegen, hier allerdings begrenzt auf die Frage „Gewalt in der Ehe", also Gewalt zwischen zwei zumindest formal gleichgestellten Menschen. Die Vorstellung und Erörterung eines systemischen Konzeptes für Gewalt gegen Abhängige müssen wir in diesem Rahmen anderen Autoren und Publikationen überlassen[31].

Um zunächst mal eine Idee zu gewinnen, wie verbreitet Gewalt in der Ehe ist, zitieren wir eine repräsentative Fokusumfrage zum Thema „Häusliche Gewalt" vom November 1994 (s. S. 158)

Zusammenfassend läßt sich sagen, daß über 20 % der befragten Westdeutschen von Gewalthandlungen wie Ohrfeigen oder aggressiven Körperkontakten und mehr als 5% sogar von schwerer Prügel berichten (die Fokusbefragung differenziert allerdings nicht zwischen Gewalt der Partner untereinander und Gewalt gegen Kinden). Dennoch gibt diese Befragung einen Eindruck davon, daß sehr viele Partnerschaften davon betroffen sind; dies deckt sich mit den Erfahrungen der Autoren, daß Gewalthandlungen relativ häufig vorkommen. **Man muß allerdings danach fragen**, denn selbst die von den Schlägen etc. Betroffenen (bei uns meistens Frauen) berichten sehr selten von sich aus von den Gewalthandlungen. Und auch auf Nachfrage kommen sie damit sehr scheu heraus, so als wollten sie auch in der Situation der Therapie noch ihren Partner oder ihre Beziehung schonen. Wenn man als TherapeutIn nicht danach fragt, erfährt man sehr viel weniger von diesen Vorgängen, und sie bleiben im Dunkeln. Nach unseren Erfahrungen berichten Paare viel leichter über ihr Sex- als über ihr Gewaltleben. Hier scheint die Tabuisierung noch größer zu sein.

Systemische Konzeptualisierung:

Aus systemischer Sicht treten Menschen miteinander in Beziehung, indem sie sich über den Austausch von Materie, Energie und Informationen koppeln. Jedes Gespräch gilt als Informationsaustausch, mit dem die betroffenen Individuen ihr gemeinsames Leben regeln.

---

[31]Siehe hierzu: Cloé Madanes 1992.

	BRD-	West	BRD-	Ost
	Männer	Frauen	Männer	Frauen
Minderschwere Gewalt (Anpacken, schütteln, Ohrfeigen)				
Ich gegen andere	17,3%	13,8%	12,9%	8,6%
Andere gegen mich	12,5%	12,7%	9,2%	8,7%
Als Täter und/ oder Opfer	22,4%	21,0%	16,8%	15,2%
Schwere Gewalt (Tritte, Faustschläge, Körperverletzungen)				
Ich gegen andere	4,1%	3,1%	2,0%	1,1%
Andere gegen mich	5,2%	4,2%	2,8%	3,3%
Als Täter und/ oder Opfer	6,5%	5,2%	4,3%	3,5%
Sexuelle Gewalt				
Vergewaltigt	2,1%	6,2%	1,3%	2,6%
Sexuell genötigt	1,8%	5,3%	1,3%	1,5%
als Kind (unter 16 Jhr) sexuell mißbraucht	2,1%	3,7%	0,9%	1,7%

Sexuelle Gewalt				
Vergewaltigt	2,1%	6,2%	1,3%	2,6%
Sexuell genötigt	1,8%	5,3%	1,3%	1,5%
als Kind (unter 16 Jhr) sexuell mißbraucht	2,1%	3,7%	0,9%	1,7%

Tabelle Fokus/1994

Es gibt jedoch Situationen, in denen der Informationsaustausch (das Gespräch, der verbale Streit) keine Kopplung mehr erzeugt und Informationen nicht mehr aufgenommen werden. Man fühlt sich unverstanden, man hört sich nicht mehr zu und man fühlt sich nicht gehört. Wir haben dann die Situation von zwei abgeschlossenen Systemen, beide Partner sind gewissermaßen von einer Mauer umgeben und stoßen beim anderen auf diese Mauer. In diesen Fällen be-

Abb. Zusammenwirken

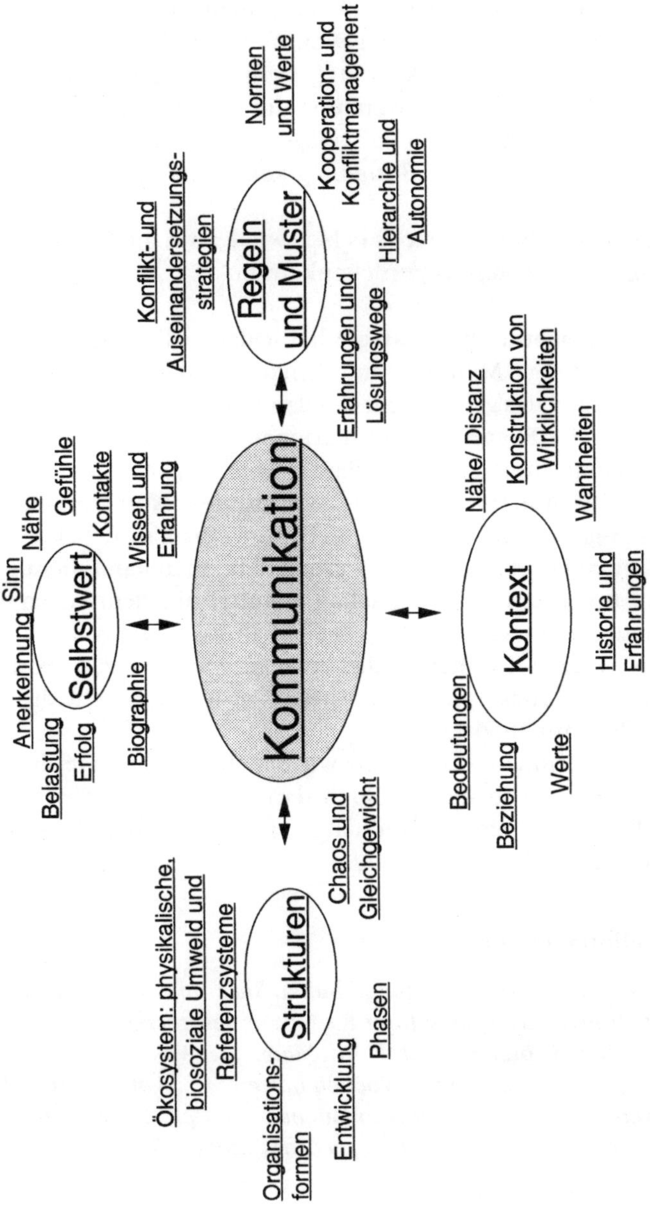

steht die Gefahr, daß der Informationsaustausch durch den Austausch von Materie und Energie abgelöst wird: man wirft sich Tassen an den Kopf (Materie) oder schlägt einander (Energie).

Ist es erst einmal so weit gekommen, erscheint es meist sehr schwer, wieder auf den Austausch von Informationen zurückzuschalten, da die Gewaltanwendung die Abschließung voreinander verstärkt hat. Daher hören wir gelegentlich die Aussage: *Da wußte ich plötzlich, daß unsere Beziehung keine Chance mehr hatte!*

Therapeutisches Ziel ist es daher, wieder auf die Ebene des Informationsaustauschs zurückzukehren.

Für die **therapeutische Strategie** heißt das, daß ab sofort jede Gewaltanwendung (Materie- und Ernergieaustausch) unterbunden werden muß. Dies gelingt aber nur dann, wenn gleichzeitig der Austausch auf der Ebene der Informationen wieder möglich wird, d.h. daß die BeraterInnen mit dem Paar die bisherigen Transaktionsmuster des Zusammenlebens verändern müssen. Nun können aus systemisch-ganzheitlicher Sicht nicht nur einzelne Aspekte des gemeinsamen Lebens verändert werden, d.h., man kann nicht nur die Gewalt mit einem „chirurgischen Schnitt" aus dem Leben entfernen und alle anderen Aspekte beibehalten, sondern die Veränderungen werden in mehr oder weniger ausgeprägter Form alle Aspekte des Zusammenlebens betreffen (siehe hierzu die Abbildung „Zusammenwirken").

Die BeraterInnen werden also wie bei allen anderen Problemkonstellationen den in diesem Buch dargelegten Prinzipien systemischer Behandlung folgen und dabei einen speziellen Schwerpunkt auf das Thema Gewalt legen.

Beispielintervention:

In unserem heutigen Gespräch haben Sie zum ersten Mal von den Gewaltanwendungen in Ihrer Beziehung gesprochen: Sie, Frau Seibert[32] *haben berichtet, daß Ihr Mann Sie wiederholt heftig geschlagen hat. Vor einigen Wochen hatten Sie sogar so heftige Prellungen, daß Sie einen Arzt aufsuchen mußten. Daraufhin haben Sie Ihrem Mann mit Trennung gedroht und die Teilnahme an die-*

---

[32]Phantasiename, Ähnlichkeiten sind zufällig.

ser Paarberatung zur Bedingung gemacht. In dieser zugespitzten Situation haben auch Sie, Herr Seibert, der gemeinsamen Beratung zugestimmt. Heute haben Sie nun berichtet, daß Sie sich oft von ihrer Frau provoziert und gereizt fühlen, daß Sie nicht mehr anders wissen als zuzuschlagen. Gleichzeitig haben Sie ausgedrückt, daß Sie die Gewaltanwendung bereuen, daß es Ihnen leid tut und daß Sie gerne wieder zu einem anderen Umgang mit Ihrer Frau zurückfinden möchten. Sie haben beide gesagt, daß Ihnen die Beziehung sehr viel wert ist und daß Sie bereit sind, eine große Anstrengung zu unternehmen, um entsprechende Veränderungen in Ihr Leben einzuführen.
Nun, wie schon vorher angekündigt, werden wir Ihnen eine Verhaltensempfehlung geben, die dazu führen soll, daß sich Ihr Beziehungsleben grundsätzlich ändern kann. Es wird jedoch sehr schwer sein, der Empfehlung zu folgen, da sie Ihr Leben in gewissem Sinne revolutionieren wird. Und eine Revolution bedeutet eine Umstürzung der alten Strukturen und Verhaltensweisen, d.h., man muß aus alten Gewohnheiten aussteigen.
Wir bitten Sie also, sich für die nächsten vier Wochen bis zu unserem nächsten Termin an folgendes zu halten:
Sie, Herr Seibert unterlassen bitte alles, was Ihre Frau auch nur im entferntesten als Gewalthandlung oder Einladung zu einer wie auch immer gewaltsamen Auseinandersetzung auffassen könnte. Hierbei kommt es nicht darauf an, was Sie selbst empfinden, sondern Sie müssen sich in Ihre Frau hineinversetzen, was diese wohl als Gewalt oder Einladung dazu verstehen könnte. Eventuell gehört schon ein lauter Tonfall oder ein schräger Blick dazu.
Für Sie, Frau Seibert, gilt dasselbe: Unterlassen Sie bis zum nächsten Mal alles, was Ihr Mann als Gewalt oder Einladung zur Gewalt erleben könnte. Sie entscheiden bitte selbst, was alles dazu gehört. Wie wir heute in unserem gemeinsamen Gespräch erfahren haben, lösen ja bestimmte schnippische Bemerkungen ihrerseits schon eine gewisse Wut in ihm aus. Und wie wir ja auch gehört haben, liegt unter dieser Wut eine große Sehnsucht nach Liebe und Anerkennung von ihnen. Also schauen Sie mal selbst, was alles dazu gehört.
Für Sie beide gemeinsam gilt noch: unterlassen Sie darüber hinaus jedes Gespräch über die vergangenen Verletzungen, ja wir sind sogar der Meinung, Sie sollten bis zum nächsten Mal jedes Gespräch über die Vergangenheit im allgemeinen unterlassen.
Beim Befolgen dieser Empfehlung werden wahrscheinlich Unsicherheiten in Ihrem Leben auftreten. Sie werden nicht wissen, was Sie jetzt überhaupt tun und wie Sie reagieren sollen. Das ist nor-

mal und gehört zu diesem Veränderungsprozeß dazu, in dieser Phase werden Sie neue Verhaltensweisen entdecken, die dann in modifizierter Form Ihr Leben weiter bestimmen werden. Wahrscheinlich wird auch viel Überraschendes geschehen, Dinge, mit denen Sie nie gerechnet hätten. Lassen Sie sich also überraschen.

Marmor, Stein und Eisen bricht ... – Paare im Trennungsprozeß

In unserer heutigen Zeit wird sehr viel schneller als früher die Grundsatzfrage *Bleiben wir noch zusammen?* gestellt. Dies hat verschiedene Gründe, z.B. die größere finanzielle Eigenständigkeit der Partner, mehr Freizügigkeit in sexuellen Fragen und daß es insgesamt fast zur Norm geworden ist, die Beziehung in größeren Krisen zur Disposition zu stellen.

Hiervon ist auch die Paartherapie und -beratung betroffen, da diese Frage während der Therapie oft gestellt wird, oder die Paare sogar mit dem Auftrag nach einer Trennungsberatung in die Praxis kommen.

Wenn während der Therapie oder Beratung einer oder beide Partner Trennungswünsche oder -absichten äußern, kommen die TherapeutInnen häufig unter Druck:

- Trennung wird von den BeraterInnen oft als „schlechtes Therapieergebnis" gewertet, da der Erfolg immer noch gerne am harmonischen und möglichst glücklichen „Happy End" gemessen wird.
- Auch TherapeutInnen sind Menschen, die meistens in Paarbeziehungen leben, auch für sie selbst ist eine Trennung in der Regel eine bedrohliche Krise.
- Trennungen werden meistens als ultima ratio auf die Tagesordnung gehoben, wenn alle anderen Lösungsversuche versagt haben und man nicht mehr weiter weiß.
- Trennungen sind in der Regel mit Schmerz, Trauer, Wut und Verzweiflung verbunden, „negative" Gefühle, die auch die TherapeutInnen nicht gerne sehen und erleben.
- Auch von der Umwelt wird die Trennung nicht als positives Ergebnis einer Paartherapie gewertet, und die TherapeutInnen, die meistens einen HappyEnd-Abschluß bewirken, haben sicher einen besseren Ruf und eine größere Nachfrage als diejenigen, bei denen sich Paare eher trennen.

Auf der anderen Seite forcieren manchmal die TherapeutInnen selbst dieses Thema, da sie nämlich nicht mehr weiterwissen, „ihr Pulver verschossen" und tendenziell auch „die Nase voll" haben. Man würde das Paar dann am liebsten gar nicht mehr sehen,

- weil man nicht weiterkommt,
- weil man einfach genervt ist,
- weil die eigene Hilflosigkeit schwer auszuhalten ist.

Gleichgültig, ob das heiße Thema vom Paar oder von den TherapeutInnen eingeführt wird, es ist fast immer ein Ausdruck einer Krise im therapeutisch Prozeß[33], denn

man trennt sich selten, weil man positiv woanders hinmöchte, sondern eher, weil man es hier nicht mehr aushält, also negativ bestimmt.

Selbst wenn man sich in einen anderen Menschen verliebt hat und gerne mit dieser anderen Person Zeit verbringen möchte, so gibt es nur wenige Menschen, die sich ohne Ambivalenz zur Trennung entschließen. Meistens führen erst die Auseinandersetzungen dazu, daß das Leben in der Ursprungspartnerschaft nicht mehr auszuhalten ist und Mann oder Frau das Heil in der Flucht suchen.

Aus all den genannten Gründen ist das Thema so heiß und so anziehend, daß sich BeraterInnen und KlientInnen dann immer wieder um dieses Thema drehen und an den Mustern und Regeln der Paarbeziehung nicht mehr gearbeitet wird. Hier wird die Beziehung dann auf der **formalen** Ebene betrachtet, statt daß man nach den bereits formulierten Prinzipien der Änderung der Transaktionsmuster oder Induktion von Veränderungsprozessen arbeitet.

- Durch eine Änderung der Regeln und Transaktionsmuster wird das gesamte Verhalten des Paares geändert, egal, ob man sich über Trennung, Sorgerecht oder die Art der Urlaubsgestaltung unterhält.

[33] Es gibt die eine Ausnahme, wenn nämlich das Paar sich einig ist, sich zu trennen, und dies unter fachkundiger Hilfe durchführen möchte, um z.B. diesen Prozeß mit möglichst wenig Verletzungen für sich und/oder die Kinder zu durchlaufen.

- Erst wenn die oft destruktiven Umgangsformen verändert sind, kann das Paar entscheiden, ob es sich „positiv" trennen will, denn sonst haben wir nur den oben dargelegten „Weglauf-Effekt".
- Auch nach einer Trennung haben die Partner in der Regel noch lange miteinander zu tun (bei gemeinsamen Kindern oft mehr als ein Jahrzehnt), und die jetzt in der Therapie erarbeiteten Transaktionsmuster bestimmen, wie die weiteren Gespräche und Verhandlungen geführt werden können.

Beispielintervention:

Sie, Frau Seifert[34], haben in der heutigen Sitzung von Trennung gesprochen. Sie führten aus, daß Sie es unter den gegebenen Umständen nicht mehr aushalten, mit Ihrem Mann unter einem Dach zu leben. Sie, Herr Seifert, sind dagegen: Sie lieben Ihre Frau so sehr, daß Sie sich unter keinen Umständen trennen wollen, und Sie führten auch das Wohl der Kinder an.

Wir Therapeuten können diese Frage nicht entscheiden, wir wissen nicht, was für Sie beide oder die Kinder besser wäre. Wir wissen aber sicher, daß Ihre Art des Umgangs miteinander mit den vielen gegenseitigen Ohrfeigen und Tiefschlägen so ist, daß wir glauben, daß man unter diesen Bedingungen diese Frage nicht entscheiden sollte. Besonders da Sie auch während und nach einer Trennung noch viel miteinander zu tun haben werden, werden die gegenseitigen Verletzungen weitergehen und wahrscheinlich noch zunehmen. Sie wären also nicht in der Lage, alle die wichtigen lebensverändernden Entscheidungen wie Klärung des Sorge- und ev. Besuchsrechts und die Klärung der Vermögensverhältnisse in konstruktiver Weise anzugehen. Im Gegenteil, Ihre Anwälte würden Ihnen wahrscheinlich dabei helfen, die Streitpositionen zu verhärten und zu eskalieren. Sie würden alle die wichtigen Fragen von anderen Menschen z.B. Richtern entscheiden lassen und den größten Teil Ihres Vemögens für Anwälte und Gerichte ausgeben müssen.

Wir sehen unsere Aufgabe nun darin, Ihnen zu einer anderen Umgangsweise zu verhelfen, die Ihnen überhaupt erst ermögli-

---

[34] Alle Daten, die zu einer Identifikation der betroffenen Personen führen könnten, wurden geändert.

chen wird, in Ruhe und ohne Stress und Druck über Trennung nachzudenken und zu entscheiden. Mit dieser anderen Umgangsform könnten Sie dann die anstehenden Fragen gegebenenfalls in einer konstruktiven Weise klären, so daß keiner als Verlierer das Feld verlassen müßte. Dies geschähe zu Ihren und Ihrer Kinder Gunsten.

Sind Sie daran interessiert?

Okay, bis zum nächsten Termin in vier Wochen bitten wir Sie, alles zu unterlassen, was ***der jeweils andere*** *als Kränkung oder Verletzung erleben könnte. Wichtig ist also nicht, was Sie persönlich für verletzend halten, sondern was Sie denken, was für den anderen diese Wirkung hätte. Sie müssen sich also bei jedem Verhalten und bei allen Aussagen in Ihre(n) Partner(in) hineinversetzen ... (Es folgen noch andere dem jeweiligen konkreten Paar und seiner Situation angemessene Empfehlungen).*

Dies ist eine sehr schwierige Aufgabe, aber die einzige, die Ihnen nach unseren vielfältigen Erfahrungen weiterhelfen wird. Sie sind jetzt im wahrsten Sinne des Wortes „Ihres eigenen Glückes oder Unglückes Schmied".

Spezielle Krankheitsbilder in der Paartherapie

Wenn wir uns im vorangegangenen Kapitel mit speziellen Problemkonstellationen beschäftigt haben, so werden wir uns in diesem Kapitel mit speziellen klinischen Konstellationen auseinandersetzen. Diese Symptomkomplexe, die in der Regel als *schwer zu behandeln* betrachtet werden, stellen eine besondere Herausforderung an die systemische Theorie und Praxis dar, da hier die gesellschaftliche Konvention und Geschichte besonders stark in Richtung individualtherapeutischer Betrachtungsweise drängt.

Wir werden uns hier mit der klinischen Symptomatik „Sucht", „Zwangsverhalten", „Psychiatrische Erkrankungen" (besonders „Schizophrenie") und „Psychosomatik" beschäftigen. Wir wählen diese speziellen Syndrome als beispielhaft aus, da im Rahmen dieses Buches eine Eingrenzung notwendig ist.

Vorweg ist zu sagen, daß wir Diagnosen wie die oben genannten als gesellschaftlich-therapeutische Übereinkunft betrachten, die zwar die BeraterInnen informieren, den KlientInnen aber eher schaden, da sie auf ihre Symptombilder und „Krankheiten" festgelegt werden.

Einmal Alkoholiker – immer Alkoholiker.
Einmal schizophren – immer schizophren.

Im Rausch der Sehn-Sucht – Paare und Sucht[35]

Wie wir Sucht verstehen:
Sucht und Abhängigkeit sind soziale Phänomene und Verhaltensweisen, die – systemisch betrachtet – in einem sozialen Kontext oder Netzwerk entstehen, aufrechterhalten werden und sich auch

[35]Siehe auch Lenz, G., 1992. „Niemand sucht allein. Auf dem Weg zu einer veränderten Suchtdefinition" und Osterhold, G. und Molter, H. (Hrg.) 1992 „Systemische Suchttherapie".

wieder auflösen können. Unter sozialem Kontext verstehen wir die gesellschaftlichen, politischen und ökonomischen Bedingungen sowie den historisch-kulturellen Hintergrund. Die körperliche und psychische Verfassung der Betroffenen setzen wir in Beziehung zu ihrem sozialen Kontext.

Dabei gehen wir von folgenden Annahmen aus:

- **Sucht ist *eine* mögliche Verhaltensweise, Probleme anzugehen**: Wenn Menschen sich in Not, in einem Engpaß befinden, wenn sie Probleme haben, suchen sie bewußt und unbewußt nach Wegen, ihr Leiden zu verringern. Dabei stehen ihnen vielfältige Möglichkeiten zur Verfügung. Die Wahl des Mittels richtet sich nach unterschiedlichen Kriterien und ist häufig keine bewußte Entscheidung. Man kann davon ausgehen, daß ein wichtiger Faktor dabei ist, ob die entsprechende Verhaltensweise zur Problemlösung in der Familie bereits vorhanden war und erprobt wurde. Daraus ließe sich auch die Beobachtung erklären, daß bestimmte Problemlösungsstrategien häufig über die Generationen weitergegeben werden und immer wieder auftauchen. Obwohl wir uns als BeobachterInnen und TherapeutInnen dann oft fragen, wieso dieses problembeladene Verhalten wie z.B. Trinken nicht zumindest in der folgenden Generation verändert wird. Dies liegt allerdings oft mehr an der Brille und Sichtweise der BeobachterInnen, da sie an den Problemlösungsstrategien mehr die problematische Seite sehen und nicht erkennen oder anerkennen, wie diese Strategie ein Lösungsversuch für ein wahrscheinlich ansonsten gravierenderes Problem darstellt.

- **Auch das Suchtverhalten innerhalb eines Systems hat Problemlösungscharakter und stellt insofern die beste der im Moment möglichen Reaktionsweisen der beteiligten Menschen dar**. Im Alltag und auch häufig in der Therapiesituation wird das Suchtverhalten nur oder hauptsächlich von der Problemseite her betrachtet. Wir bemühen uns dagegen, das Suchtverhalten auch von der Lösungsseite zu verstehen, wobei wir uns natürlich bewußt sind, daß in den betroffenen Familien viel Leid existiert, das unser Mitgefühl und den Wunsch zu helfen hervorruft. Auch ist die Lösungsseite des Verhaltens oft nicht schnell zu erkennen, besonders da wir uns als BeobachterInnen leicht mit den betroffenen „Opfern" des Suchtverhaltens identifizieren. Das „Opfer" kann dabei der/die Abhängige selbst, sein Partner oder Partnerin oder aber sein(e)/ihr(e) Kind(er) sein. Je nachdem, wen wir dabei für das „Opfer" halten, geben wir dem/der entsprechenden „TäterIn" die Schuld. Suchtsysteme üben dabei einen großen Sog in Richtung Schuldzusprechung aus und laden uns als TherapeutInnen ein, daran mitzuwirken.

- Dieses Wissen um die „Sucht als Lösung" hat jedoch hohe Relevanz für die Therapie, und Veränderungen werden von uns nicht inszeniert, bevor nicht alle Beteiligten eine Idee davon haben, weshalb diese Verhaltensweisen die besten *der z.Z. und unter den gegebenen Bedingungen möglichen* Reaktionsweisen sind.

- **Es handelt sich auch bei der Sucht um erlernte, erfahrene und im weiteren System verankerte Bewältigungsstrategien**: Suchtverhalten, auch mit einem speziellen Suchtmittel, tritt selten ganz neu auf. Meistens findet sich ein entsprechender Umgang damit bereits in der Herkunftsfamilie oder läßt sich in noch weitere Generationen verfolgen. Es ist oft auch im sozialen Umfeld der Menschen verankert (Cliquenbildung), und die Menschen bestätigen und stärken sich gegenseitig. Auch die nicht selbst von einem Stoff abhängigen Personen sind an den Verhaltensweisen beteiligt (s. dazu auch das gängige Modell des Co-Alkoholikers) und dies geschieht häufig über Generationen hinweg oder/und in den Herkunftsfamilien der anderen Partner. Unsere Therapieerfahrungen bis heute zeigen, daß ein anderes Verhalten erfahren und erlernt werden kann.

- **Um den Mißbrauch von Rauschmitteln zu verstehen, muß dieses Verhalten in den Kontext gestellt werden, in dem es entsteht und erhalten wird:** Einen möglichen Sinn in dem süchtigen Verhalten finden wir oft erst, wenn wir die Folgen in dem Kontext untersuchen, in dem es am häufigsten auftritt. Z.B. der Mann trinkt immer wieder „beziehungsrelevant", und indem die Hauptauseinandersetzung des Ehepaares sich um den Alkohol rankt, kommen die Partner nicht zu der Erkenntnis, daß ihre Ehe längst schal und langweilig geworden ist, sie sich nichts mehr zu sagen haben. Das Suchtverhalten hält die Ehe zusammen, obwohl auf den ersten Blick die Ehe gerade dadurch gefährdet scheint. Oder: der 23jährige, der noch zu Hause bei seinen Eltern wohnt, wird zum zweiten und dritten Mal beim Dealen erwischt und muß ins Gefängnis: Er hat zu wenig Autonomie entwickelt, um sich auf eine gesellschaftlich akzeptable Art und Weise selbständig zu machen. Er hält die Situation zu Hause mit seinem trinkenden Vater und seiner leidenden Mutter nicht aus. So ist der Gang ins Gefängnis Teil seiner Individuation, seine Eltern können ihn da nicht auffordern, nach Hause zurückzukehren und seine Straftat hat eine gewisse vereinende Wirkung auf seine Eltern. Obwohl das Klagen und die Not bei allen Beteiligten sehr groß ist, macht dies Verhalten im größeren Kontext Sinn.

- **Sucht ist keine Eigenschaft der betroffenen Person, sondern ein spezifisches und in einem bestimmten Kontext auftretendes Verhalten:** Wenn wir von „der süchtigen Frau" sprechen, dann wird das Verhalten zur Eigenschaft, zum Charakterzug. Eigenschaften lassen sich aber viel schwerer verändern als Verhaltensweisen. Man kann auch einem Kind leichter sagen, es soll sich anders verhalten als daß man eine bestimmte Eigenschaft verändert. Wenn wir stattdessen formulieren, „die Frau trinkt häufig, seit 12 Jahren, in einer bestimmten Art und Weise und unter diesen Bedingungen", dann wird der zeitliche Kontext gleich mitbenannt, und wir bekommen eine Idee von den Umständen, unter denen es stattfindet. Sprachlich wird so bereits impliziert, daß das Verhalten zu einem anderen Zeitpunkt und unter anderen Bedingungen anders sein kann.

Die Transaktionsmuster der Sucht

Wenn wir die Sucht-Transaktionsmuster genauer untersuchen, stellen wir einige häufige und typische Erscheinungen fest: das Suchtmittel tritt als Vermittler zwischen die Menschen, die Interaktionen ranken meistens um den Suchtstoff und das süchtige Verhalten. Andere Themen, die das Alltagsleben betreffen, treten dahinter zurück (auch darin kann im einzelnen ein Lösungsversuch liegen). Auf diese Weise begegnet man sich weder selbst (im Sinne einer Konfrontation und Auseinandersetzung mit sich selber) noch dem Gegenüber. Die Begegnung erfährt eine Umleitung.

Häufige Folgen dieser Umleitung:

- Vermeidung und Delegation von Verantwortung.
- Dadurch Verschieben der Verantwortung und Vermeidung von Authentizität und Autonomie.
- Durch das Dazwischentreten des Vermittlers Sucht wird oft die Nähe in den engen symbiotischen Beziehungen überhaupt erst möglich.
- Kampf um die Kontrolle in den Beziehungen. Der/die „Gesunde und Nichtsüchtige" versucht; den/die „Abhängige(n)" zu kontrollieren, wobei diese(r) wiederum den/die KontrolleurIn in die Schwäche verweist, indem er/sie sich nicht effektiv kontrollieren läßt und den/die KontrolleurIn hilflos macht.
  Auch in den Kliniken spielt die Kontrolle eine wichtige Rolle; häufig müssen die Diensttuenden die heimkehrenden KlientInnen abschnüffeln, um eine ev. Regelübertretung festzustellen.
- Bei den beteiligten Menschen herrscht große Hilflosigkeit. Da man sich meistens nicht damit konfrontiert (übrigens häufig auch die behandelnden TherapeutInnen nicht), findet eine dauernde und schleichende Hoffnungsinduktion statt: „Wenn ich wollte, könnte ich; es wird schon wieder werden; diese Therapie wird selbstverständlich Erfolg haben; wenn ich erst mal in die andere Abteilung versetzt bin und einen anderen Chef habe, meine Frau sich geändert hat, wird es schon besser werden ..."

Unsere therapeutische Praxis bei Sucht

Ziel der Therapie ist es, vom Suchtmittel zu den Beziehungen der beteiligten Menschen untereinander zu kommen und ihre Begegnung zu fördern; dabei werden ihre Sehnsüchte, Ängste und Bedürfnisse thematisiert.

Im Dienste einer größtmöglichen Effektivität der Arbeit sollen **alle Beteiligten** am Prozeß des Verstehbarmachens, am Aufdecken der Muster und Regeln und an der Veränderung der Sicht- und Handlungsweisen beteiligt sein.

In der Therapie werden das Klima und die Beziehungen so gestaltet, daß dieser Kontext Veränderungen ermöglicht, ohne daß die Art der Veränderung festgeschrieben werden.

Wir verzichten erklärtermaßen auf eine Abstinenzverpflichtung und arbeiten nicht direkt daraufhin, daß er oder sie das Suchtmittel läßt, sondern wir bemühen uns, die Transaktionsmuster so zu verändern, daß die Einbeziehung des Suchtstoffes quasi von selbst überflüssig wird.

Die Forderung seitens der TherapeutInnen, die KlientInnen müßten vor Beginn der Therapie erst trocken oder clean sein, erscheint uns paradox: Hier soll ein Mensch seine Symptome aufgeben, die ihn ja gerade in die Therapie führen. Und wer würde von einem psychosomatisch oder sogar somatisch kranken Menschen verlangen, daß er seine Symptome aufgibt, bevor er in die Therapie kommen darf?

Während der Behandlung bemühen wir uns, das Suchtverhalten überflüssig zu machen und den betroffenen Familien zu ermöglichen, sich mit „normalen" und alltäglichen Problemen und Themen wie Kindererziehung, Liebe und Sex, Arbeits- und Rollenverteilung oder Politik zu beschäftigen.

Im einzelnen schauen wir darauf,

welche Bedeutung dem Symptom gegeben wird,
welche Muster und Regeln damit verbunden sind,
wie sich eine Familie, die ein Mitglied hat, das trinkt, spielt oder spritzt organisiert und verhält,
welche Beziehungsregeln wichtig sind und welche Bedeutungen bestimmten Ereignissen und Verhaltensweisen gegeben werden,
welche Grundbedürfnisse nicht ausgesprochen und gelebt werden und welchen Mustern und Traditionen das entspricht,
ob die Kränkungen, Verletzungen und Schuldvorwürfe statisch bleiben und von Generation zu Generation weitergetragen werden.

Abb. Familie Gutkamp

Fallbeispiel

Familie Gutkamp[36]

* Frau Gutkamp G., 45 J., Arzthelferin
* Herr Gutkamp G., 39 J., arbeitet als Gelegenheitsarbeiter
* Peter, 12 J., Sohn aus der ersten Ehe von Frau Gutkamp, die wegen Alkoholismus des Mannes geschieden wurde
* Sylvia, 8 J., Tochter von Frau Gutkamp und Herr Gutkamp

Anmeldungsgrund: Frau Gutkamp ruft an und möchte wegen Alkoholproblemen des Mannes zu einer Familientherapie kommen.

Das 1. Gespräch: Erstgespräch mit der ganzen Familie, Aufnahme der Familiengeschichte und Problemdefinition; Herr Gutkamp trinkt bereits seit der Pubertät mehr oder weniger intensiv.

Das 2. Gespräch (6 Wochen später): Wieder die gesamte Familie: Herr Gutkamp hat in der Zwischenzeit nicht mehr getrunken (aus Sicht der TherapeutInnen haben sich jedoch die Transaktionsmuster nicht verändert). Die Situation als Stieffamilie wird thematisiert und jeder stellt eine Skulptur von der Familie: im wesentlichen ist Übereinstimmung in den Bildern (s. Abb.), daß Frau Gutkamp engumschlungen mit Sohn Peter steht, die Tochter zwischen den Eltern und Herr Gutkamp auf der anderen Seite alleine und relativ isoliert.

---

[36] Alle Daten, die zu einer Identifikation der betroffenen Personen führen könnten, wurden geändert.

Als Herr Gutkamp befragt wird, wie er sich dort fühle, antwortet er „einsam“ und führt aus, daß er sich in solchen Situationen mit Alkohol tröste. Ab nächstem Termin soll das Paar alleine kommen.

Das 3. Gespräch (4 Wochen später): Das Paar kommt alleine: Herr Gutkamp hat wieder massiv getrunken. Es wird thematisiert, wie sich die beiden gegenseitig zu kontrollieren versuchen und einen Machtkampf führen: Frau Gutkamp versucht, ihren Mann vom Trinken abzuhalten, Herr Gutkamp verlangt, daß seine Frau ihre Kontrolle aufgeben und ihn auch in den anderen Lebensbereichen nicht bevormunden solle. So versuchen beide, sich gegenseitig zu ändern.

Abschlußintervention: an den geraden Tagen zieht jeder die Bedürfnisse des anderen in Betracht und versucht, diese zu erfüllen. An den ungeraden Tagen lebt jeder nach seinen eigenen Bedürfnissen.

Das 4. Gespräch (6 Wochen später): Zwei Wochen lang ist es sehr gut gegangen. Die beiden berichten von einer euphorischen Stimmung. Dann hat Herr Gutkamp *wieder mehrere Abstürze gebaut* und kam morgens mehrfach so betrunken nach Hause, daß er die Kinder nicht zur Betreuung übernehmen konnte und seine Frau vor der Arbeit verzweifelt nach einer Betreuung suchen mußte. Frau Gutkamp ist außer sich, war bei der Anwältin zwecks Scheidung, weint und ist verzweifelt, da sie die Prozedur der Trennung fürchtet, die sie ja schon einmal mitgemacht hat.

Es wird erarbeitet, daß in den ersten beiden Wochen, als es so gut ging, relative Leere in der Beziehung herrschte, daß sie sich nichts zu sagen hatten, daß keine Verbindung zwischen ihnen herrschte. Als Herr Gutkamp dann wieder trank, trat die alte Verbindung wieder auf, daß seine Frau mit ihm schimpfte und zeterte, er sich schuldig fühlte und depressiv und mit Rückzug reagierte.

Abschlußintervention: Die TherapeutInnen erklären, daß sie den beiden Eheleuten eine Erfahrung darüber vermitteln wollen, wie sie sich ohne die Vermittlung von Alkohol („Mr. Drug“, in einer Skulptur vergegenständlicht) miteinander erleben könnten. *Unser Ziel ist es jetzt nicht, Sie, Herr Gutkamp, vom Trinken zu befreien, wir glauben auch sowieso nicht, daß Sie dies auf die Dauer ganz lassen werden ...* Die Aufgabe schließlich lautet: Bis zur nächsten Sitzung darf Frau Gutkamp den Alkohol weder direkt noch indirekt ansprechen, sie soll dieses Thema vermeiden. Herr Gutkamp soll ihr insofern keinen Anlaß dazu bieten, daß er es unterläßt, *beziehungsrelevant zu trinken*. Er soll sich Nischen für seinen Alkoholkonsum suchen, die die Familie möglichst wenig tangieren. Die TherapeutInnen schließen damit, daß sie mit dieser Aufgabe Herrn Gutkamp nicht vom Alkoholkonsum heilen und auch nicht die gefährdete Ehe der beiden sanieren wollen. Ziel ist es lediglich, eine Erfahrung ohne das Thema Alkohol zu machen. *Wenn Sie diesen Empfehlungen folgen, dann tun Sie das nicht für Ihre Beziehung, sondern für jeden von Ihnen individuell, für Ihren weiteren Lebensweg und für Ihre Kinder. Wir würden Ihnen dieselbe Aufgabe geben, wenn Sie sich morgen trennen würden.*

Die beiden Eheleute stimmen zu, der Empfehlung zu folgen.

Das 5. Gespräch (10 Wochen später): Große Veränderung: Herr Gutkamp hatte nach zwei Wochen soviel getrunken, daß er sich wohl unbewußt umbringen wollte: „Ich habe einfach nicht mehr durchgeblickt, war total verwirrt, meine Frau hat nichts mehr zum Thema Alkohol gesagt und ich wußte einfach nicht mehr weiter." Seitdem kein Alkoholkonsum mehr. Herr Gutkamp redet viel, dominiert die Sitzung, im Gegensatz zu früher, wo Frau Gutkamp diese Rolle hatte. Herr Gutkamp hat einen Aufgabenverteilungsplan für den Haushalt und die Kinderbetreuung gemacht und hält sich daran. Er geht sehr aktiv auf seine Frau zu und sucht das Gespräch und die Auseinandersetzung mit ihr. Beide sind unsicher, ob sie überhaupt noch Gefühle füreinander haben und stellen die sie verbindende Liebe in Frage.

Im zweiten Teil der Sitzung geht es um Nähe zwischen den Partnern, um Liebe und um Sex. Frau Gutkamp hat Angst vor ihrem Mann, der für sie zu drängend ist, sie wird an ihren früheren sexuellen Mißbrauch erinnert.

Das 6. Gespräch (4 Wochen später): Es ist sehr gut gegangen. Die beiden haben einen gemeinsamen Urlaub verbracht und viel miteinander geredet. Auf die Frage, ob auch die anderen wichtigen Menschen innerhalb und außerhalb der Familie die Veränderungen bemerken und zurückmelden, erfahren die TherapeutInnen, daß die Kinder geäußert haben, sie seien froh, daß die Eltern weniger streiten, einige Freunde haben gesagt, daß sie jetzt anscheinend gut miteinander könnten und Frau Gutkamps Mutter hat aufgehört, schlecht über Herrn Gutkamp zu reden. Dazu ist zu sagen, daß auch Frau Gutkamp sich nicht mehr bei ihrer Mutter über ihren Mann beklagt.

Das 7. Gespräch (12 Wochen später): Gemeinsam mit den Kindern: ausführliches Joining und Wiederanknüpfen an den Beginn der Therapie: dem Ehepaar geht es unverändert gut, Herr Gutkamp hat einige Male getrunken, konnte aber meistens aufhören und für Frau Gutkamp war sein Alkoholkonsum „kein Problem". Als Hauptthema werden nach einiger Zeit die Kinder vorgestellt, die sehr viel miteinander streiten würden, was von den TherapeutInnen als relativ normal betrachtet und auch so konnotiert wurde.

Man trennt sich in guter Stimmung mit der Verabredung für einen Kontrolltermin in acht Monaten.

Diskussion:

Die Therapie ging insgesamt über 42 Wochen, also ein knappes Jahr. In diesem Jahr haben Familie und TherapeutInnen einige Achterbahnfahrten miteinander durchgemacht. Von den TherapeutInnen wird die vierte Sitzung, als Frau Gutkamp so verzweifelt war und die Scheidung einreichen wollte, als Klippe betrachtet: Hier standen auch die TherapeutInnen in der Gefahr, aufgrund des Wiederauftretens der Symptome und der Verhaltensweisen die Flinte ins Korn zu werfen und die Lösung wie Frau Gutkamp in der Trennung zu suchen. Dabei wollte Frau Gutkamp nicht in positivem Sinn die Trennung, sie wußte lediglich nicht mehr, wie sie noch mit ihrem Mann leben konnte. (Ihr ging es hier wie vielen Selbstmördern, die nicht speziell den Tod suchen, sondern einfach nicht wissen, **wie** sie leben könnten.) Den TherapeutInnen half in dieser Situation die Besinnung auf ihre oben erläuterte Theorie der Sucht: Erst da wurde ihnen wieder bewußt, daß die ersten zwei Wochen nach dieser Hausaufgabenempfehlung ja sehr gut gelaufen waren („euphorisch"), und erst danach das Paar die massive Krise gestaltet hatte. Also mußte an diesen ersten zwei Wochen etwas Gravierendes anders gewesen sein: Auf Nachfragen war dann die Leere zwischen den beiden geschildert worden (s.o. in der Therapiebeschreibung). Also mußte das Wiedertrinken zur Verhinderung von etwas Schlimmerem eingesetzt worden sein.

Diese Erkenntnis war der Schlüssel für die TherapeutInnen, genau diese Situation wieder und ungeschminkt herzustellen, um dem Paar durch den Engpaß und zu einer neuen Erfahrung zu verhelfen. Dann war es „nur" noch eine Aufgabe der Kreativität in der Gesprächsführung, die beiden zur Mitarbeit zu bewegen, was möglicherweise bei dem vorherrschenden Grad der Verzweiflung bei Ehepaar Gutkamp gar nicht so schwer war.

Eine weitere Klippe lag in der fünften Sitzung: Das Paar berichtet und demonstriert deutliche Veränderungen (hier zum ersten Mal auch in den Transaktionsmustern). Hier stehen alle Beteiligten in der Verführung, das Paar weiterhin als „Alkoholikerfamilie" zu begreifen und über diese Definition die stattgehabte Veränderung zu negieren. In der Besprechung während der Sitzung hatten sich die TherapeutInnen darauf geeinigt, das Paar als eine „neue Familie", als eine Familie in einem neuen Zustand zu begreifen. Damals wurde das Bild des Biotops kreiert: Nach Anlegen eines Biotops geschehen alle möglichen unvorhergesehenen Dinge: Viele, viele Pflanzen, Tiere und Mikroorganismen, die nie gesetzt oder gesäht wurden, bevölkern nach und nach das Terrain. Man steht als BeobachterIn staunend davor und wird immer wieder überrascht, was dort hervorgebracht wird. Genauso näherten sich die TherapeutInnen der Familie: *Sie sind jetzt in einem Zustand, der neu und oft verwirrend ist. Uns interessiert, welche Themen für Sie jetzt wichtig geworden sind, welche Themen und Ereignisse bei ihnen bedeutungsvoll werden und geworden sind!*

Auf diese Weise überlassen sich alle Beteiligten dem Neuen, werden EntdeckerInnen des Neuen und helfen bei der Integration. Die Arbeit ist dabei streng zukunftsorientiert und verweigert den Rückbezug auf alte Definitionen und Zustandsbeschreibungen.

Mit dem Kontrolltermin in acht Monaten wollen sich Familie und TherapeutInnen ev. Wegkorrekturen offenhalten; vielleicht will man sich auch einfach noch einmal treffen und nicht so schnell Abschied nehmen ...

Lebendig gefangen – Paare und Zwangssymptomatik[37]

In diesem Kapitel wird die Theorie und Praxis systemischer Therapie in der Anwendung bei Zwangsstörungen vorgestellt, wie sie dem Konzept und Arbeitsweise der Heidelberger Gemeinschaftspraxis entspricht. Dabei wird zur Verdeutlichung ein Therapieverlauf bei Zwangsgedanken und Zwangshandlungen eines Klienten im Rahmen einer Systemtherapie gewählt.

---

[37] Siehe auch Osterhold, G. und Lenz, G. 1994.

Therapieanlaß: Frau Lorenz[38] ruft an und meldet sich und ihren Mann an. Er leide seit sechs Jahren unter Zwangsgedanken und -handlungen und sei deswegen seit fünf Jahren in psychoanalytischer Behandlung. Es habe keinerlei Besserung gegeben, und jetzt wollten sie eine systemische Therapie versuchen.

Das erste Gespräch: Es kommen: Herr Lorenz, Jurist ohne feste Anstellung mit verschiedenen Jobs (z.Z. vertretungsweise in einer Kanzlei), 40 Jahre alt, und Frau Lorenz, niedergelassene Rechtsanwältin, ebenfalls 40 Jahre alt. Die beiden sind unverheiratet und kinderlos und kennen sich seit sieben Jahren. Das Problem beschreibt Herr Lorenz wie folgt:
Seit ca sechs Jahren werde ich von dem Gedanken verfolgt, meine Partnerin zu töten. Ich träume nachts davon, werde wach und quäle mich mit solchen Phantasien, und auch tagsüber lassen mich diese Vorstellungen nicht in Ruhe. Wenn wir gemeinsam auf dem Trottoir einer befahrenen Straße laufen, gehe ich mit Absicht auf der dem Verkehr zugewandten Seite, da ich unter dem Zwang stehe, meine Partnerin unter ein fahrendes Auto zu stoßen.
Die bisherige Therapie hat aus Sicht des Klienten eher eine Verschlimmerung als eine Besserung bewirkt. Das Leben des Paares rankt sich um die Symptomatik, spitze Messer und andere entsprechenden Gegenstände sind aus der Wohnung entfernt, die Gespräche ranken sich zu 90% um die Symptomatik, und auch die innere Aufmerksamkeit wird zu einem überwiegenden Teil von der Symptomatik und ihren Folgen auf das Leben der beiden Menschen absorbiert.

Erläuterungen: Aus Sicht der Selbstorganisationstheorie lebt dieses Paar seit langer Zeit mit der Symptomatik; ein Leben ohne die Zwangsgedanken und Ängste ist nicht vorstellbar. Sehr viel Energie, Zeit und Aufmerksamkeit rankt sich darum oder bezieht sich auf die Symptomatik. D.h., daß die Symptome und die Veränderungsversuche fester Bestandteil des Lebens sind, der Umgang damit hat sich fest im Leben der beiden eingegraben. Man kann sogar sagen, die Symptome gehören fest zur Beziehung, die Partner beziehen sich über die Symptome aufeinander oder werden durch die Symptome miteinander verbunden (Abbildung „Zwangssymptomatik").

---

[38] Alle Daten, die zu einer Identifikation der betroffenen Personen führen könnten, wurden geändert.

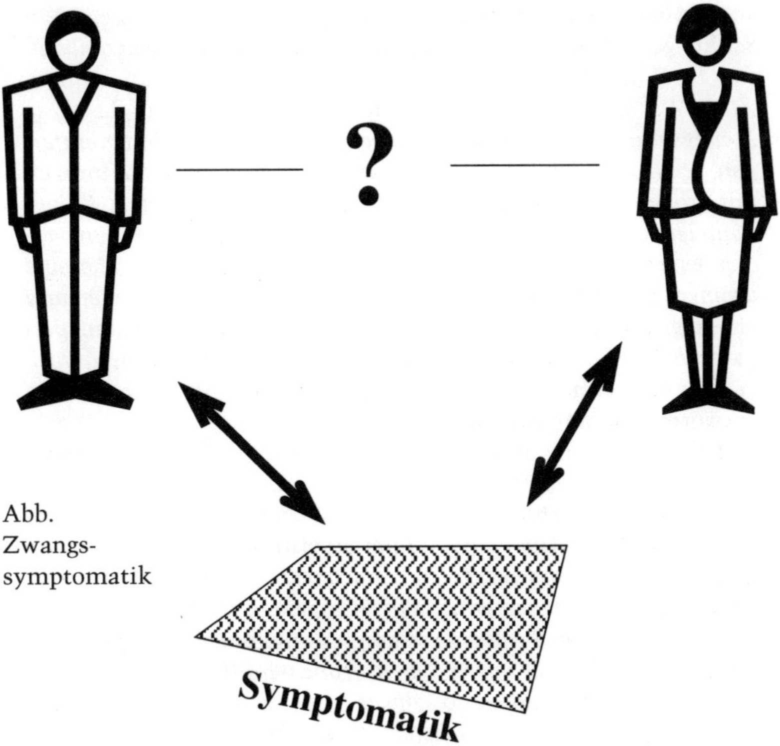

Abb. Zwangssymptomatik

Die Zwangsvorstellungen machen ihr Leben vielleicht sogar bunter, liefern Gesprächsstoff und sind möglicherweise auch im sozialen Leben des Paares, im Kreise ihrer Freunde ein fester Bestandteil. Es stellt sich die Frage: Wie wäre die Beziehung der beiden ohne dieses Thema? Würden sie überhaupt zusammenbleiben? Gibt es genügend andere Inhalte, die sie gemeinsam hätten und die sie verbinden würden? Nachdem das Paar schon so lange mit der Symptomatik lebt und diese durch die bisherige Therapie sogar verstärkt wurde (ein häufiger Effekt von langdauernden symptomorientierten Therapien), wird es sehr schwer sein, die Organisationsform zu ändern und den beiden Menschen die sie verbindende Symptomatik „wegzunehmen". Denn was wird dann geschehen, was wird an die Stelle treten?

Am Ende der ersten Sitzung (Gesamtdauer zwei Stunden) beraten sich die Therapeuten ausführlich und beenden das Gespräch mit folgender **Abschlußintervention:**

So, wir haben jetzt ausführlich diskutiert und sind zu folgendem Schluß gekommen: Wir sind bereit, Sie darin zu unterstützen, daß sich Ihr Wunsch, ohne die Zwangsvorstellungen zu leben, erfüllen wird. Wir möchten Sie aber warnen: wir können nicht diese Zwangsvorstellung aus Ihrem Leben und Ihrer Beziehung entfernen, ohne daß sich Ihr Leben insgesamt ändern wird. Sie müssen mit großen Veränderungen in vielfältiger Weise rechnen. Keiner kann jedoch voraussagen, wie diese Veränderungen aussehen werden. Es ist sogar möglich, daß Sie sich nach erfolgreicher Therapie trennen. Sie, Frau Lorenz, wollen heiraten, Kinder bekommen und eine sogenannte normale Beziehung leben. Es kann aber sein, daß es nach Wegfall der Symptome auch dazu nicht kommen wird. Wollen Sie dennoch diese Therapie? Überlegen Sie es gut! (Beide antworten spontan mit einem entschlossenen *Ja*).

Gut, wir werden Ihnen dann eine Verhaltensaufgabe bis zum nächsten Gespräch in vier Wochen geben. Wir müssen Ihnen aber sagen, daß es sehr, sehr schwer für Sie sein wird, sich daran zu halten und daß der Erfolg der Therapie von Ihrer intensiven und entschlossenen Mitarbeit abhängen wird. Dazu brauchen Sie eine hohe Motivation, ohne die es nicht gehen wird. Wir Therapeuten sind noch nicht davon überzeugt, daß Sie die notwendige Motivation mitbringen, aber das wird sich dann ja zeigen. Die Aufgabe wird Ihr Leben umkrempeln und deshalb wird sie so schwer zu erfüllen sein. Dies ist auch eine Aufgabe nur bis zur nächsten Sitzung. D.h., daß wir nicht meinen, daß Sie sich für den Rest Ihres Lebens danach richten sollen, sondern nur für vier Wochen. Anschließend entscheiden Sie neu.

Die Aufgabe hat außerdem zwei Ziele: erstens soll sie Ihnen eine andere Erfahrung vermitteln, wie Ihr Leben ohne die Symptome von Ihnen, Herr Lorenz, aussehen kann. Zweitens brauchen wir als Therapeuten die Rückmeldung, was dann passiert ist, um den weiteren Therapieverlauf planen und einschätzen zu können.

Jetzt zur Aufgabe: Wir bitten Sie, in den nächsten vier Wochen in Ihren Gesprächen und Handlungen alles zu unterlassen, was sich im weitesten Sinn um die Probleme und Symptome von Ihnen, Herr Lorenz, rankt. Keine Diskussion mehr darüber, keine Absprachen etc. Sie sollen sich so verhalten, als ob es das Problem nicht gäbe. Bitte überlegen Sie sich in Ruhe, ob Sie sich daran halten wollen und rufen Sie uns dann wieder an. Wenn Ihnen die Aufgabe zu schwer erscheint, teilen Sie es uns auch mit. Sie bekommen dann Ihren nächsten Termin am Telefon, wenn Sie uns Ihre Entscheidung mitteilen.

Am nächsten Tag ruft der Mann an, bekräftigt die Bereitschaft von ihm und seiner Frau und bekommt den nächsten Termin.

Abb. Unsere therapeutische Praxis

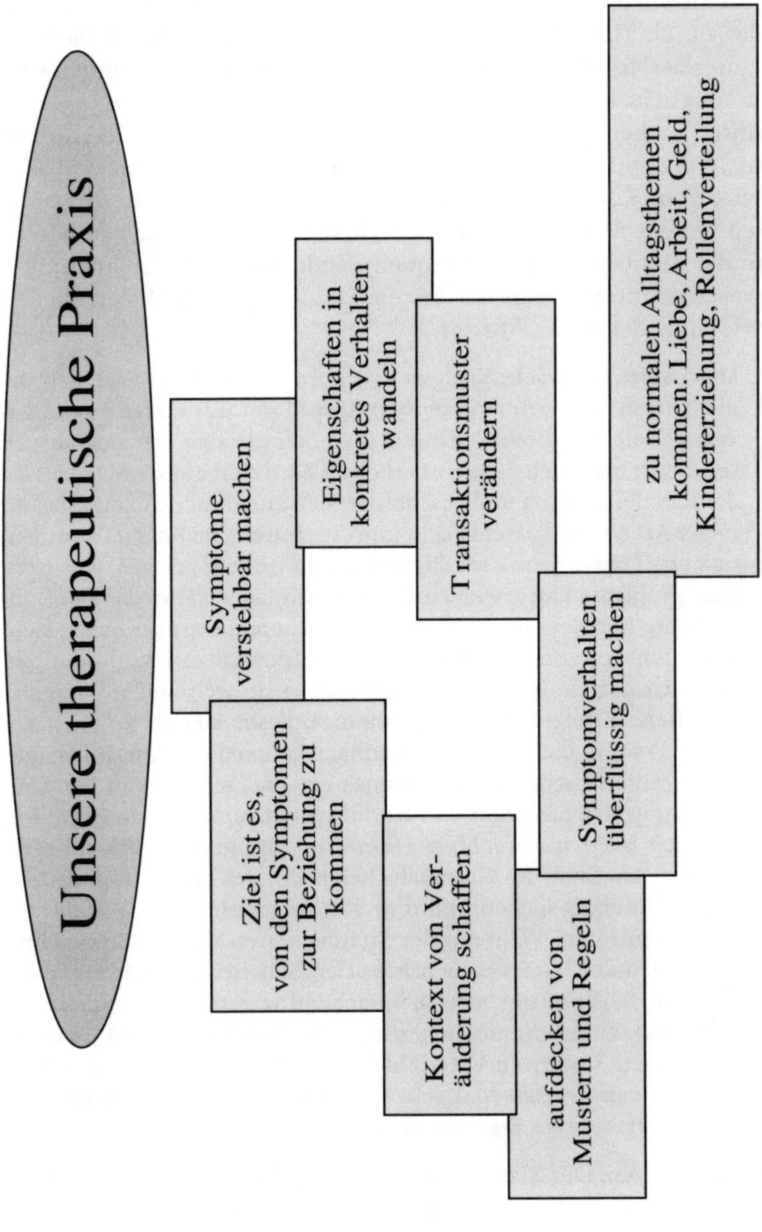

Wie die Abbildung über die Ziele unserer therapeutischen Praxis zeigt, versucht die systemische Therapie die Gesamtorganisationsform des relevanten Systems zu verändern: dies geschieht dadurch, daß durch klare Verhaltensanweisungen im Sinne der Heidelberger Unterlassensintervention das bisherige Organisationsmuster verunmöglicht wird. Die Muster werden aufgeweicht, in Frage gestellt, unterbrochen, oder verunmöglicht. Dabei kennen die BeraterInnen nicht die optimale neue Organisationsform: die neue Art und Weise wird vom Klientensystem selbst entwickelt. Die BeraterInnen helfen bei der Auflösung des alten Musters (Auftrag zur Veränderung und dementsprechend konsequente Induktion von Veränderung – s. Abschlußintervention der ersten Sitzung) und begleiten die Entwicklung der neuen Muster.

Das zweite Gespräch: Nach vier Wochen berichtet das Paar, daß sie die Aufgabe gut erfüllen konnten. Der Mann war einige Tage sehr verzweifelt, hat diese Gedanken und Gefühle aber mit sich ausgemacht. Er habe sich dann mit erhöhter Aktivität auf seine Arbeit in der Kanzlei gestürzt und beschäftige sich zunehmend damit, daß er in der Arbeit erfolgreicher sein und ev. eine eigene Kanzlei eröffnen möchte. Frau Lorenz kam die Problempause sehr gelegen, da sie eigene Probleme hatte, weil sie in Verhandlungen steht, das Haus, in dem ihre Kanzlei untergebracht ist, zu kaufen. Darüber haben sich beide viel unterhalten. Auch die Zwangsgedanken sind deutlich zurückgegangen. In dieser Sitzung geht es im weiteren viel um die berufliche Erfolglosigkeit des Mannes, besonders in Relation zu seiner Frau. In diesem Zusammenhang gehen die BeraterInnen auf die Familiengeschichte des Mannes ein und gelangen zu der Einschätzung, daß das negative Vaterbild *(unzuverlässig, ein Hallodri, hat sich nicht um mich gekümmert)* symptomverstärkend sein könnte. Am Ende des Gesprächs bekommt der Mann die Aufgabe, seinen Vater zu suchen und ihm von Angesicht zu Angesicht gegenüberzutreten. Während der Sitzung waren vorbereitende Umdeutungen des Vaters (Lebenskünstler, Schwierigkeiten, mit Frau und Schwiegermutter mit entsprechend enger Bindung unter einem Dach zu leben, mögliches Interesse von Mutter und Oma an solch einem negativen Vaterbild beim Sohn) versucht worden. Die Aufgabe vom letzten Mal soll weitergemacht werden, da sie von beiden Partnern im Ergebnis positiv bewertet wurde.

Erläuterungen: Der Mann erhält eine neue Aufgabe. Die BeraterInnen gehen davon aus, daß sein negatives Vaterbild mit seinem eigenem negativen Selbstbild korreliert und sein Versagensschema mitbedingt. Auch kognitive Prozesse werden so als Selbstorganisationsprozesse betrachtet, die genauso wie die Transaktionsmuster instabilisiert werden wollen. Das soll mit dieser Aufgabe geschehen. Die BeraterInnen erklären den Vater damit als (auf)suchenswert, und indem Herr Lorenz die Aufgabe übernimmt und durchführt, werden sich seine kognitiven Prozesse neu strukturieren.

Das dritte Gespräch (acht Wochen später): Herr Lorenz hat Nachforschungen angestellt und ist letztlich im Einwohnermeldeamt einer Kleinstadt, in der sein Vater bis vor zwei Jahren gewohnt hat, steckengeblieben. Weitere Nachforschungen seien möglich, sind von ihm aber nicht durchgeführt worden. Die Therapeuten geben sich damit zufrieden. Andere Änderungen: Frau Lorenz war viel mit Hauskauf beschäftigt, Herr Lorenz war beruflich sehr unzufrieden und wegen seiner beruflichen Situation meistens depressiv. Zwangsgedanken weiter zurückgegangen. Weiterhin keine Problemgespräche über den Mann. Thema dieser Sitzung ist die Klientenrolle des Mannes in der Beziehung, seine berufliche Erfolglosigkeit in Relation zu ihren Erfolgen und die „Makellosigkeit" von Frau Lorenz. (Die Makellosigkeit ist eine Begriffsschöpfung der Frau und wird von ihr als durch elterliche Delegation geprägtes Lebensziel definiert.) Besonders letzteres wird problematisiert und die Aufgabe diesmal besteht darin, daß Frau Lorenz ihre Makellosigkeit und Herr Lorenz seine Erfolglosigkeit bis zum nächsten Mal unterläßt.

Das vierte Gespräch (wieder acht Wochen später): Herr Lorenz hat einen guten Job angeboten bekommen und mit einer Gutachtertätigkeit viel Geld verdient. Er ist darüber sehr glücklich, fast euphorisch. Sie hat ihre Aufgabe schlecht erfüllt, darin wird von den BeraterInnen der Erfolg gesehen: indem sie sie schlecht erfüllt hat, hat sie ihre bisherige Makellosikeit und Erfolgsgewohnheit unterbrochen. Die Mordwünsche und Zwänge sind kein Thema mehr. Auf Nachfrage durch die TherapeutInnen sagt Herr Lorenz: *Keine Bedeutung mehr, auf einem kleinen Nebenschauplatz.* Aufgabe bis zur nächsten Sitzung in vier Wochen: Selbe Aufgabe wie beim letzten Mal: Weiter mit seinem Erfolg und ihrer Problementwicklung.

Erläuterungen: Die Musterveränderung hat gegriffen: die Symptomatik ist zurückgegangen und kein Thema mehr; das Paar ist zu anderen und lebensentwicklungsmäßig normalen Themen übergegangen. Für einen Mann im Alter von Herrn Lorenz ist es angemessen, daß er sich Gedanken über seine berufliche Entwicklung und Karriere macht, auch unabhängig von seiner Partnerin. Die BeraterInnen sind mit der Entwicklung sehr zufrieden und begleiten das Paar weiter bei der Ausdifferenzierung und Konsolidierung der stattgefundenen Neuorganisation.

Das fünfte Gespräch (elf Wochen später): Frau Lorenz ist aufgelöst. Vor drei Tagen hat ihr Partner ihr gestanden, daß er sich in eine Mitarbeiterin der letzten Kanzlei verliebt hat. Die Beziehung geht schon einige Wochen, und er möchte die Beziehung gerne leben. Frau Lorenz ist empört und verzweifelt: *Seit sechs Jahren habe ich mich nach ihm gerichtet und Rücksicht genommen. Jetzt wo es uns erstmals gutgehen könnte, die Symptome keine Rolle mehr spielen und wir beruflich gleichziehen* (vor zwei Wochen hat er seine Kanzlei eröffnet), *da geht er zu einer anderen. Mein Leben ist in den Grundfesten erschüttert.* Frau Lorenz ist tiefverletzt. Die Aufgabe vom letzten Mal ist von beiden damit erfüllt worden, wenn auch mit viel Schmerz für die Frau und einer neuen Problemdefinition. Beide stimmen darin überein, daß der ursprüngliche Arbeitsauftrag bezüglich der Symptomatik erfüllt ist. Bezüglich der neuen Situation und Problemlage wird von den BeraterInnen definiert, daß eine neue Phase der Beziehung eröffnet wurde, die eher als „normale" Beziehungskrise statt als chronische Krankheitskrise zu sehen ist (Zustimmung vom Paar). Die aktuellen Stürme werden als Entwicklungschance begriffen (dies kann auch von Frau Lorenz so gesehen werden), und man einigt sich auf einen weiteren Termin in zwei Monaten. Die Therapeuten sehen ihre Aufgabe jetzt in der Entwicklungsbegleitung.

Erläuterungen: Die Zwangssymptomatik ist im Grunde aufgelöst; hier besteht kein therapeutischer Handlungsbarf mehr. Der Mann hat seine depressive und problemorientierte Lebenshaltung ein gutes Stück verändert und hat den sehr wichtigen Schritt einer Existenzgründung als Anwalt vollzogen. Möglicherweise kann man seine Bekanntschaft und seine Liebe zu der anderen Frau auch als eine für ihn wichtige Neuerung begreifen. Und vielleicht kann man auch die Krise für die Frau und für die Beziehung unter diesem Blickwinkel betrachten. Die Therapeuten haben offensichtlich auch eine solche Beziehung zu dem Paar etabliert, daß sich die beiden auf diesen risikoreichen Prozeß eingelassen haben. Die jetzigen

Phänomene und Empfindungen der Partner sind auch aus therapeutischer Sicht keine „schlechten" oder unbedingt zu vermeiden. Sie gehören zum Leben hinzu als normale Entwicklungskrisen.

Als normal für einen systemischen Therapieprozeß kann hier angesehen werden, daß sich nicht nur die vorgetragene Symptomatik ändert, sondern daß sich als Teil der Neuorganisation auch andere wichtige Veränderungsschritte ergeben. – Aus systemischer und auch aus einer ganzheitlichen Sichtweise heraus wird es niemand wundern, da der Gedanke, daß eine bestimmte Symptomatik nicht isoliert betrachtet und auch nicht isoliert behandelt werden kann, doch schon weit verbreitet ist[39].

Ganz normal verrückt – Paare und schizophrene Störungen

Das Konstrukt der Schizophrenie

Psychiatrische Erkrankungen werden hier auf die sogenannte Schizophrenie eingegrenzt. „Sogenannt" deshalb, da der Begriff Schizophrenie eine Mischkategorie[40] und keine nosologische[41] Einheit darstellt. *Ludewig* gibt einen Überblick über neuere Veröffentlichungen zum Thema und zitiert u.a. den Psychiater *Janzarik* (*Janzarik* 1987), der feststellt: *Die Schizophrenie* ist *noch keine schlüssig definierte Krankheit. Ihre Geschichte beruht auch nicht auf medizinischen Entdeckungen, sondern auf geistigen Modellen, an denen sich die Psychiatrie orientiert.*

Weiter stellt Ludewig fest:

- *Die biologischen Befunde (Pathophysiologie, Hirnanatomie, Virologie oder Biochemie) enthüllen in der Hauptsache nur Begleitphänomene und werden in späteren Untersuchungen als solche entlarvt (das gilt auch für die „Dopamin-Hypothese").*

---

[39] Ein Jahr später ist Herr Lorenz noch zweimal alleine in der Praxis gewesen, die Beziehung mit seiner Partnerin scheint endgültig beendet, er ist dabei, sich neu zu orientieren. Die Symptome, die ursprünglich zur Anmeldung führten, sind nicht mehr aufgetreten.

[40] Siehe *Ludewig, K.*: Systemische Therapie, Grundlagen klinischer Theorie und Praxis. Stuttgart, Klett-Cotta 1992.

[41] Nosologie: Krankheitslehre

- *Untersuchungen der siebziger Jahre zum Krankheitsverlauf (M. Bleuler, Ciompi und Huber) belegen, daß dieser uneinheitlich ist. Der britische Epidemiologe Wing resümiert: Etwa ein Viertel der Klienten erholten sich nach einer psychotischen Episode vollständig, rund die Hälfte von ihnen zeigten jahrzehntelang immer wieder schwache bis stärkere Symptome, ungefähr 15 Prozent behielten Dauersymptome, und nur etwa ein Zehntel erlitten einen konstanten psychosozialen Verfall.*
- *Neuere Studien schließen eine rein genetische Erklärung der Schizophrenie aus. Bei eineiigen Zwillingen beträgt die Konkordanzrate höchstens dreißig, bei zweieiigen zehn Prozent. „Hoch gefährdete" Kinder – hier: „schizophrener" Mütter – sind zwar allgemein labil und haben Anpassungsschwierigkeiten, neigen aber nicht spezifisch zur Schizophrenie.*
- *Heute scheint sich die Vulnerabilitäts-Streß-Hypothese zunehmend durchzusetzen. Danach entsteht Schizophrenie, wenn angeborene und erworbene Faktoren einer besonderen Verletzlichkeit mit aktuellen Auslösern wie Drogenkonsum, Lebenskrisen oder anhaltenden Zuständen extremer emotionaler Beanspruchung zusammenwirken.*

Bei solch ungesicherter Krankheitsbeschreibung sollte die Diagnose bzw. Etikettierung Schizophrenie mit höchster Vorsicht verwandt werden. Dennoch strotzt die offizielle psychiatrisch-psychotherapeutische Terminologie von einem unreflektierten Gebrauch des Konstruktes „Schizophrenie".

Wenn wir uns nicht auf einen überheblichen Beobachtungspunkt stellen und mit Naserümpfen das Geschehen betrachten wollen, dann müssen wir das Prinzip der „Anerkennung der gefundenen Lösung" auch hier anwenden und können wie folgt zu erklären versuchen:

Die „schizophrene" Symptomatik ist durch einen Bruch der Übereinkunft in der Kommunikation und im Verständnis zwischen dem „Kranken" und dem „Gesunden" gekennzeichnet. Die Äußerungen des „Kranken" werden vom „Gesunden" nicht mehr verstanden, dessen „Welt" scheint dem „Gesunden" „verrückt". Sein Verhalten bezieht sich auf einen Kontext, der mit dem Kontext des „Gesunden" keine Gemeinsamkeit zu haben scheint, die gesellschaftliche Übereinkunft ist aufgekündigt. Für die direkte Umgebung des Symptomträgers ist dessen Verhalten in höchstem Maße bedrohlich, eine gemeinsame Betrachtung der Welt, eine gemeinsame Alltagsbewältigung, die sich auf eine Übereinkunft in Wahrnehmung, Einschätzung und Vorgehen bezieht, ist unmöglich geworden. In solchen Momenten bringt die Diagnose „Schizophrenie" eine Erleichterung für alle Betroffenen. Der „Kranke" wird nicht zur Verantwortung gezogen oder in Auseinandersetzungen verwickelt, er hat insofern Erfolg mit seinem aktuellen Krisenmanagement (s. u.) und wird in Ruhe gelassen. Seine engsten Freunde und Familienmitglieder brauchen sich mit ihm nicht mehr auseinandersetzen, er ist „krank" und braucht eine Behandlung. Die Welt der „Normalen" ist wieder in Ordnung, das verrückte Verhalten hat mit den „Gesunden" nichts zu tun, die „Gesunden" brauchen sich nicht zu hinterfragen und können ihre Lebensstrategien unverändert weiterführen. Hier bringt die Diagnose die Erleichterung, sie trennt die „Gesunden" von den „Kranken", die Diagnose ist hilfreich und wird in der Regel – bei aller Betroffenheit – mit großer Erleichterung aufgenommen. Man hat jetzt ein Erklärungsmodell, das hilfreich und sinn-voll ist, auf das man sich stützen kann und das für die Zukunft klare Handlungsanweisungen liefert.

Auch für die behandelnden PsychiaterInnen und BeraterInnen ist die Diagnose in zweifacher Weise hilfreich:

1. die Familienangehörigen des „Kranken" sind dankbar für die Erklärung, da sie dadurch entlastet werden.
2. da der „Kranke" die BehandlerInnen vor dieselben Schwierigkeiten wie die Angehörigen stellt, erfahren auch diese die Entlastung durch die Diagnose. Gleichzeitig stellen die „Kranken", die sich in der Regel als schwer behandelbar oder sogar „therapie-resistent" zeigen, nicht die Kompetenz der TherapeutInnen in Frage, da mit der Diagnose bereits die Prognose verbunden ist.

So können wir die Diagnose „Schizophrenie" als ein Definitionsbündnis von Symptomträger, Angehörigen und TherapeutInnen bezeichnen, die alle mehr oder weniger große Erleichterung und Nutzen durch die Diagnose erfahren – selbst wenn damit ein hoher Preis durch den Bruch der Lebens- und Familienkontinuität der Betroffenen verbunden ist.

Die sich aus dem Definitionsbündnis ergebenden Handlungs- und Kommunikationsweisen bezeichnete *Ronald Laing* (*Laing* 1965) schon 1965 als *Mystifizierung*.

Aus unserer Sicht wird die Therapie der schizophrenen Symptomatik durch das breite soziale Definitionsbündnis erschwert. Jeder

Behandler, der daraus ausschert, muß mit dem Widerstand der Klienten, der Angehörigen und der Fachkollegen rechnen. Jeder Versuch, die Definition zu verändern, darf nicht nur auf den Klienten und seine Familie bezogen werden, er muß die psychiatrisch-therapeutischen Institutionen und die FachkollegInnen miteinbeziehen, und er muß gegen den common sense und die umgangssprachlichen Regelungen anlaufen. Im letzteren sehen die Autoren den Hauptgrund für das Scheitern vieler familientherapeutischer und systemischer Behandlungsversuche: sie greifen nicht weit genug, sie können das Definitionsbündnis nicht effektiv aufbrechen, der Klient und seine Familie wird an allen Ecken wieder zur alten Definition und dem daraus folgenden Verhalten eingeladen. Insofern wird mit der Diagnose „Schizophrenie" eine Wirklichkeit konstruiert, die sich aufgrund der breiten gesellschaftlichen Übereinstimmung als äußerst fest und in diesem Sinne auch krisenbeständig erweist. *Boscolo* (*Boscolo, L.* 1991) schließt daraus folgerichtig: *Die Handlungen des Therapeuten müssen ihren Platz in der systemischen Vision einer umfassenden Milieutherapie finden*. Und: *Dies gilt ... vor allem dann, wenn diese* (die Schizophrenie) *chronisch geworden ist und sich durch die Interventionen einer ganzen Reihe von Experten die Situation lediglich verschlechtert hat. Der Blick muß dann, statt nur auf die Familie, auf das gesamte soziale Netz gerichtet sein.*

Therapeutische Arbeit mit Paaren mit schizophrener Symptomatik

Zunächst: Paare melden sich selten zur Therapie wegen schizophrener Symptome an. Dies wird aus dem oben Gesagten deutlich: wenn man sich auf diese Definition eingestellt hat, gibt es keinen Grund mehr zu einer gemeinsamen Therapie. Der „Kranke" geht zum Psychiater oder bestenfalls in Einzelpsychotherapie. Gelegentlich ist das Paar jedoch an einen Behandler geraten, der zur gemeinsamen Therapie gedrängt hat. Oft kommen die KlientInnen ohne Motivation und eher mit der Idee, dem Überweisenden zu beweisen, daß er unrecht hatte und daß diese Form der Therapie nicht helfen kann[42].

---

[42] Allerdings ist dies kein Spezifikum bei schizophrenen Konstellationen, sondern allgemein typisch dafür, daß das Paar eine individualtherapeutische Weltsicht hat. Allerdings geschieht dies aus den oben dargelegten Gründen besonders oft beim hier diskutierten Symptomenkomplex.

Die Therapie muß also unbedingt die Krankheitsdefinition perturbieren[43], darf aber dabei nicht gegen das Paar laufen, sondern versuchen, ein systemisches Verständnis der Erkrankung anzubahnen. Auch hier gilt, daß eine instruktive Information keine Chance auf Erfolg hat, eher sollte man nach im Paar vorhandenen Zweifeln fragen oder diese induzieren, z.B.:

Haben Sie schon mal erwogen, ob Ihre Symptomatik, die Ihres Mannes/Ihrer Frau irgend etwas mit Ihnen beiden gemeinsam zu tun haben könnte? Angenommen, das wäre so, wie könnte man sich Ihr Verhalten, Ihr Erleben dann erklären? Und angenommen, es hätte irgend etwas mit Ihnen beiden gemeinsam zu tun, es wäre also gewissermaßen ein Ausdruck Ihrer Paar- oder Familiensituation, was würde daraus für Sie beide folgen? Angenommen Sie, Herr Müller, wollten die Symptome Ihrer Frau verstärken, würden Sie wissen, was Sie dazu tun müßten? Angenommen Sie, Frau Müller, wollten, daß Ihr Mann im Vergleich mit Ihnen noch gesünder erscheint, würden Sie wissen, wie Sie sich verhalten müßten?

Wie aus den Beispielfragen zu ersehen ist, wird hier die Rollenverteilung zwischen den Partnern im Sinne von gesund/krank einer Prüfung unterzogen oder versucht, die Rollenverteilung aufzuweichen, das Gleichgewicht zu stören und eine Neuverteilung und -definition zu ermöglichen. Natürlich ist dies ein Balanceakt zwischen Anerkennung der gefundenen Lösung und Akzeptanz der Definition des Paares einerseits und dem Hinterfragen und Aufweichen dieser Definition anderseits.

Vom allerersten Augenblick an müssen „Kranker" und „Gesunder" im Sinne des Ernstnehmens gleichbehandelt werden. Auf keinen Fall darf man sich auf ein Bündnis mit dem „Gesunden" einlassen, mit ihm mehr über den „Kranken" sprechen als mit diesem über den „Gesunden". Jegliche Mystifizierung ist zu unterlassen und alles, was der Symptomträger sagt, ist ernst zu nehmen. Daraus folgt auch, daß man sich ausführlich mit dem Symptomträger unterhält, selbst wenn dieser ausweichend, abwesend oder versunken erscheint (hier sollte auch an medikamentöse Nebenwirkungen gedacht werden). Dieser wird sich in der Regel erst dann öffnen und von sich und seiner Welt berichten, wenn er oder sie sich davon überzeugt hat, daß die behandelnden TherapeutInnen nicht zum Bündnis der Personen gehören, die seine Äußerungen als absurd

[43] Perturbieren: verflüssigen, in Frage stellen, aufweichen.

oder verrückt abtun. (Wenn man ernsthaft auf den „Kranken" eingeht, fühlt sich natürlich oft der „Gesunde" brüskiert und in Frage gestellt.)

Fallbeispiel:

Ein ärztlicher Kollege, Dr. Schmieder[44], ruft an und meldet seine Frau wegen eines „Beziehungswahns" an. Er läßt sich nicht bewegen, mit zum gemeinsamen Gespräch zu kommen, da er in seiner Praxis überlastet sei und auf keinen Fall Zeit habe. Er verweist auf die Kollegialität und setzt die TherapeutInnen hierdurch unter Druck, seine Frau auf jeden Fall anzunehmen.

Frau Schmieder kommt, extravagant gekleidet, und berichtet ohne Umschweife, daß sie seit mehreren Monaten eine Liebesbeziehung zum Theaterdirektor einer benachbarten Großstadt unterhalte. Sie schildert die Beziehung farbig und in allen Einzelheiten, so daß eigentlich kein Zweifel an der Echtheit ihrer Schilderungen aufkommen könnte, wenn wir nicht die Informationen des Ehemannes hätten. Nach ihrem Mann befragt, sagt Frau Schmieder: Der will das nicht wahrhaben, er sagt immer, ich würde spinnen. Der Therapeut geht auf ihre Erzählungen ein, fragt detailliert nach den Ereignissen, ob der Direktor denn selbst auch verheiratet sei, ob seine Frau denn von der Beziehung wisse, ob er Kinder habe und ob sie beide eine Scheidung und Neuverheiratung planten. Nach ca. einstündigem Gespräch schaut die Frau den Therapeuten plötzlich direkt an und sagt: Glauben Sie mir das eigentlich alles? Im weiteren Verlauf berichtet sie, daß sie ihren Mann schon lange in Verdacht habe, mit einer seiner Sprechstundenhilfen eine Liebesbeziehung zu haben. Wenn sie ihn danach gefragt oder ihm dies auf den Kopf zugesagt hat, bekam sie die Antwort: Du spinnst ja, da ist nichts! Ihr Mann ist meistens bis abends spät in der Praxis, sie hat materiell nichts zu leiden, aber sie langweilt sich den ganzen Tag zu Hause (die zwei Kinder sind aus dem Haus). Nachdem sie allein im Theater gewesen sei, hätten plötzlich diese Ideen angefangen, sie wüßte selbst nicht mehr, was richtig und falsch sei.

Die TherapeutInnen verabreden einen nächsten Termin mit ihr, zu dem sie den Ehemann mitbringen soll. Beide kommen, der Mann

---

[44] Alle Daten, die zu einer Identifikation der betroffenen Personen führen könnten, wurden geändert.

hat mittlerweile die Außenbeziehung zugegeben und gemeinsam kommt man dazu, über das Leben und die Zukunftspläne des Paares zu sprechen. Nach einigen weiteren Sitzungen trennt sich das Ehepaar. Nach dem Auszug der Kinder war der gemeinsame Draht gerissen.

Die TherapeutInnen der Heidelberger Gemeinschaftspraxis betrachten die schizophrene Symptomatik als normale, dem Kontext und den Lebensbedingungen der Beteiligten angemessene Krisenbewältigungsreaktion. Diese wirkt sicher oft exzentrisch, absurd und verrückt, aber unter Einbeziehung aller gegebener Umstände – soweit das möglich ist – als nachvollziehbar und sinnvoll. Grundsätzlich sollte man also davon ausgehen, daß die vom Indexpatienten erlebten und ausgedrückten Inhalte aus seiner Sicht *funktional, notwendig und systemerhaltend* (*Willke, H.* 1994) sind. Nur für die Beobachter entzieht sich die systemeigene Operationslogik dem Verständnis. Insofern ist es die wichtigste Aufgabe der TherapeutInnen, sich mit dem Klienten *strukturell zu koppeln* (*Maturana, Varela*), um deren Handlungs- und Denkweisen zu erfassen. Dazu empfehlen wir, die Situation zum Zeitpunkt des ersten Auftretens der Symptomatik genau zu eruieren und durch Hypothesenbildung zu verstehen suchen, inwiefern das absurde Verhalten Sinn machen könnte. Des weiteren wird die Symptomatik mit dem Beziehungsalltag und dem Transaktionsmuster in Verbindung gebracht und nach den in diesem Buch bereits oft beschriebenen Musterunterbrechungen zu verändern gesucht. Eine in diesem Sinne gelungene Darstellung aus Sicht einer Betroffenen findet sich in dem Buch *Auf der Spur des Morgensterns* (***Zerchin, S***. 1993), in dem die Autorin den Entwicklungsgang ihrer „Schizophrenie" anschaulich beschreibt.

Auch in dem oben beschriebenen Beispiel mit Frau Schmieder machte die Symptomatik durchaus Sinn, wenn man sie ernst nahm und sich erst einmal darauf einließ. Als Ergebnis der ersten Sitzung konnte die Frau dann ihr Verhalten und ihre Kommunikation mit ihrem Mann verändern; er mußte sie ernst nehmen und konnte sie nicht mehr als verrückt abtun.

Nach unseren Erfahrungen gilt ähnliches für viele andere Fälle, nur kommt man oft nicht an die notwendigen Informationen heran, da die Angehörigen diese entweder selbst verdrängt oder als bedrohlich erachtet haben und nicht mitteilen. Hintergrund für manifeste schizophrene Reaktionen sind oft gravierende Ereignisse mit Gewalt, Mißbrauch, schwere Kränkungen und Sucht. Insofern könnte man sagen, daß die Angehörigen es dann vorziehen, ein als schizophren diagnostiziertes Mitglied zu haben als die oft schuldvollen Ereignisse zu offenbaren.

Fallbeispiel:

Ehepaar Kregel[45] hat einen 26jährigen Sohn, der im Alter von 17 Jahren zum ersten Mal wegen eines akuten schizophrenen Schubes in der Klinik war. Er hielt sich für Jesus und wollte die Welt retten. Nach dem dritten Klinikaufenthalt macht die Familie eine Familientherapie, zu der mit einiger Mühe auch die seit fünf Jahren ausgezogene und 500 km entfernt wohnende jüngere Schwester zugezogen wird. Nur mit Hilfe dieser Schwester kommt folgendes Bild zustande. Der Vater wurde vor ca 12 Jahren als schizophren diagnostiziert und steht bis heute unter entsprechenden Medikamenten. Er hatte (wegen Alkohol am Steuer?) seinen Führerschein verloren und durch drei Gerichtsinstanzen hindurch kein Recht bekommen (wie er fand zu Unrecht). Über das genaue Verhalten des Mannes zur damaligen Zeit ist kaum etwas zu erfahren. Mühsam kommt jedoch ans Tageslicht, daß er seine Frau mehrfach heftig bedroht (geschlagen, sexuell mißbraucht?) hat, so daß diese die Polizei ins Haus holte. Die TherapeutInnen stellen die Hypothesen auf, daß der Sohn damals angefangen hätte, auf die Mutter aufzupassen, was vorsichtig bestätigt wird. Der Vater ist unauffällig, seit der Sohn schizophrene Symptome zeigte. Das Ehepaar kümmert sich aufopfernd um den Sohn, beklagt sich aber, daß er immer im Bett liege und nicht aufstehe.
Die TherapeutInnen machen probeweise Sinn aus der Geschichte, daß sich der Sohn in die Idee hineingesteigert hat, auf die Welt (die Mutter) aufzupassen. Die innere Spannung konnte er bei einem Urlaub im Ausland nicht mehr aushalten, da er Angst hatte, was in seiner Abwesenheit alles passieren könnte. So kam es zum Ausbruch der Symptomatik. Wenn man dies als ein den Umständen angemessenes Krisenmanagement betrachtet, macht die Symptomatik Sinn.

---

[45] Alle Daten, die zu einer Identifikation der betroffenen Personen führen könnten, wurden geändert.

Die entscheidende Frage ist dann: Wie wird in der akuten Krise mit dem jungen Mann umgegangen? Wie werden seine Reaktionen definiert und wie verhalten sich die Angehörigen dazu?

Da schon der Vater psychiatrisch auffällig war, lag es nahe, den Sohn mit einer entsprechenden Definition zu belegen. Die Eltern – so kann man annehmen – haben dieses Konstrukt bereitwillig akzeptiert, da auch sie die gleiche Verbindungslinie sahen und sie jetzt außerdem in ihrer Eheproblematik durch den „kranken" Sohn eine Entlastung erfuhren. Dazu kommt noch, daß der Sohn auch seinem Vater in dessen Krisenbewältigung folgt, die er vielleicht aus Mangel an anderen Vorbildern oder aus dem Wunsch, seinem Vater nahe zu sein, unbewußt auswählt.

So ist in gewisser Weise alles „gut" geregelt. Der Sohn kann zu Hause sein, als „Kranker" steht er nicht vor der Frage einer selbständigen Existenz oder Partnerwahl. Die Eltern sind in der gemeinsamen Aufgabe, mit dem „kranken" Sohn umzugehen, gefordert und kommen nicht in die Situation, in der zweiten Paarbildung (Wenn die Kinder aus dem Haus gehen) ihre Beziehung neu zu definieren und sich mit der Gewalt und Bedrohung auseinanderzusetzen.

Nach den Ideen der multi-systemischen Therapie (*Boscolo* 1991) sollten nach Rückgang der Symptomatik und nach Neustrukturierung des Beziehungsnetzes die TherapeutInnen die Umgebungssysteme wie Freunde, Verwandte, soziale Helfer und Nachbarn berücksichtigen. Geschieht dies nicht, besteht die Gefahr eines Rückfalls, da das System sich erneut auf der alten Stufe organisiert.

Im gerade dargestellten Beispiel von Familie Kregel hatte sich der Sohn gut entwickelt: er war selbständiger geworden, hatte das Haus renoviert und versuchte, in seinem alten Beruf wieder Fuß zu fassen. Vor allem versuchte er eine Annäherung an alte Freunde. In dieser Situation kam es zum Rückfall mit erneuter Klinikeinweisung. Die BeraterInnen deuten dies so, daß dieser Schritt der Reintegration in seine altersentsprechende Welt nicht therapeutisch-systemisch begleitet wurde. Die TherapeutInnen, selber begeistert von der gesamten Entwicklung auch im Ehepaarsystem, hatten die Schwierigkeit der Reintegration unterschätzt und nicht entsprechend berücksichtigt. In diesem Moment greifen alle Beteiligten wieder auf die alte Krisenbewältigung zurück, das alte Transaktionsmuster wird wieder etabliert.

Prognose für die Behandlung schizophrener Konstellationen

Nach unseren Erfahrungen sind die psychotischen Symptome in der akuten Krise **vor** einer Chronifizierung therapeutisch zugänglich. Die in diesem Kapitel dargelegten therapeutischen Strategien sind hilfreich, um die akute Krisenbewältigung der KlientInnen so zu unterstützen und zu modifizieren, daß von einer Weiterentwicklung gesprochen werden kann und die KlientInnen vor der Chronifizierung geschützt werden können. Hat erst einmal eine Chronifizierung stattgefunden, so haben sich die KlientInnen und ihr Umfeld so in einem Deutungsbündnis zusammengeschlossen, daß eine therapeutische Einflußnahme mit dauernder Stabilisierung des Systems ohne Rückgriff auf Krankheit sehr schwer erscheint.

Diese Erfahrung wird auch von anderen Autoren beschrieben (*Boscolo* 1991, *Ciompi* 1982, *Ludewig* 1992). Boscolo schreibt dazu: *Obwohl sich das Familienspiel oft änderte oder auch* ***die anderen*** *Familienmitglieder sich veränderten, blieb der chronisch Schizophrene weiterhin der chronisch Schizophrene.* Oder Ludewig: *Zu klären ist vor allem, warum derart aufreibende und anstrengende Reaktionen nicht – wie sonst üblich rasch wieder abklingen (etwa durch Gewöhnung). Die Lösung wurde in Analogien zu physikalischen Modellen mit stabilisierten Fluktuationen und Synthesen idiosynkratischer Eigenwerte gesucht. Kommunikationsforscher haben vermutet, die versuchte Rettung aus der Krise könne selbst zum Dauerproblem werden. Denkbar wäre auch, daß der Betroffene infolge mangelnder Flexibilität in eine Endlosschleife gerät, der den Ausnahmezustand durch positive Rückkoppelung stabilisiert: Er reproduziert, „unverstört" durch innere oder äußere Einflüsse, seine Zustände nur im Kontext der Krise.*

Zusammenfassung:

Schizophrenes Verhalten ist Teil eines komplexen Transaktionsmusters, an dem sowohl der betroffene Klient als auch seine Angehörigen, das psychosoziale Hilfssystem und die Gesellschaft mit ihrer Krankheitsdefinition beteiligt sind. Das schizophrene Verhalten wird in der systemischen Therapie als ein in seinem Kontext normales Krisenmanagement betrachtet, das in dieser Phase therapeutisch gut zugänglich ist, sofern man sich jeder krankheitserzeugenden und -stabilisierenden Definition enthält. Wird allerdings der Klient als krank und schizophren diagnostiziert und ist keine auf Umdeutung und Reorganisiation zielende Therapie möglich, so wird eine nosologische Einheit konstruiert, die nach kurzer Zeit im Zusammenspiel aller beteiligten Menschen und Institutionen die Schizophrenie als Faktum schafft und eine dauerhafte Remission häufig verunmöglicht. Die Langzeitverläufe der chronischen Schizophrenie sind aus Sicht der Autoren Auswirkungen eines therapeutischen und sozialen Konstrukts, das allen Beteiligten zunächst dienlich ist, langfristig aber die Klientenkarriere überhaupt erst ausmacht.

Krankheit als Beziehungskleister – Paare und psychosomatische Störungen

Psychosomatische Erkrankungen sind Erkrankungen, die auch in der medizinischen Domäne als *Mischerkrankungen*, nämlich als Körper und Seele betreffend anerkannt sind. Hierbei werden gerne spezifische Krankheiten beschrieben wie beispielsweise das Magengeschwür, die entzündliche Darmerkrankungen, Migräne, Herzneurosen, Magersucht usw; in den letzten Jahren mehren sich aber unter dem Trend der Ganzheitmedizin die Stimmen, die jede Erkrankung in diesem Sinne als psychosomatisch ansehen, da in jedem Fall Körper und Seele betroffen sind. Im Bereich der psychosomatischen Forschung wurden auch vor der Einführung der Familientherapie soziale und kulturelle Aspekte diskutiert und untersucht (*Bräutigam, W.; Christian, P.* 1975). Dennoch sind auch heute noch individuumbezogene Ansätze und psychoanalytische Behandlungsverfahren bei der Behandlung psychosomatischer Erkrankungen weit verbreitet.

Seitdem *J. Weakland* (*Weakland* 1977) den Begriff der *Familiy Somatics* einführte sind jedoch auch familien- und systembezogenen Theorie- und Behandlungsansätzen immer weiter ausgebaut und bekannt geworden.

An der Philadelphia Child Guidance Clinic wurde von der Arbeitsgruppe um *Salvador Minuchin* (*Minuchin* 1991) ein Modell der *Psychosomatischen Familie* entworfen, die durch fünf Merkmale charakterisiert ist:

- 1. Die **Verstrickung** als ein extremes Maß an Nähe und Intensität zeigt ihre Folgen überall: in der Gesamtfamilie, in den Subsystemen, also bei den Geschwistern, den Eltern, den Großeltern, aber auch im Individuum selbst. Die hochgradig verstrickte Familie ist nur mit sich selbst beschäftigt, kleinste Veränderungen bei Familienmitgliedern wirken sich auf das gesamte System aus. Gespräche zwischen zwei Mitgliedern der Familie sind kaum möglich. Wird in solchen Gesprächen auch noch ein Konflikt angesprochen, so setzt sich eine Kette von wechselnden Allianzen innerhalb der gesamten Familie in Gang. Grenzen zwischen Großeltern, Eltern und Kindern sind unklar ausgebildet, durchlässig und damit leicht überschreitbar. Der Opa wird zum Vater oder gar zum Sohn, die älteste Tochter erzieht ihre Geschwister. Die Verstrickung führt auch dazu, daß dem Individuum kaum Individuationsmöglichkeiten gegeben sind. Alle Mitglieder der Familie unterstehen selbstverständlich der Lenkung und Regulierung durch das Familiensystem. Das Individuum geht gewissermaßen im System verloren. Die übermäßige Betonung des Zusammenhalts und der Gemeinsamkeiten sorgt dafür, daß es fast keinen privaten Raum für den Einzelnen mehr gibt. Beispiel für ein erhebliches Ausmaß an Verstrickung mag die Familie mit einer magersüchtigen Tochter sein, in deren Wohnung nur verglaste Türen vorhanden waren. Keiner kann für sich allein sein, ohne beobachtet zu werden.

- 2. Die **Überfürsorglichkeit** ist an dem ungewöhnlichen Interesse einzelner Familienmitglieder am Wohlergehen aller anderen erkennbar. Fürsorge und Schutz werden ständig auf den Plan gerufen, die Familienmitglieder sind übermäßig hellhörig dafür, daß der eine oder der andere von ihnen möglicherweise leidet, und sie haben ein feines Gefühl dafür, wann die Spannung zu stark wird oder ein Konflikt droht. Die überfürsorgliche Haltung der Eltern steht der Ausbildung von Autonomie bei den Kindern entgegen. Gleichzeitig empfinden die Kinder, insbesondere ein psychosomatisch erkranktes Kind, eine große Verantwortung für die Familie. Sie versuchen, die Familie zu schützen.

- 3. **Rigidität** markiert die Zähigkeit, mit der sich psychosomatische Familien gegen Veränderungen wehren. Das wird oft an Familienregeln deutlich. Einem zehnjährigen Jungen das Trinken eines Bieres zu verbieten, erscheint als sinnvolle Regel. Wird diese Regel bis zum 20. Lebensjahr aufrechterhalten, spricht dies für Rigidität. Wenn in einer normal funktionierenden Familie ein Kind in die Adoleszens eintritt, werden Regeln und Verhaltensmuster so abgeändert, daß das Kind seinem Alter entsprechend ein höheres Maß an Autonomie erhält. In psychosomatischen Familien werden altgewohnte Umgangsformen beibehalten. Veränderungsträchtige Themen, vor allem in bezug auf individuelle Autonomie, werden erst gar nicht zum Thema. Starre Familien sind höchst anfällig gegenüber äußeren Geschehnissen wie Berufswechsel oder dem Tod eines entfernten Angehörigen. Fast jedes äußere Ereignis ist geeignet, Bewältigungsmechanismen stark zu strapazieren und damit Krankheiten auszulösen.
- 4. Die **Konfliktvermeidung** sorgt dafür, daß es ruhig bleibt, und daß herannahende Konfrontationen umgangen werden können. Beim Auftreten strittiger Themen geht man besser weg, für Meinungsverschiedenheiten gibt es keine Notwendigkeit. Größter Wert wird auf Übereinstimmung und Harmonie gelegt. Sollten Meinungsverschiedenheiten trotzdem offen gezeigt werden, wird von anderen Familienmitgliedern ständig unterbrochen, so daß man nicht beim Thema bleiben kann und der strittige Sachverhalt schließlich zerredet ist.
- 5. **Kinder sind in psychosomatischen Familien häufig in elterliche Konflikte einbezogen**, ihnen kommt als Regulator oder Stellschraube im System eine wichtige Funktion zu. Dabei sind besonders oft psychosomatisch erkrankte Kinder in dieser Rolle. Eltern, denen es nicht möglich ist, direkt miteinander zu verhandeln, schließen sich in der Sorge um ihr krankes Kind zusammen und vermeiden auf diesem Umweg die zwischen ihnen bestehenden Konflikte. Es wird also nicht über die eigenen Konflikte geredet, sondern über die Erkrankung des Kindes. Auch hier finden wir wieder die Konfliktvermeidung. Die eheliche Beziehung erscheint nach außen geeint. Die Konflikte werden hinter einer schützenden oder tadelnden Haltung gegenüber dem kranken Kind verborgen.

Wirsching und Stierlin (*Wirsching, M.; Stierlin, H.* 1982) kommen zu vier Charakteristika einer psychosomatischen Familie, die wir ohne weitere Erläuterung wiedergeben, da sie den von Minuchin beschriebenen Kriterien weitgehend ähneln:

- die Entwicklungs- und Selbstheilungsmöglichkeiten der Familie sind erschöpft
- Verschmelzung im Innern, Isolation nach außen
- Bindung auf allen Ebenen
- Familienmythen und geheime Aufträge – Generationsübergreifende Konflikte um Schuld und Verdienst

Was hier für Familien gesagt wird, trifft nach unserer Erfahrung in entsprechender Form auch für Paare zu.

Aber auch hier gilt, was wir bei anderen Symptombildern wie beispielsweise der Sucht benannt haben:

das Symptom ist gleichzeitig als Lösung zu verstehen, mit dem Schlimmeres vermieden wird. Es stellt unter den gegeben Bedingungen eine mögliche Lösung dar und sollte als solche Anerkennung finden. Erst mit Anerkennung des entsprechenden Verhaltens als einer der möglichen Lösungsstrategien für eine bestimmte Herausforderung oder Problemstellung können die TherapeutInnen gemeinsam mit den KlientInnen an einer Erweiterung der Lösungs- und Handlungsoptionen arbeiten, die das Symptom-Verhalten im therapeutischen Prozeß überflüssig machen wird.

Das folgende Fallbeispiel aus unserer Praxis [46] gibt eine gute Illustration der bisher dargelegten Besonderheiten:

Fallbeispiel

Das Paar meldet sich wegen Eheproblemen bei uns an. Es gäbe große Unterschiede in der Sicht der Erziehung, der Lebensführung und im Umgang mit den Herkunftsfamilien. Wenn sich jetzt nichts ändere, habe man auch an Trennung gedacht, was aber wegen der beiden Kinder im Alter von vier und sechs Jahren ausgeschlossen sei. Nebenbei erwähnt der Mann, seine Frau leide an Colitis ulcerosa [47]. Diese Erkrankung habe seine Frau schon vor ihrem Kennenlernen gehabt. Die Krankheit würde zwar die gesamte Familie

[46] Bereits veröffentlicht in *Osterhold, G.; Lenz, G.; Ellebracht, H.* 1990.

[47] Colitis ulcerosa: entzündliche Darmerkrankung, die mit Durchfällen und Blutungen einhergeht; teilweise sehr schweres Krankheitsbild, das eine operative Entfernung eines Darmteiles erforderlich machen kann; psychosomatische Erkrankung.

stark beanspruchen, sei aber keineswegs der Grund für die Eheprobleme, da er selbst hiermit nichts zu tun habe. Schließlich habe er seine Frau mit dieser Krankheit geheiratet.

Im weiteren Verlauf dieses ersten Gespräches wird deutlich, daß die Darmerkrankung der Frau seit zwölf Jahren Dreh- und Angelpunkt der Familie ist. Die Krankheit wird als Familienschicksal erlebt. Immer wieder verbringt die Frau mehrere Wochen in der Klinik. Die wiederkehrenden Schübe machen ihr eine Berufstätigkeit unmöglich. Seit Beendigung des Studiums als Ingenieurin arbeitete sie nie länger als drei Monate an einem Stück. Der Mann ist als selbständiger Schreiner in seinem eigenen kleinen Betrieb tätig, der jedoch nicht genügend Geld zum Unterhalt der Familie abwirft. Beide Eltern des Paares helfen so gut es geht. Die Familie lebt im Elternhaus des Mannes, die Miete ist billig. Seine Mutter, eine ehemalige Kindergärtnerin, ist ganz in die Erziehung der Enkel eingebunden. Ihre Eltern kommen regelmäßig, helfen im Haushalt, unterstützen die junge Familie finanziell.

Im Gespräch mit dem Paar wird klar, daß in den Jahren der Krankheit jede Hoffnung auf Genesung geschwunden ist. Alle medizinischen Möglichkeiten einschließlich alternativer Heilmethoden seien ausgereizt. Offen sprechen beide von der Zeit ...wenn es besser wird, wir spüren jedoch deutlich die Angst, daß es nie besser werden wird. Der Streit des Paares dreht sich seit langer Zeit immer wieder um das gleiche Thema. Sie will aus seinem Elternhaus ausziehen und mit ihm und den Kindern ein eigenständiges Leben führen. Er sieht darin keinen Sinn, da neben der finanziellen Misere seine Frau ständig krank sei und seine Mutter Unterstützung bieten könne. Auch würde der Mutter das Herz brechen, wenn sie auf die Enkel verzichten müßte. Sein Vater sei eh bereits in der Familie isoliert und müßte dann die enge Beziehung zum ältesten Enkel aufgeben.

Aus unserer Sicht war das Paar in eine Kette von unausgesprochenen Wünschen und Annahmen verstrickt. Wenn sie doch gesund würde, könnte sie arbeiten. Er bräuchte dann nicht mehr soviel in der Werkstatt sein und könnte sich um die Kinder kümmern. Gemeinsam würden sie von den Eltern unabhängiger, könnten ausziehen und ein eigenständiges, glückliches Leben führen. Jedoch: die Krankheit ist ein Schicksal, das alle beeinflußt und von allen getragen werden muß. Sie ist nicht verschuldet, und der Ärger, der in Verbindung mit der Erkrankung auftritt, darf nicht angesprochen werden. An Heilung glaubt nach vielen erfolglosen Versuchen keiner mehr, auch nicht an eine Veränderung der Beziehungen, es sei denn der oder die jeweils andere würde sich grundsätzlich ändern.

Unausgesprochen bleibt auch die Sichtweise der Frau: Weil es im Hause mit seinen Eltern immer soviel Streit gibt und mein Mann sich nicht genügend abgrenzt, habe ich soviel Streß. Ich weiß, daß Streß meine Krankheit verschlimmert und immer wieder Schübe auslöst.

Beim Mann bleibt ungesagt: Weil meine Frau sich nicht genügend anpaßt und immer wieder in Konfrontation geht, gibt es soviel Ärger, was durchaus Schübe bei ihr auslösen kann und sie immer wieder krank wird. Dadurch kann sie nicht arbeiten, und wir werden nie auf einen grünen Zweig kommen. Meine Eltern, besonders meine Mutter, erledigen soviel für uns, und meine Frau respektiert es nicht. Eigentlich könnten wir es so gut haben, wenn nur ...

Immer mehr spüren wir, daß wir als fachlich versierte SchiedsrichterInnen eingeladen werden zu entscheiden, wer sich wessen Konzept anschließen soll.

Wir bieten zunächst einige Orientierungsgespräche an, in deren Verlauf wir beide Partner mit ihren Eltern einladen, um das Problem des Paares besser verstehen zu können.

In der **Herkunftsfamilie der Frau** ist der Vater Spanier, der seit Beendigung des Studiums in der Bundesrepublik lebt. Die Mutter ist Deutsche. Der erstgeborene Sohn der Familie und Bruder der Frau wurde in der Pubertät heroinabhängig. Der Grund habe bei falschen Freunden gelegen. Während der Drogentherapie trennt sich der Sohn radikal von den Eltern, studiert und schließt das Studium mit Prädikat ab. Drogenabhängigkeit und Genesung des Sohnes bleiben der Familie letztlich unverständlich.

Die Eltern der Frau sehen die Unveränderbarkeit der Krankheit der Tochter in deren Ehe und in den Spannungen mit den Schwiegereltern begründet. Sie helfen, wo sie können. Als die Tochter wieder in eine Klinik eingewiesen wird, reist der Vater ihr nach, verbringt eine Woche mit der Tochter, dann läßt auch die Mutter sich in diese Klinik einweisen. Die Familie ist zusammen.

In unserer Arbeit mit der Herkunftsfamilie der Frau zeigt sich, daß die Bindung ihres Vaters an die spanische Familie besonders eng war. Im gleichen Jahr, als seine Eltern starben, wird der Sohn heroinabhängig, noch im gleichen Jahr beginnt die Colitis der Tochter. Diese unterbricht ihre Schulausbildung und bleibt ein Jahr länger in der Familie. Wir stellen für die Familie zum ersten Mal durch Fragen nach den zeitlichen Verbindungen der Ereignisse einen Zusammenhang zwischen dem Tod der Großeltern väterlicherseits, der Drogenkarriere des Sohnes und dem Krankheitsbeginn der Tochter her. Wir fragen nach der Beziehung zwischen

Großeltern und Vater und wer in der Familie dessen tiefe Trauer um die Eltern am ehesten bemerkt habe. Obwohl er selbst annimmt, alles für sich behalten zu haben, bestätigen Mutter und Kinder, daß vor allem die Tochter und dann der Sohn dem Vater nah waren und sehr wohl die unendliche Trauer um die Eltern und den endgültigen Abschied von Spanien gespürt haben. Wir betonen das Für-einander-Einstehen und die tiefe Verbindung der Familie, die über die ihnen von uns beigemessene Bedeutung überrascht ist.

In der **Herkunftsfamilie des Mannes** zeigte sich, daß er selbst sich nach dem Abitur von zu Hause trennte, nachdem es heftigen Streit mit seinem Vater gegeben hatte. Als dieser nach einen Unfall gehbehindert blieb, kehrte der Sohn zurück. Seine Eltern waren und sind grundsätzlich gegen die Schwiegertochter eingestellt. Sie sind sich einig, daß der Sohn zuviel zu tragen habe. Die Eltern des Mannes sehen keine Möglichkeit für das Paar, mit der Krankheit der Frau und den kleinen Kindern aus ihrem Haus ausziehen zu können. Schließlich sei der Sohn bei jedem Schub der Colitis ulcerosa auf sich allein gestellt und im Falle eines Auszugs ohne familiäre Hilfe. Die Kinder des Paares haben als Enkel eine große Bedeutung für die Großeltern. Die Großmutter war Erzieherin und keine erzieht Kinder so gut wie sie. Der Großvater ist wegen seines cholerischen Verhaltens isoliert, lediglich zum ältesten Enkel besteht ein enger Kontakt, sodaß man die beiden nicht voneinander trennen kann.

Das Verhältnis zwischen Mutter und Sohn erscheint sehr eng. Sie hilft und berät ihn in der Erziehung der Kinder und im Umgang mit der kranken Frau. Sollte die Schwiegertochter sterben, würden die Eltern einspringen, obwohl er sich dann eine Mutter für die Kinder suchen sollte. Der Vater war früher sozialpolitisch engagiert und sieht seine Unterstützung der Familie als Fortsetzung dieser Arbeit an. Über die Konflikte zwischen den Eltern des Mannes selbst wird nicht gesprochen.

Wir sehen die Gefahr, in eine Pathologiebeschreibung einzutreten und den Lösungscharakter der Organisationsform zu verkennen: Mit Hilfe der Erkrankung der Frau sind besonders im Hinblick auf die Herkunftsfamilien wichtige Loyalitäten gewahrt: der Mann lebt im Elternhaus, bleibt seinen Eltern erhalten, und seine Mutter findet eine wichtige Betätigung in der Erziehung der Enkelkinder. Die Frau bleibt mit ihrer unvollständigen Autonomieentwicklung auch ihren Eltern und ihrer spanischen Herkunft verbunden. Nachdem sich ihr Bruder radikal von den Eltern losgesagt hatte, bleibt sie als letzte übrig, um die Tradition einer engen Anbindung zu wahren.

In unserem Kommentar zur Situation der Familien heben wir das stets hilfsbereite Verhalten und den durch die erheblichen Belastungen geförderten Zusammenhalt der Familie hervor. Die Krankheit der Schwiegertochter sei von außen kommend ein wichtiger Auftrag für die gesamte Familie, die ja immer schon hilfreich und unterstützend unter Verzicht auf eigene Bedürfnisse gehandelt habe. Ebenfalls beleuchten wir die Vernetzung aller Beteiligten durch die Erkrankung der Schwiegertochter und zeigen uns besorgt, falls die junge Frau sich entscheiden sollte, gesund zu werden. Damit gelingt es, die Krankheit als Auftrag und Organisationsprinzip in den Mittelpunkt der Familie stellen. Wir erwarten Ärger aufgrund dieser Interpretation, aber der positive Aspekt des Helfen-Wollens fällt auf fruchtbaren Boden. Die Familie ist sehr bewegt und fühlt sich durch die Würdigung ihres Einsatzes eher bestätigt und respektiert.

In den folgenden eineinhalb Jahren zeigen sich bei weiteren Kontakten deutliche Veränderungen. Die Krankheit bessert sich zunehmend, die junge Frau entschließt sich, ihren Beruf aufzunehmen und will mindestens zwei Jahre durchgehend arbeiten. Ihre Eltern kommen nicht mehr regelmäßig zur Mithilfe, nur noch auf Anfrage und bei familiären Anlässen. Die Mutter des Mannes zeigt sich mehr und mehr durch die Kinder belastet und möchte die Veranwortung nicht mehr übernehmen. Sein Vater will der Schwiegertochter das eigene, nebenberufliche Versicherungsgewerbe übergeben, was sie jedoch schließlich ablehnt. Offene Konflikte brechen auf, als die junge Frau über ein Jahr berufstätig ist und nun auf grundsätzliche Veränderung der Wohnverhältnisse drängt. Sie zwingt ihren Mann zur Entscheidung für sich oder seine Familie und ist bereit, den Weg auch alleine zu gehen. Er ist nicht gewillt, jedem Wunsch seiner Frau nachzugeben. Die finanziellen Konten werden getrennt, da sie nicht mehr in sein Unternehmen investieren will. Die lang beklagte Geldnot besteht nicht mehr. Als die Frau schwanger wird, plant das Paar, daß er für zwei Jahre zuhause bleibt und sie ihren Beruf beibehält. Seine Mutter lehnt es ab, noch ein Kind großzuziehen.

Schlußfolgerungen:

Im beschriebenen Beispiel wäre das Ehepaar als relevantes Beratungssystem zu kurz gegriffen gewesen. Der Fallbericht macht deutlich, wie die Symptomatik nicht nur im Bereich des Paares angesiedelt und behandelt werden kann. Diese Erfahrung kann als typisch für die Arbeit mit psychosomatischen Paaren und Individuen genommen werden: es herrschen generationsübergreifende Verstrickungen, die im größeren System wesentlich besser und erfolgversprechender angegangen werden können.

Hilfreiches Vorgehen:

- Bestimmung des relevanten Beratungssystems, das in den meisten Fällen wichtige Personen wie Kinder und Eltern mit einbeziehen sollte.
- Die Rollenverteilung zwischen *gesund* und *krank* sollte möglichst von Anfang an infrage gestellt und aufgeweicht werden. Dies gelingt oft dadurch, daß man nach Ausnahmen sucht und feststellt, welches Verhalten in die jeweilige Definition nicht hineinpaßt.
- Konflikte werden angesprochen, als normal bezeichnet und in möglichst lockerer, spielerischer und scheinbar naiver Form behandelt. Auch die TherapeutInnen können Konflikte im *eigenen Lager* offenmachen, mit gesplitteten Abschlußinterventionen verbinden und so ein Beispiel geben.
- Zusammenarbeit mit anderen Behandlern: besonders die meistens notwendige körperliche Therapie sollte bei einem anderen Therapeuten/Arzt angesiedelt sein, um Vermischungen zu vermeiden und um nicht durch Symptomverstärkungen unter Druck zu kommen.
- Eventuelle Verschlimmerungen und Symptomverschiebungen durch hypothetische Fragen ansprechen und als ein normales und mögliches Verhalten bezeichnen. Auch hier die *Entscheidung für Krankheit* als eine mögliche Konfliktlösungsstrategie neben anderen einführen. Auch eine mögli che Eskalation der Symptome und daher notwendige Klinikbehandlungen sollten in derselben Form frühzeitig ventiliert werden.
- Entsprechend alternative Lösungsstrategien entwerfen, in der Folge durch hypothetische Fragen untersuchen und mit der Krankheitsstrategie vergleichen.
- Die Symptome als *guten Freund* bezeichnen und ins System wie eine Person einführen. Gut zu machen als zirkuläre Frage *Was würde jetzt die Magersucht dazu sagen?* oder in der Skulpturarbeit.

- Mit hypothetischen Fragen die gegenseitige Verstrickung perturbieren: *Angenommen, Sie wollten bei Ihrer Frau experimentell die Symptome verstärken, würden Sie wissen, was Sie tun müßten? – Angenommen, Sie wollten, daß Ihr Mann noch gesünder und stärker erscheint und Ihnen noch mehr abnimmt, würden Sie wissen, was Sie tun müßten?*
- Positiv-Konnotation der Motivation der KlientInnen in ihrer gegenseitigen Fürsorge und Hilfsbereitschaft. Keine Abwertung dieser moralisch hochstehenden Werte.

Wir haben auch gute Erfahrungen mit Unterlassensinterventionen, die im einzelnen empfehlen, alles Verhalten zu unterlassen, was der Kranken- und Gesundenrolle entsprechen und diese fördern würde. Dies geht allerdings erst, wenn eine vertrauensvolle Beziehung aufgebaut ist, da die KlientInnen sich sonst zu sehr angegriffen fühlen. Auch ist es hilfreich, ein Klima von Experimentierfreude zu schaffen, so daß die KlientInnen Spaß am Ausprobieren und Verändern gewinnen können, um der Angst vor Veränderungen entgegen zu wirken.

Abbrüche sind Aufbrüche – Fehlschläge in der Paartherapie

Wenn TherapeutInnen ein Buch über ihre Arbeit schreiben, kann man annehmen, daß sie sich für kompetent halten und über entsprechende Erfahrungen verfügen. Aber was ist mit sogenannten Therapieabbrüchen oder Fehlschlägen? Gibt es die bei solchen TherapeutInnen nicht? Sind die nur typisch für den Arbeitsalltag der LeserInnen?

Sicher nicht, auch aus unserem Praxisalltag lassen sich Abbrüche oder Fehlschläge berichten.

In einem solchen Fall fragen wir:

Wie werden solche Ereignisse bewertet?
Welche Schlußfolgerungen ziehen die TherapeutInnen daraus?
Welche Handlungen werden daraus folgen?

Die schon im Kapitel „Grundlagen systemischen Denkens und Handelns" entwickelten sieben Grundelemente geben auch für diese Fragestellung eine Anleitung, und wir wenden sie darauf an:

- **Anerkennung der gefundenen Lösung:** Auch ein Abbruch der Therapie oder ein Wiederaufflammen der Symptomatik, was man als therapeutischen Mißerfolg bezeichnen könnte, wird von uns unter diesem Aspekt betrachtet. Ein Paar, das nicht zur nächsten Sitzung erscheint, hat vielleicht etwas Wichtigeres zu tun, ist einfach verhindert, oder die TherapeutInnen waren bisher nicht hilfreich. Natürlich kann man sich darüber aufregen und fordern, sie hätten absagen sollen, aber was hätte eine solche Forderung für Folgen für die Beratung? Die KlientInnen bleiben auch in dieser Situation unsere KlientInnen, und wir behandeln sie auch unter solchen Bedingungen.

Wir rufen beispielsweise an und erkundigen uns nach dem Grund ihres Fernbleibens. Sehr oft stellt sich heraus, daß es sich um ein Versehen oder eine Terminunklarheit handelt, die gelegentlich auch von den TherapeutInnen zu verantworten ist. Ein Irrtum im Termin bei den KlientInnen wird von uns auch als solcher aufgegriffen und nicht etwa als *Widerstand* gedeutet.

- **Beratungsprozeß als Dialog:** KlientInnen und TherapeutInnen sind nach unserem Verständnis Dialogpartner. Wir als TherapeutInnen verstehen uns so, daß wir eine Dienstleistung anzubieten haben und betrachten unsere KlientInnen als Kunden. Insofern wollen wir sie möglichst zufriedenstellen und bemühen uns daher um höchste Effektivität.

Mit dieser Haltung ist es uns unmöglich, die KlientInnen wie ungezogene Kinder zu sehen oder zu behandeln, d.h. wir unterlassen auch jede pädagogisch gemeinte Unterweisung oder Handlung. Dementsprechend gehen wir auch damit um, wenn keine Lösung im Sinne einer Veränderung erzielt werden konnte. Wir sprechen dann offen mit den KlientInnen darüber und sagen beispielsweise:

> *Wir haben uns miteinander fünf Sitzungen lang bemüht, zu einer Besserung Ihrer Situation (Symptomatik) zu kommen. Aus unserer Sicht hat eine Besserung nicht stattgefunden, obwohl wir Verschiedenes versucht und uns sehr bemüht haben. Wir würden gerne Ihre Meinung dazu wissen, sehen Sie eine Änderung? Und wenn nein: Haben Sie eine Idee, warum wir bisher keine Besserung erzielen konnten? Haben wir aus Ihrer Sicht alle nötigen Informationen? Haben wir Sie noch nicht gut genug verstanden? Oder denken Sie, es braucht noch mehr Zeit? – Unsererseits wollen wir Ihnen sagen, daß wir unzufrieden sind. Wir strengen uns an und wollen gerne Resultate sehen. Was meinen Sie dazu?*

In diesem Zusammenhang kommt es auch vor, daß wir den Paaren sagen:

> *Unser Repertoire ist erschöpft, wir bedauern das sehr, aber wir sehen keine Möglichkeit mehr, wie wir Ihnen helfen können. Wir wollen die Beratung deshalb gerne beenden.*

Und genauso wie wir über unsere Sicht der Dinge sprechen, sind uns auch die Mitteilungen der KlientInnen willkommen. Wenn diese sich nicht direkt äußern, reagieren wir beispielsweise auf ein Fernbleiben so, daß wir uns überlegen, an was es gelegen haben

Abb. Grundelemente systemischer Beratung

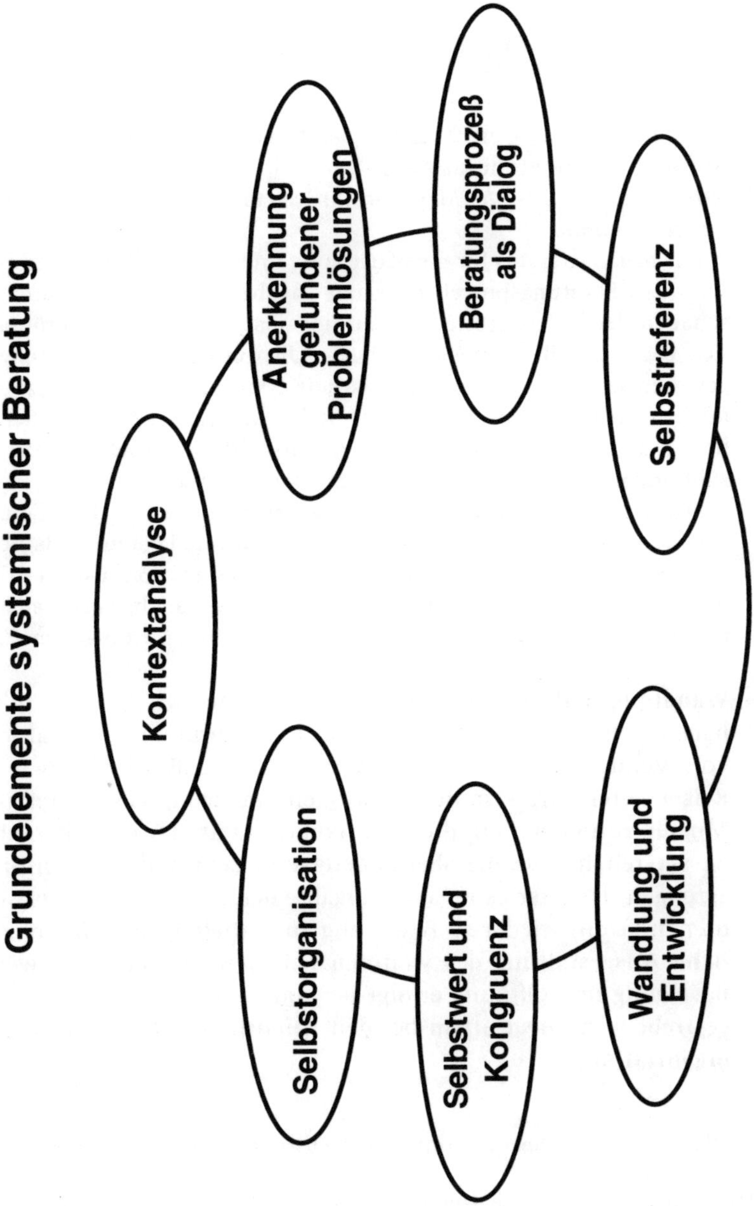

könnte. D. h., wir nehmen das Fernbleiben als Information und nicht als Aussage über unseren Wert oder Unwert als TherapeutInnen. Wir wollen das an einem Beispiel verdeutlichen:

Beispiel:

Zur fünften Sitzung erschien Ehepaar Kaiser[48] nicht. Bei unserem Anruf erhielten wir diffuse Angaben und auf Nachfragen die Antwort: *Meine Frau ist der Meinung, daß Sie uns vielleicht nicht weiterhelfen können.*

Wir bedankten uns für die Mitteilung und versprachen, unsererseits den Beratungsprozeß nochmal zu überprüfen. Beim Durchschauen der Videoaufzeichnungen fiel uns auf, daß der ursprünglich geäußerte Beratungswunsch die Überprüfung der Beziehung gewesen war. Die Frau wollte Klarheit erlangen, ob sie die Beziehung noch fortsetzen wollte oder nicht. Im weiteren Geschehen hatten die TherapeutInnen jedoch hauptsächlich in Richtung Versöhnung und Zusammenbringen des Paares gearbeitet.

Damit war natürlich der Arbeitsauftrag nicht erfüllt. In einem Brief teilten wir dem Paar diese Erkenntnis mit und boten – falls sie noch wollten – eine Korrektur unseres Kurses an. Sofort nach Erhalten des Briefes rief Frau Kaiser sehr erleichtert an, bedankte sich für unsere Mühe, und beide wollten die Therapie gerne fortsetzen[49].

- **Wandlung und Entwicklung:** Wie wir immer wieder ausgeführt haben, sind die BeraterInnen für uns in erster Linie Katalysatoren von Veränderungsprozessen. Wir denken, daß KlientInnen in Krisenzeiten ihre Handlungsoptionen einengen, daß sie auf alte Muster zurückgreifen, die zwar einerseits als Lösungscharakter zu verstehen sind, die aber andererseits Leid und Verzweiflung erzeugen. Hier ist es unsere Aufgabe, den zum Stocken gekommenen Strom wieder zu Bewegung zu verhelfen. Wie die inhaltliche Ausgestaltung des weiteren Lebensweges aussieht, wenn Bewegung und Öffnung erfolgt ist und welche Lösung dann angestrebt wird, liegt allein bei den KlientInnen (**Element Selbstorganisation**).

---

[48] Alle Daten, die zu einer Identifikation der betroffenen Personen führen könnten, wurden geändert.

[49] Das Ehepaar trennte sich dann innerhalb des nächsten halben Jahres.

- **Kontextanalyse:** Auch das Element Kontextanalyse ist uns in vielen Fällen ein hilfreiches Werkzeug, um Ereignisse, die man als Scheitern oder als Fehler interpretieren könnte, zu analysieren. Denn oft haben wir nicht mit der entsprechenden Personengruppe gearbeitet, wir haben beispielsweise eine Paarberatung durchgeführt und kamen da nicht weiter. Bei der Kontextanalyse fiel uns dann auf, daß die Ehefrau täglich mit ihrer Mutter in Hamburg telefonierte und daß wir die Wirkung dieser Beziehung nicht einbezogen hatten. Als wir das ansprachen, sagte der Ehemann: *Ich habe mich schon gewundert, daß Sie nicht auf meine Schwiegermutter eingegangen sind, aber ich wollte Ihnen keine Vorschriften machen.*

  Auch bei dem jungen Mann aus dem Kapitel „Ganz normal verrückt", der erneut einen schizophrenen Schub bekam, hatten die BeraterInnen die Bedeutung der Freundesgruppe unterschätzt, die unseren Klienten (aus seiner Sicht) nicht wieder in die Gruppe aufgenommen hatten. Hier war die eigentlich notwendig *multisystemische Therapie* (*Boscolo, L.*) bei der Kernfamilie steckengeblieben.

- **Selbstwert und Entwicklung:** An diesen Beispielen zeigt sich eine unserer wichtigsten Regeln:

> Wir bemühen uns, die Ereignisse als Informationen zu nehmen und fragen uns, was wir daraus lernen und welche Schritte wir unternehmen können, um die momentane Situation zu verändern.

Es kann nach unserer Philosophie und Theorie nicht anders sein, daß bei der Arbeit mit komplexen und autonomen Systemen, die nicht wie eine triviale Maschine (*von Foerster*) linear zu instruieren sind, verschiedene Ereignisse auftreten, die durchaus auch von den TherapeutInnen als unerwünscht bezeichnet werden können. Nur gehört dies zum normalen Geschäft und sollte in Richtung Weiterentwicklung statt „Asche auf mein Haupt" verarbeitet werden. Selbstvorwürfe sind nicht dazu geeignet, kreative Resourcen zu aktivieren, um Lösungen zu finden.

- **Selbstreferenz** bedeutet, die Rückbezüglichkeit aller Transaktionsprozesse mit einzubeziehen. Danach werden BeraterInnen, die bei sich und anderen nach Fehlern und Schwächen suchen, solche auch massenhaft entdecken.

Was wir suchen, werden wir auch finden.

Dies unterminiert jedoch die Kompetenz und führt zu einem kritischen und zerstörerischen Arbeitsklima und entspricht oft mehr der Haltung, mit der die KlientInnen zu uns kommen. Daher bemühen wir uns, in Richtung Selbstwertstabilisierung zu schauen und Verbesserungen anzustreben.

Schlußbemerkungen

Am Ende des Buches blicken wir noch einmal zurück und stellen fest, daß wir Konzepte, Methoden und Erfahrungen aus den letzten fünfzehn Jahren therapeutischer Praxis niedergeschrieben haben. Es waren Jahre des Suchens und Forschens, Jahre, in denen wir uns immer wieder darum bemüht haben, in unserem therapeutischen Bemühen nicht „einzurosten" und auf den Schienen alter, bekannter Konzepte und Methoden stehenzubleiben. Wir waren kontinuierlich um eine Verbesserung unserer Arbeit bemüht und fanden schließlich zu dem in diesem Buch niedergelegten therapeutischen Ansatz. Unseren Weiterbildungsteilnehmerinnen und -teilnehmern sind diese Gedanken und Erfahrungen teilweise bekannt, und sicher haben auch andere Leserinnen und Leser einiges Bekannte wiederentdeckt und schon selbst Gedachtes und Erlebtes gefunden.

Unser Ansatz ist damit nicht „fertig", er wird auch künftig von uns modifiziert und weiterentwickelt werden, denn nur so bleiben wir selbst in Bewegung und nur so können wir den wechselnden und sich verändernden Anliegen unserer Klientinnen und Klienten auch in Zukunft entsprechen.

Wir hoffen, daß dieses Buch viele Kolleginnen und Kollegen in ihrer beruflichen Weiterentwicklung unterstützen wird, so wie wir auch in unserer Arbeit immer wieder durch Klientinnen und Klienten sowie Kolleginnen und Kollegen zu neuen Gedanken und zu verändertem Vorgehen angeregt werden.

Literaturverzeichnis

Adams, L.: Ich hab's. Wie man Denkblockaden mit Phantasie überwindet. Braunschweig 1984.

Andersen, T. (Hrsg.): Das reflektierende Team – Dialoge und Dialoge über die Dialoge. Dortmund 1990.

Baldwin, M.; Satir, V.: Familientherapie in Aktion. Paderborn 1987.

Bandler, R.; Grinder, J.: Kommunikation und Veränderung: Die Struktur der Magie II. Paderborn 1982.

Bandler, R.; Grinder, J.: Reframing, ein ökologischer Ansatz in der Psychotherapie. Paderborn 1985.

Bandler, R.; Grinder, J.; Satir, V.: Mit Familien reden. München 1978.

Bardmann, Th. M. et al.: Irritation als Plan: Konstruktivistische Einredungen. Aachen 1991.

Bateson, G.: Ökologie des Geistes. Frankfurt 1981.

Bateson, G.: Geist und Natur. Frankfurt 1984.

Boscolo, L.; Cecchin, G.; Hoffman, L.; Penn, P.: Familientherapie – Systemtherapie: Das Mailänder Modell. Dortmund 1988.

Boscolo, L.: Die akute und chronische Schizophrenie aus systemischer Sicht, in: **Retzer, A.** (Hrsg.): Die Behandlung psychotischen Verhaltens. Psychoedukative Ansätze versus systemische Ansätze. Heidelberg 1991.

Bräutigam, W.; Christian, P.: Psychosomatische Medizin. Stuttgart 1975.

Brunner, E.; Lenz, G.: Was veranlaßt ein Klientensystem zu sprunghaften Veränderungen? Ein Erklärungsversuch aus der Perspektive der Selbstorganisationstheorie. In: System Familie, Springer Verlag, Nr. 1, 1993.

Cecchin, G.: Einladung zur Neugier. In Familiendynamik 13 (1988), H. 3.

Cirillo, S.; Di Blasio, P.: Familiengewalt. Ein systemischer Ansatz. Stuttgart 1992.

De Bono, E.: Thinking Course. London 1993.

De Shazer, St.: Das Spiel mit Unterschieden – Wie therapeutische Lösungen entstehen. Heidelberg 1992.

De Shazer, St.: Muster familientherapeutischer Kurzzeitintervention. Paderborn 1992.

De Shazer, St.: Der Dreh – Überraschende Lösungen in der Kurzzeittherapie. Heidelberg 1993.

Dell, P.: Klinische Erkenntnis. Dortmund 1986.

Dorrmann, W.: Suizid. Therapeutische Interventionen bei Selbsttötungsabsichten. München 1991.

Ellebracht, H.; Lenz, G.: Osterhold, G.: Zu dritt auf dem roten Sofa – Modell einer systemtherapeutischen Gemeinschaftspraxis. In: Zeitschrift für Integrative Therapie 1993, H. 3.

Ellebracht, H.; Vieten, B. (Hrsg.): Systemische Ansätze im psychiatrischen Alltag. Dortmund 1993.

Endres, F.C.; Schimmel, A.: Das Mysterium der Zahl. Zahlensymbolik im Vergleich. Köln 1985.

Erickson, M.H.; Rossi, E.L.; Rossi, S.L.: Hypnose, Induktion, Psychotherapeutische Anwendungen, Beispiele. München 1978.

Everstin, D.; Everstin, L.: Krisentherapie. Stuttgart 1985.

Geo-Wissen: Chaos und Kreativität 1990.

Giordana, R.: Die zweite Schuld. Hamburg 1987.

Glaserfeld, E.: Einführung in den radikalen Konstruktivismus. In: **Watzlawick, P.** (Hrsg.): Die erfundene Wirklichkeit. 1981.

Greitemeyer, D.: Systemische Trennungsberatung. Tübingen 1992.

Guntern, G. (Hrsg.): Der blinde Tanz zur lautlosen Musik. 3. Intern. ISO-Symposium. Brig 1987.

Guntern, G. (Hrsg.): Die Welt – ein schwingendes Gewebe. 2. Intern. ISO-Symposium. Brig 1983.

Guntern, G. (Hrsg.): Irritation und Kreativität. Hemmende und fördernde Faktoren im kreativen Prozeß. Zürich 1993.

Guntern, G.: Sieben goldene Regeln zur Kreativitätsförderung. Zürich 1994.

Haken, Hermann: Erfolgsgeheimnisse der Natur. Synergetik: Die Lehre vom Zusammenwirken. Frankfurt, Berlin 1981.

Haley, J.: Ablösungsprobleme Jugendlicher. München 1981.

Haley, J.: Warum ein psychiatrisches Krankenhaus Familientherapie vermeiden sollte. In: Kontext 1980, H. 2.

Hargens, J.; Dieckmann, St.: Von der Theorie zur Praxis und zurück. In: Familiendynamik 19 (1994), H. 3.

Hekeerens, H.P.: Familientherapie und Erziehungsberatung. Heidelberg 1991.

Hellinger, B.: Finden, was wirkt. Therapeutische Briefe. München 1993.

Hellinger, B.: Ordnungen der Liebe. Heidelberg 1994.

Hennig, C.; Knödler, U.: Problemschüler – Problemfamilien. Weinheim 1985

Herrmann, N.: Kreativität u. Kompetenz – Das einmalige Gehirn. Fulda 1991.

Hoffman, L.: Grundlagen der Familientherapie. Hamburg 1982.

Hosemann, D.; Kriz, J.; v. Schlippe, A.: FamilientherapeutInnen im Gespräch. Freiburg 1993.

Imber-Black, E.: Familie und größere Systeme. Heidelberg 1990.

Imber-Black, E.; Roberts, J.; Whiting, R.: Rituale in Familien und Familientherapie. Heidelberg 1993.

Janzarik, W.: Concept of schizophrenia: History and problems. In: **Häfner, H. et al.** (Hrsg.): Search for the Causes of Schizophrenia. Berlin, Heidelberg, New York 1987.

Jellouschek, H.: Im Irrgarten der Liebe. Stuttgart 1991.

Jones, E.: Systemische Familientherapie. Entwicklungen der Mailänder Systemischen Therapien. Dortmund 1995.

Kast, V.: Paare. Stuttgart 1994.

Kaufmann, R.: Familienrekonstruktion: Erfahrungen, Materialien, Modelle. Heidelberg 1990.

Keeney, B.: Ästhetik des Wandels. Hamburg 1987.

Keeney, B.: Konstruieren therapeutischer Wirklichkeiten – Praxis und Theorie der systemischen Therapie. Dortmund 1987.

Kempler, W.: Erlebnisaktivierende Familientherapie. Paderborn 1989.

Koestler, A.: Der göttliche Funke. München 1966.

Krabbe, H. (Hrsg.): Scheidung ohne Richter. Reinbek 1991.

Krähenbühl, V.; Jellouschek, H.; Kohaus-Jellouschek, M.; Weber, R.: Stieffamilien: Struktur-Entwicklung-Therapie. Freiburg 1987.

Kriz, J.: Chaos und Struktur. Grundkonzepte der Systemtheorie; Bd. 1. München 1992.

Kruse, P.; Stadler, M.; Pavlekovic, B.; Gheorghiu, V.: Instability and Cognitive Order Formation: Self-Organization Principles, Psychological Experiments and Psychotherapeutic Interventions in **Tsascher, W.; Schiepek, G.; Brunner, E.J.:** Self-Organization and Clinical Psychology. Berlin, Heidelberg, New York 1992.

Kuiper, P.C.: Seelenfinsternis – Die Depression eines Psychiaters. Frankfurt 1991.

Laing, R. D.; Esterson, A.: Sanity, Madness and the Familiy: Families of Schizophrenics. London 1964.

Laotse: Tao te king. Düsseldorf, Köln 1978.

Lenz, G.; Osterhold, G.: Sucht und systemische Therapie. In: Systhema 3 (1989), H. 3.

Lenz, G.: Comment travailler avec une famille en crise tout en prenant en considération les processus de développement individuel? In: Thérapie familiale 6 (1985), H. 3.

Lenz, G.: Die therapeutische Triade; über die Anwendung des Triaden-Prinzips in der Paartherapie. In: Systhema 2, 1987.

Lenz, G.: Fallbezogene Supervision. Systemische Supervision in der familientherapeutischen Ausbildung. In: System 4, 1992.

Lenz, G.: Niemand sucht allein. Auf dem Weg zu einer veränderten Suchtdefinition. In: **Richelshagen, C.** (Hrsg.): Süchte und Systeme. Freiburg 1992.

Lenz, G.; Osterhold, G.; Ellebracht, H.; Molter, H.: Wenn ich wollte, könnte ich. In: **Osterhold, G.; Molter, H.** (Hrsg.): Systemische Suchttherapie. Heidelberg 1992.

Lenz, G.; Osterhold, G.; Popken, G.: Die Therapeutenpersönlichkeit im Weinheimer Modell. In: **Brunner, E.J.; Greitemeyer, D.** (Hrsg.) : Die Therapeutenpersönlichkeit. Zweites Weinheimer Symposion. Wildberg 1990.

Lexikon der Symbole. Wiesbaden 1985.

Ludewig, Kurt: Systemische Therapie. Grundlagen klinischer Theorie und Praxis. Stuttgart 1992.

Madanes, C.: Hinter dem Einwegspiegel – Fortschritte in der strategischen Therapie. Salzhausen1992.

Madanes, C.: Sex, Love, and Violence – Strategies for Transformation. Norton (USA) 1990.

Maturana, H.; Varela, F. L.: Der Baum der Erkenntnis – Wie wir die Welt durch unsere Wahrnehmung erschaffen – die biologischen Wurzeln des menschlichen Erkennens. München, Wien 1984.

McGoldrick, M.; Gerson, R.: Genogramme in der Familienberatung. Stuttgart 1990.

Menne, K.; Alter, K. (Hrsg.): Familie in der Krise. Weinheim 1988.

Miller, J.: Allgemeine Systemtheorie lebender Systeme. In: **Guntern, G.** (Hrsg.): Die Welt – ein schwingendes Gewebe. Brig 1983.

Minuchin, S.: Familie und Familientherapie. Freiburg 1977.

Minuchin, S.; Fishman, H.: Praxis der strukturellen Familientherapie. Freiburg 1983.
Minuchin, S.: Psychosomatische Krankheiten in der Familie. Stuttgart 1991.
Minuchin, S.: Familienkaleidoskop: Bilder von Gewalt und Heilung. Reinbek 1988.
Moskau, G.; Müller, G.: Virginia Satir – Wege zum Wachstum. Paderborn 1992.

Napier, A.: Ich dachte, meine Ehe sei gut, bis meine Frau mir sagte, wie sie sich fühlt. Stuttgart 1990.
Nerin, W.: Familienrekonstruktion in Aktion. Virginia Satirs Methode in der Praxis. Paderborn 1989.

Osborn, A.: Applied Imagination. New York 1953.
Osterhold, G.: Beziehungen gestalten das Unternehmen. Wiesbaden 1995.
Osterhold, G.; Lenz, G.: Coaching und Supervision – die Annäherung. In: Managerseminare (1993) H. 10.
Osterhold, G.; Lenz, G.: Systemische Therapie bei Zwangsstörungen. In: Praxis der klinischen Verhaltensmedizin und Rehabilitation 1994, H. 26.
Osterhold, G.; Lenz, G.; Ellebracht, H.: Die andere Seite des Schicksals. Arbeit mit Fatum-Familien. In: Zeitschrift für Integrative Therapie 4 (1990).
Osterhold, G.; Molter, H. (Hrsg.): Systemische Suchttherapie. Heidelberg 1992.

Penn, P.: Zirkuläres Fragen. In: Familiendynamik 8 (1983), H. 3.
Perkins, D. N.: Der zündende Funke. Jeder ist kreativ. Berlin 1984.

Reich, G.: Partnerwahl und Ehekrisen. Heidelberg 1993.
Retzer, A. (Hrsg.): Die Behandlung psychotischen Verhaltens. Psychoedukative Ansätze versus systemische Ansätze. Heidelberg 1991.
Roud, P.C.: Diagnose: Unheilbar, Therapie: Weiterleben. Stuttgart 1992.

Satir, V.: Familienbehandlung. Freiburg 1973.
Satir, V.: Kommunikation, Selbstwert und Kongruenz. München 1990.
Scharfetter, Ch.: Schizophrene Menschen. Weinheim 1995.
Schmidt, S.: Der Diskurs des radikalen Konstruktivismus. Frankfurt 1987.

Schneewind, K.: Familienpsychologie. Stuttgart 1991.
Schneider, K. (Hrsg.): Familientherapie aus der Sicht psychotherapeutischer Schulen. Paderborn 1983.
Schubbe, O. (Hrsg.): Therapeutische Hilfen gegen sexuellen Mißbrauch an Kindern. Göttingen 1994.
Schweitzer, J.; Weber, G.: Beziehung als Metapher; Die Familienskulptur. In: Familiendynamik 7 (1982).
Selvini Palazzoli, M. et al.: Hypothetisieren, Zirkularität, Neutralität. In: Familiendynamik 6 (1981).
Selvini Palazzoli, M. et al.: Paradoxon und Gegenparadoxon. Stuttgart 1977.
Selvini Palazzoli, M.; Boscolo, L.; Cecchin, G.; Prata, G.: Das Problem des Zuweisenden. In: Zeitschrift für systemische Therapie 1 (1983), H. 3.
Selvini, Matteo (Hrsg.): Mara Selvinis Revolution. Heidelberg 1992.
Selvini-Palazzoli, M. et al.: Hinter den Kulissen der Organisation. Stuttgart 1984.
Siegert, W.: Selbstmanagement und Liebe – Mehr Lebensenergie. München 1991.
Simon, F.: Lebende Systeme. Wirklichkeitskonstruktionen in der systemischen Therapie. Berlin, Heidelberg, New York 1988.
Simon, F.: Meine Psychose, mein Fahrrad und ich. Heidelberg 1990.
Stierlin, H. et al.: Das erste Familiengespräch. Stuttgart 1980.
Stierlin, H.: Eltern und Kinder, das Drama von Versöhnung und Trennung im Jugendalter. Frankfurt 1980.
Stierlin, H.: Zur Beziehung zwischen Einzelperson und System: der Begriff „Individuation" in systemischer Sicht. In: **Reiter, L. et al.** (Hrsg.): Von der Familientherapie zur systemischen Perspektive. Berlin, Heidelberg, New York 1988.
Stierlin, H.: Ich und die anderen. Psychotherapie in einer sich wandelnden Gesellschaft. Stuttgart 1994.

Tomm, K.: Die Fragen des Beobachters – Schritte zu einer Kybernetik 2. Ordnung in der systemischen Therapie. Heidelberg 1994.
Taylor, E. in: Guntern, G. (Hrsg.): Irritation und Kreativität. Hemmende und fördernde Faktoren im kreativen Prozeß. Zürich 1993.
Tsascher, W.; Schiepek, G.; Brunner, E.J.: Self-Organization and Clinical Psychology. Berlin, Heidelberg, New York 1992.

v. Foerster, H.: On cybernetics and social theory. In: **Roth, G.; Schwegler, H.** (Hrsg.): Self-organizing Systems. Frankfurt, New York 1981.

v. Schlippe, A.: Familientherapie im Überblick, Basiskonzepte, Formen, Anwendungsmöglichkeiten. Paderborn 1984.

v. Schlippe, A.; Kriz, J. (Hrsg.): Familientherapie, Kontroverses – Gemeinsames. Wildberg 1987.

v. Westerhagen, D.: Die Kinder der Täter. Das Dritte Reich und die zweite Generation. München 1991.

Wallas, G.: The Art of Thought. New York 1926.

Watzlawick, P.; Baevin, J.; Jackson, D.: Menschliche Kommunikation. Bern 1969.

Watzlawick, P.; Weakland, J. (Hrsg.): Interaktion. Stuttgart 1980.

Watzlawick, P.; Weakland, J.; Fisch, R.: Lösungen. Zur Theorie und Praxis menschlichen Wandels. Bern 1974.

Watzlawick, P.: Anleitung zum Unglücklichsein. München 1994.

Weber, G., Simon, F.: Systemische Einzeltherapie. In: Zeitschrift für systemische Therapie 5 (1987), H. 3.

Weber, G.; Stierlin, H.: In Liebe entzweit. Die Heidelberger Familientherapie der Magersucht. Reinbek 1989.

Weber, G. (Hrsg.): Zweierlei Glück – die systemische Psychotherapie Bert Hellingers. Heidelberg 1993.

Wegscheider, S.: Es gibt doch eine Chance – Hoffnung auf Heilung für die Alkoholiker-Familie. Wildberg 1988.

Weisberg, R.W.: Kreativität und Begabung. Heidelberg 1989.

Weiß, Thomas: Familientherapie ohne Familie. München 1988.

Welter-Enderlin, R.: Paare – Leidenschaft und lange Weile. München 1992.

Whitaker, C.: Das David und Goliath-Syndrom. Paderborn 1991.

Willi, J.: Die Zweierbeziehung. Reinbek 1979.

Willi, J.: Was hält Paare zusammen? Reinbek 1991.

Willke, H.: Systemtheorie II: Interventionstheorie – Grundzüge einer Theorie der Intervention in komplexe Systeme. Stuttgart 1994.

Wirsching, M.; Stierlin, H.: Krankheit und Familie. Stuttgart 1982.

Zerchin, S.: Auf der Spur des Morgensterns. Bergisch Gladbach 1993.

Andreas Hamburger
Wenn Paare sich im Traum begegnen
Paarträume - Die verborgenen Seiten der Partnerschaft
160 Seiten, Paperback
ISBN 3-451-23573-0
Wenn Partner die Sprache ihrer Träume verstehen, gestalten sie das Zusammenleben vertrauter und farbiger.

Gillian Holloway
Der Traumführer - Wege zum Selbst
Fünf Schritte, die Botschaft der Träume zu entschlüsseln
Aus dem Amerikanischen von Bernardin Schellenberger
192 Seiten, Paperback
ISBN 3-451-23694-X
Träume richtig erinnern - lesen - deuten: Ein griffiges, sachkundiges Fünf-Schritte-Programm.

Günter Harnisch
Das große Traum-Lexikon
Traumsymbole von A - Z psychologisch gedeutet
320 Seiten, gebunden
ISBN 3-451-22827-0
Der erfahrene Traumforscher gibt einen Überblick über die wichtigsten Themenbereiche und die dazugehörigen Bilder und Symbole, und zeigt in mehr als 800 Artikeln, welche Hinweise sie für uns enthalten.

Carl Leibl/Gislind Leibl
Schneewittchens Apfel
Eßstörungen und was sich dagegen tun läßt
ca. 256 Seiten, Paperback
ISBN 3-451-23140-9
Eßstörungen: ein Signal des Körpers - die Verletzungen gehen tief. Erfahrungen von zwei bekannten Therapeuten.

Gertrud Kaufmann-Huber
Kinder brauchen Rituale
Ein Leitfaden für Eltern und Erziehende
160 Seiten, Paperback
ISBN 3-451-23574-9
Rituale sind wichtig für die kindliche Entwicklung, aber die richtigen müssen es sein.

Herder